长征图志

顾问 张树军 蒋建农
编著 刘慧娟

中国出版集团有限公司
世界图书出版公司
北京 广州 上海 西安

图书在版编目（CIP）数据

长征图志 / 刘慧娟编著 . — 北京 : 世界图书出版公司 , 2023.5（2024.8 重印）
ISBN 978-7-5232-0081-0

Ⅰ . ①长… Ⅱ . ①刘… Ⅲ . ①中国工农红军长征—史料—图集 Ⅳ . ① K264.406-64

中国版本图书馆 CIP 数据核字（2023）第 012697 号

启事：本书选用了一些图片和画作，其中大部分作品已经取得授权，还有部分作品未与拍摄者、画作者取得联系。恳请有关权利人联系我社，我们将按著作权法的相关规定支付稿酬。（联系电话：0431-80787855）

书　　名 长征图志
CHANGZHENG TUZHI

编　　著 刘慧娟
总 策 划 吴　迪
责任编辑 梁沁宁
特约编辑 王林萍　付春艳
选题策划 吴兰平

出版发行 世界图书出版有限公司北京分公司
地　　址 北京市东城区朝内大街 137 号
邮　　编 100010
电　　话 010-64033507（总编室）　0431-80787855　13894825720（售后）
网　　址 http://www.wpcbj.com.cn
邮　　箱 wpcbjst@vip.163.com
销　　售 新华书店及各大平台
印　　刷 北京广达印刷有限公司
开　　本 787 mm × 1092 mm　1/16
印　　张 30.5
字　　数 240 千字
版　　次 2023 年 5 月第 1 版
印　　次 2024 年 8 月第 3 次印刷
国际书号 ISBN 978-7-5232-0081-0
定　　价 128.00 元

序言

不一样的长征路，永恒的长征魂

蒋建农

80多年前的深夜，于都河畔依依惜别的队伍不会想到，他们被逼无奈的“出走”创造了一幕惊天地泣鬼神的英雄传奇。当年红军长征的统帅毛泽东用“苍山如海，残阳如血”为世人描绘了那雄浑的历史画面，使后人一切绞尽脑汁的修饰，都显得是那样的渺小苍白，无不相形见绌。要知道，遥遥万里的征程，条条湍急的河流，座座危耸的雪山，茫茫无边的草地，一道又一道的险关绝境，是20多万红军将士，用自己的双脚，一步一步地闯过来的。凤凰涅槃的壮丽，是鲜血的洗礼，是战火的沐浴。孕育和完成这场浴火重生伟大盛典的，是那无数个看似平凡微小，但却充溢着平等、友爱、智慧、自信、英勇、坚韧、忘我……不，是用生命铸就的“大我”。

《长征图志》正是力图呈现长征那些细微但却惊世骇俗的一面。长征的决策，由一场接一场的会议交锋形成；长征的胜利之路，由一场又一场战役战斗链接；长征的魂魄，由一具具血肉之躯共同书写……这场集北上抗日、战略转移、号召民众于一身的征途，在文字与图画的交集中徐徐展开，娓娓道来。不同于常见的时间叙事方式，为更深入呈现长征的某些特性，图志采用专题的方式，具体展示了不同侧面的红军长征影像。既有时间纵线的历史脉络分析，又有对各个横断面的空间考察；既有全局性的概述，又有细节的描绘。尤其对某些专题有较深入的分析和全面的展示，比如对特殊群体的集中描述、对军民关系的立体呈现，都独辟蹊径、颇具特色。全书在资料整理和图片搜集上下了一定的功夫，图片丰富且具代表性。由于长征留存下来的历史图片很少，除长征沿途实景照片外，本书还选用了不少经典绘画作品，以艺术再造历史情境，充分呈现长征史诗般的恢弘、壮阔与凝重。更为重要的是，图志所呈现的长征灵魂与精神实质，亦在传统的讲述话语基础上更进了一步。在这里，我们了解到长征中的领袖和将士，不仅有压倒一切的英雄气概，还有“寰球同此凉热”的博大胸怀；不仅有服从命令跟党走的坚定党性，还有民主集中求团结的高超智慧；不仅有爱民护民的志向，还有解民于倒悬的成效；不仅有革命理想高于天的浪漫主义情怀，更有具体问题具体分析的唯物主义实践……正是这样一批用特殊材料铸成的共产党人，成为无坚不摧的绝境天兵，才走出了如此惊心动魄而又精彩绝伦的长征路。他们才是长征的神与魂，才是长征留给世世代代的宝贵精神财富。

中国工农红军长征是中国革命史上辉煌的一页，是20世纪最具世界影响力的伟大事件，是充满理想和献身精神、用意志和勇气谱写的壮丽史诗。长征迸发出的激荡人心的强大力量，跨越时空，跨越民族，是人类为追求真理和光明而不懈努力的千古绝唱，是中华民族五千年文明的新篇章。

习近平总书记在纪念红军长征胜利80周年大会上的讲话中指出，“伟大长征精神，就是把全国人民和中华民族的根本利益看得高于一切，坚定革命的理想和信念，坚信正义事业必然胜利的精神；就是为了救国救民，不怕任何艰难险阻，不惜付出一切牺牲的精神；就是坚持独立自主、实事求是，一切从实际出发的精神；就是顾全大局、严守纪律、紧密团结的精神；就是紧紧依靠人民群众，同人民群众生死相依、患难与共、艰苦奋斗的精神。”

中国工农红军长征是中国共产党一百年奋斗历史的重要写照，是中华民族百折不挠坚韧不拔精神的集中体现；这样的精神，与千百年间人类文明与进步的号角同声相和，与中华大地壮美的山川共鸣并存。它是中国共产党人及其领导的人民军队革命风范的生动反映，是中华民族自强不息的民族品格的集中展示，是以爱国主义为核心的民族精神的最高体现，是全党全国各族人民不断砥砺前行的强大精神动力。

近年来，国家大力推动长征国家文化公园建设，正是要在新的时代条件下，继续发扬和传承长征精神，使红军长征这段历史具备一个物质载体，更形象、更生动、更立体地展现在世人面前。

每一代人有每一代人的长征路，每一代人都要走好自己的长征路。今天，我们这一代人的长征，就是要“全面建设社会主义现代化国家、全面推进中华民族伟大复兴”。“一切向前走，都不能忘记走过的路；走得再远、走到再光辉的未来，也不能忘记走过的过去。”在人类历史上，前进和变化是永恒的，不变的是革命前辈在历史风云际会中造就的精神，这是引导我们如何到达新的胜利彼岸的指南，体现的是几代人为民族复兴奋斗不息的初心。

这，正是本书的时代价值之所在。

目录

CONTENTS

序篇

XUPIAN

战略转移踏征途

1934 年 9 月 17 日，远在莫斯科的共产国际执委会收到了一份来自中国“红都”瑞金的绝密电报。电报署名“波戈列洛夫”，即当时中共中央负总责的领导人博古（秦邦宪）。

电报几百字，却报告了一个关系中国革命前途命运的重大事项：“中央和革命军事委员会根据我们的总计划，决定从 10 月初集中主要力量在江西的西南部对广东的力量实施进攻战役。最终目的是向湖南南部和湘桂两省的边界地区撤退。全部准备工作将于 10 月 1 日前完成，我们的力量将在这之前转移并部署在计划实施战役的地方。”

共产国际由此最终确认了一个最不愿意得到的消息：“红都”瑞金即将失去！中共驻共产国际代表团于 9 月 28 日复电，同意中共撤离“红都”，但对具体的战略安排提出了质疑。此后，又于 10 月 14 日、15 日两次致电中共中央询问情况，却没有得到回音。

他们不知道的是，从 10 月 10 日晚开始，中共中央、中革军委已经率红一、红三、红五、红八、红九军团及中央、军委机关和直属部队共 8.6 万余人，分别从福建的长汀、“红都”瑞金、于都等地出发，被迫开始实行战略转移。

这场战略大转移，后来有了一个响亮的名字——长征！

国民党军队对中央根据地采取严厉的封锁政策

一、第五次反“围剿”失利

长征是中国革命在绝境中的艰难抉择。

1931 年，日本帝国主义发动九一八事变，使中国陷入空前的民族危机，国内阶级关系剧烈变动，抗日救亡运动在全国迅速兴起。然而，以蒋介石为首的国民党并没有因此改变“攘外必先安内”的方针，从 1930 年 10 月至 1932 年对中共领导的革命根据地连续发起了四次“围剿”，其规模越来越大，动用的兵力也越来越多。在对中央根据地四次“围剿”均被粉碎的情况下，1933 年下半年，蒋介石先后调集 100 万军队、200 多架飞机，向革命根据地发起最大规模的第五次“围剿”。

国民党在中央根据地周围修筑碉堡

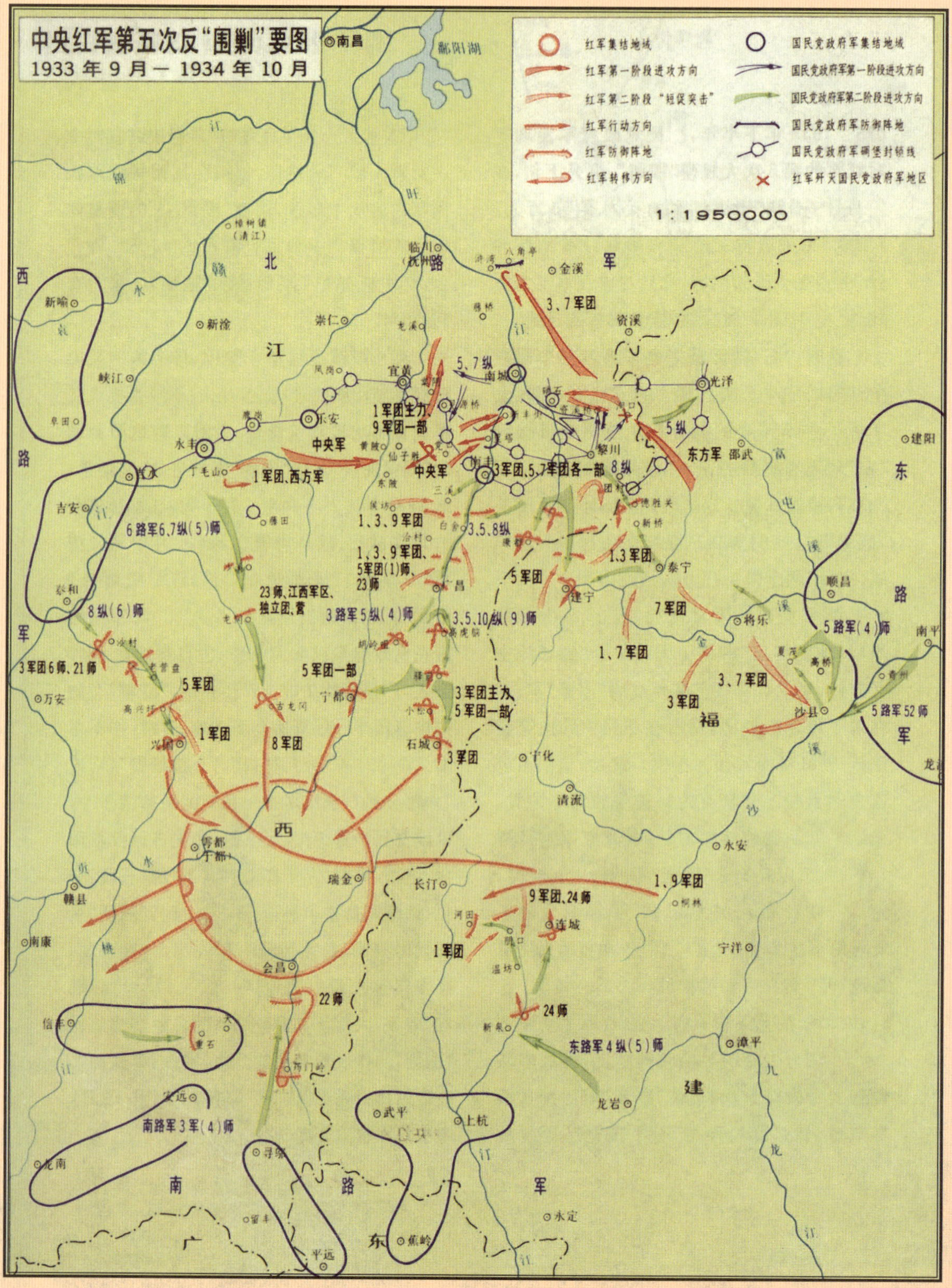

中央红军第五次反"围剿"要图

1933 年 9 月— 1934 年 10 月

红军集结地域
国民党政府军集结地域
红军第一阶段进攻方向
国民党政府军第一阶段进攻方向
红军第二阶段"短促突击"
国民党政府军第二阶段进攻方向
红军行动方向
国民党政府军防御阵地
红军防御阵地
国民党政府军碉堡封锁线
红军转移方向
红军歼灭国民党政府军地区

1：1950000

★ 中央红军第五次反"围剿"要图

★ 1933年12月，第五次反“围剿”中的红军将领，左起叶剑英、杨尚昆、彭德怀、刘伯坚、张纯清、李克农、周恩来、滕代远、袁国平

“围剿”的重点是中央根据地。蒋介石亲自坐镇南昌指挥，集中50万军队于9月下旬开始向中央根据地进攻。这次他在军事上采取持久战与“堡垒战”的新战略，企图不断消耗红军有生力量，将其压缩在狭小区域内聚而歼之，同时对中央根据地进行严密的经济封锁。

而这时的中国共产党，外有步步紧逼的重兵强敌，内部也危机重重。

从1931年开始在党内占据统治地位的王明“左”倾教条主义路线，此时发展到极端。1933年年初，以博古为首的临时中央在上海无法立足，被迫迁入中央根据地，这使“左”倾错误在中央根据地得到进一步贯彻。军事上，“左”倾教条主义者主张“进攻路线”，坚持

★ “红都”瑞金——中华苏维埃共和国临时中央政府大礼堂旧址

★ 毛泽东

★ 朱德

★ 周恩来

城市中心论。组织上，他们实行宗派主义的干部路线，对坚持不同意见的人实行“残酷斗争、无情打击”。中央根据地的主要缔造者、成功指挥三次反“围剿”战役的毛泽东受到错误批评，被迫离开红军指挥岗位。仍在红军指挥岗位的周恩来、朱德在决策上也没有多少发言权，中央根据地的军事行动方针完全由临时中央决定。

而临时中央的负责人博古当时年仅 24 岁，缺乏实际革命斗争的经验，不懂军事的他把红军指挥大权完全交给了共产国际派往中国的情报员，后来被聘请作为军事顾问的奥托·布劳恩，中文名李德。

★ 中央根据地中央局成员在瑞金合影。右起王稼祥、毛泽东、项英、邓发、朱德、任弼时、顾作霖

（一）李德和他的“独立房子”

1933 年 9 月，李德从上海来到中央根据地。

李德是德国人，在第一次世界大战期间当兵上过前线，并在巴伐利亚参加革命军队。1919 年 4 月，在慕尼黑进行过街垒战。1920 年，作为德国共产党的工作人员被捕入狱，后越狱秘密逃往苏联。1928 年，进入苏联伏龙芝军事学院，接受战略战术方面的训练，随后被共产国际派到中国。从李德的经历可以看出，他虽然有在欧洲作为下级士官进行正规战的经验和在苏联得到的训练经验，但他并没有任何中国的背景，而且他一句中文也不会，根本不了解中国的情况。

★ 李德

李德的到来，受到了博古的热烈欢迎。在博古看来，李德的到来如同“及时雨”，正好解“围剿”之急。正如伍修权所回忆：“李德有了作为总书记博古的支持，博古又有来自共产国际的李德做军事顾问，两人互相支持。”博古迫不及待地把红军的决策权和指挥权都一股脑儿交给了李德，并竭尽所能照顾李德的生活起居。

众所周知的李德住处“独立房子”，就是中共临时中央为其所建的一所独立小院，位于中革军委驻地瑞金郊区沙洲坝附近一公里处，孤零零地矗立在一片开阔的稻田中间。军委总部参谋人员标图时，按军事术语称之为“独立房子”。从此，这就成了李德住处的代号。与李德同住的除了警卫员，还有博古为李德配备的两名翻译：伍修权和王智涛。

★ 博古

据王智涛回忆，“独立房子”小四合院有 200 多平方米，李德住东厢房，大约 30 平方米，特别铺设了木制地板。军委警卫连的一个排负责警卫“独立房子”的外围，门卫 24 小时设双岗，每小时两班双人游动哨。客人来访，

★ 瑞金一瞥

★ 红军战士在瑞金沙洲坝村开采的饮水井

★ 瑞金红军烈士纪念塔

先要报请李德同意。李德出行，除警卫员随行外，作战科协同部署沿途和目的地警卫。尽管当时苏区物资供应很困难，红军干部战士的生活很艰苦，但军委供应局还是想了很多办法保证李德特殊的生活待遇。派曾在大饭店掌勺并会做西餐的李师傅来当炊事员，经常从战利品中搜罗好烟好酒、奶粉、咖啡、白糖、巧克力、可可粉、各式罐头等供应李德。李德单独就餐，由李师傅在军委机关食堂做好以后端到独立房子。一日三餐以烤馒头代替面包，加上自炼的牛油，咖啡、奶粉，李师傅自制的香肠、沙拉，也算是地道的西餐了。还有鸡鸭鱼肉，鲜嫩的青菜、水果，伙食相当不错。李德的服装是特制的红军军服，邓发还派人到白区买来皮夹克、皮靴和一些苏区罕见的日用品。

这些远远超出苏区普通干部的特殊待遇，为李德专横的行事作风埋下伏笔。伍修权回忆，李德常常一人躲在房子里凭着地图指挥战斗。“当时的地图大部分是简单的草图，误差较大，不够准确，李德也不问，所以他的指挥往往与前线的实际情况差距很大。图上看只有一百里路程，他也不问是山路还是平路，也不给部队留吃饭和休息的时间，敌情、气候和自然条件等等困难都不考虑，只凭比例尺量地图上的距离来推算路程，定下到达和投入战斗的时间，又常常不留余地。这给红军指挥员的行动带来了很大的困难……”而李德“根本听不得反对意见”。

博古和李德放弃过去反“围剿”行之有效的积极防御方针，反对“诱敌深入”，主张“御敌于国门之外”，命令红军全线出击，“两个拳头打人”。进攻受挫后又采取消极防御的战略方针和“短促突击”的战术，同装备优良的敌人打阵地战、堡垒战，同敌人拼消耗，战局的发展对红军日渐不利。

（二）黎川失守，萧劲光遭审判

1933年9月25日，国民党军队三个师向黎川发动进攻。

黎川位于闽赣交界地区，战略地位十分重要。但是，由于闽赣军区的部队几乎全部被调到外地作战，当时红军闽赣军区防守黎川的兵力只有一支70人的教导队和一些游击队，力量十分薄弱。对此，闽赣军区司令员兼政治委员萧劲光，曾建议红军主力在黎川东北的光泽、资溪一带集结，从侧翼打击进犯之敌，而不应该死守黎川。毛泽东也认为应该放弃黎川，诱敌深入到建宁、泰宁地区，集中红军主力，在运动战中各个歼灭敌军。但是，“左”倾错误的领导者要部队死守黎川，不能丢失一寸土地。

由于敌我力量太过悬殊，萧劲光不得不将自己的少量部队撤出城外。9月28日，敌军占领黎川，并加紧构筑工事，企图迅速完成堡垒封锁线。据此，周恩来、朱德接连致电中革军委和中共临时中央，提出红军“必须以极大机动性处置当前战斗，正面迎敌或强攻黎川都处不利”。然而，博古、李德对黎川失守非常震怒，拒不采纳周、朱的正确建议，急

★ 萧劲光

★ 黎川闽赣省委旧址，位于黎川县湖坊乡境内

于收复黎川，一味命红一方面军在敌堡垒之间进行冒险进攻。在这种思想的指导下，红一方面军从10月上旬至11月中旬，先后进行了硝石、资溪桥、浒湾、八角亭等多次战斗，不仅未能收复黎川，反而使部队遭受很大伤亡。

第五次反“围剿”初期作战失利了。博古、李德没有认真吸取教训，却对提出不同意见的同志进行残酷斗争、无情打击。他们提出“反军队中的罗明路线”，主张对撤出黎川的萧劲光进行审判。

萧劲光回忆：“1934年1月6日上午11时，由最高法庭组织的最高临时军事裁判法庭对我进行了公审……控告书以黎川失守为主题……公审结束，开除党籍和军籍，判五年徒刑，无上诉权。”“后来我听说在决定处罚我时，有的人主张杀掉我，毛泽东同志坚决不同意，王稼祥同志几次拒绝签字。”萧劲光被关了一个月后，改到“红军大学”任教员。他深刻认识到：“我得以释放，能活到今天，是毛泽东等同志同‘左’倾教条主义者坚决斗争的结果。如果没有中央这些领导同志的保护，在红军离开中央根据地长征时，根本不会留下我这个‘罪犯’，很可能杀掉了。我是一个幸存者。当时，多少好同志受打击，多少好同志被错杀啊！”

（三）福建事变，错失反“围剿”良机

正当红一方面军作战陷入被动时，出现了一次粉碎第五次“围剿”的有利机会。

1933 年 11 月，以蔡廷锴、蒋光鼐为首的国民党军第十九路军将领，联合国民党内李济深等一部分反对蒋介石的势力，在福州发动福建事变，成立“中华共和国人民革命政府”，公开宣布抗日反蒋。

蒋介石急忙从“围剿”中央根据地的北路军中抽调 11 个师，与江浙一带的部队编成“入闽军”，由蒋鼎文率领，前去镇压第十九路军，而对中央根据地暂取守势。这样，中央根据地的东面、北面压力大为减轻，形势对红军十分有利。

福建事变前，蔡廷锴等曾派人联系中央根据地，试探与红军合作的可能性。中共临时中央虽然对其动机有所怀疑，但认为可以一试。双方于 10 月 26 日签署了《反日反蒋的初步协定》。事变爆发后，又签订了《闽西边界及交通条约》，实际部分地解除了对中央根据地的经济封锁。

蔡廷锴

蒋光鼐

★ “福建事变”成立抗日反蒋的“中华共和国人民革命政府”。图为“中国全国人民临时代表大会”留影

周恩来、张闻天、毛泽东都建议红军趁机阻击蒋介石的“入闽军”，与第十九路军采取配合行动，将战略防御转变为战略进攻。但是，以博古为首的中共临时中央，继续把中间派看成最危险的敌人，认为十九路军的行动是“欺骗群众”，不肯在军事上与之配合。结果，福建人民政府孤立无援，在蒋介石的军事打击和分化下于 1934 年 1 月失败。蒋介石很快腾出手来全力进攻苏区，红军错失突围良机。

★ 中华苏维埃共和国临时中央政府与中华共和国人民革命政府签订的《闽西边界及交通条约》

（四）“崽卖爷田心不疼”

1934 年 4 月初，蒋介石重新集结 11 个师，由陈诚统一指挥，向广昌发动进攻。

广昌位于江西盱江西岸，是中央根据地的北大门，战略地位极其重要。国民党企图通过广昌打开缺口，一举消灭中央红军。面对步步紧逼的强敌，博古、李德主持的中革军委集中红一、红三、红五、红九4个军团共9个师的兵力，不顾红军连续作战、十分疲劳、减员很大的情况，准备在广昌以北地区与国民党军队“决战”。

★ 红军时期的彭德怀

4 月 10 日，广昌战役正式打响。广大红军指战员响应中央“武装保卫赤色广昌，不让敌人侵占苏区寸土”的号召，英勇奋战，连续打退敌人两次进攻。陈诚看到河东纵队受阻，立即调整兵力部署，在盱江东岸钳制红军主力，改由西岸向前推进。但是博古、李德不察敌情的变化，仍命令中央红军主力坚守河东阵地，与敌对峙。

4 月 27 日，国民党军集中 10 个师会攻广昌。一个炮兵旅轰击，三四十架飞机配合，不到半天，便把李德所谓坚固的永久性工事炸平了。守备工事的一营红军战士全部壮烈牺牲。双方激战一天，红军发动多次突击均失败，伤亡惨重。博古、李德被迫放弃广昌。

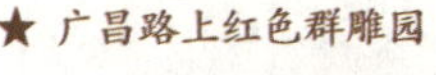

★ 广昌路上红色群雕园

★ 位于广昌县头陂镇下关冯家祠，为清代建筑。1934 年 4 月 28 日，广昌弃守的当晚，中国革命军事委员会在此召开会议，总结广昌大会战失利的教训，讨论下一步行动

至此，历时 18 天的广昌保卫战结束。红军毙伤俘敌 2626 人，自身却伤亡 5093 人，约占参战总人数的 1/4。这是红军历史上最典型的阵地战、消耗战，给红军反“围剿”斗争带来极为有害的影响。

广昌失守当晚，中革军委撤退至下关冯家祠堂召开总结会，红三军团军团长彭德怀愤怒地斥责李德指挥上的错误。他指出：你们的作战指挥从开始就是错误的。……如果不是红军高度自觉，一、三军团早就被你送掉了。我还说，这次广昌战斗你们看到了吧！这种主观主义，是图上作业的战术家。中央根据地从 1927 年开创到现在快 8 年了，一、三军团活动到现在，也是 6 年了，可见创建根据地之不易。‘崽卖爷田心不痛’，被送掉！”

中央根据地是红军战士和苏区群众一点一点用鲜血拼出来、一步一步用汗水建起来的，彭德怀作为苏区创建的参与者，对这片土地的感情极其深厚，对李德瞎指挥造成的恶果更是痛彻心扉，因此，明知自己有可能遭到残酷报复甚至牺牲，但他仍然和李德大吵一架，一吐心中愤懑。“我把那套旧军衣背在包里，准备随他到瑞金去，受公审，开除党籍，杀头，都准备了，无所顾虑了……”

不仅是亲上战场的彭德怀，在后方的毛泽东也尖锐地批评广昌战役是个灾难，毫无战绩。曾经支持“左”倾错误的张闻天也开始怀疑李德的错误指挥，在5月上旬的一次中革军委会议上，批评博古过于重用李德，认为中国的事情不能完全依靠李德，自己要有点主意。结果与博古发生了公开的激烈争论。

★ 广昌保卫战纪念碑

（五）“我愿意用我的生命换回毛泽东的路线”

在广昌决战最激烈的时候，中共中央政治局委员、中国工农红军总政治部代理主任顾作霖，在一线指挥过程中，突然心脏剧痛，吐血不止。后送入红军医院，因抢救无效，于1934年5月28日在江西瑞金去世，年仅26岁。

顾作霖1931年从上海到达中央根据地，任共青团苏区中央局书记。初到根据地，他与许多受教条主义影响的年轻布尔什维克一样，不能根据实际情况提出自己的见解，而是口不离“指示”，“唯上”不“唯实”。但第五次反“围剿”斗争的残酷现实惊醒了他。当他目睹红军在战场上节节失利、根据地面临失守的困境时，他痛心地说：“同志们，是该面对现实的时候了，我们再也不能闭着眼睛瞎指挥了，该清醒清醒了！”“回想起以前的所作所为，我心里头感觉疼啊！代价，代价，这就是不能够认识真理，不能够面对真理的代价。如果，如果再给我一次重来的机会的话，

★ 顾作霖

我愿意，我愿意，我愿意用我的生命来换回毛泽东的路线！我们真的需要他！”

顾作霖的心声也是广大红军指战员的心声。然而，博古和李德仍继续他们的错误指挥，不顾部队遭受的重大伤亡，命令中央红军进行建宁保卫战，采用的仍然是堡垒对堡垒和“短促突击”的战法，同敌人拼消耗。

“门户既开，堂奥难保”。1934年4月下旬至5月上旬，�岭、广昌、建宁、龙冈等地相继失守，中央根据地的南北门户洞开，红色首都瑞金岌岌可危。

9月上旬，国民党军队加紧对根据地中心地区发动进攻，红军已无在原地扭转战局的可能。

10月中旬，中共中央、中革军委率中央红军主力8.6万余人，踏上战略转移的漫漫征程。

中央根据地随着第五次反“围剿”的失利而丢失了。

★ 建宁保卫战旧址

★ 中国工农红军北上抗日先遣队旗帜

二、抗日先遣队北上

在红军连续作战失利、反“围剿”形势陷入危急的情况下，中共中央和中革军委决定，以红七军团组成北上抗日先遣队，开赴闽浙皖赣边区，开展抗日宣传，发展游击战争，创建新的根据地，从而调动和牵制敌人，减轻国民党军队对中央根据地的压力。

1934 年 7 月上旬，红七军团改编为北上抗日先遣队，从瑞金出发，开赴闽浙皖赣边区。红七军团是中央根据地红军主力中组建时间较短的一个军团，军团长寻淮洲、政治委员乐少华、参谋长粟裕、政治部主任刘英。全军团原有 4000 余人，为了执行新任务，突击补充了 2000 多名新士兵。军团武器装备比较差，仅有长短枪 1200 余支，一部分轻重机枪和 6 门迫击炮，许多战士都是背着大刀，扛着梭镖参加战斗。

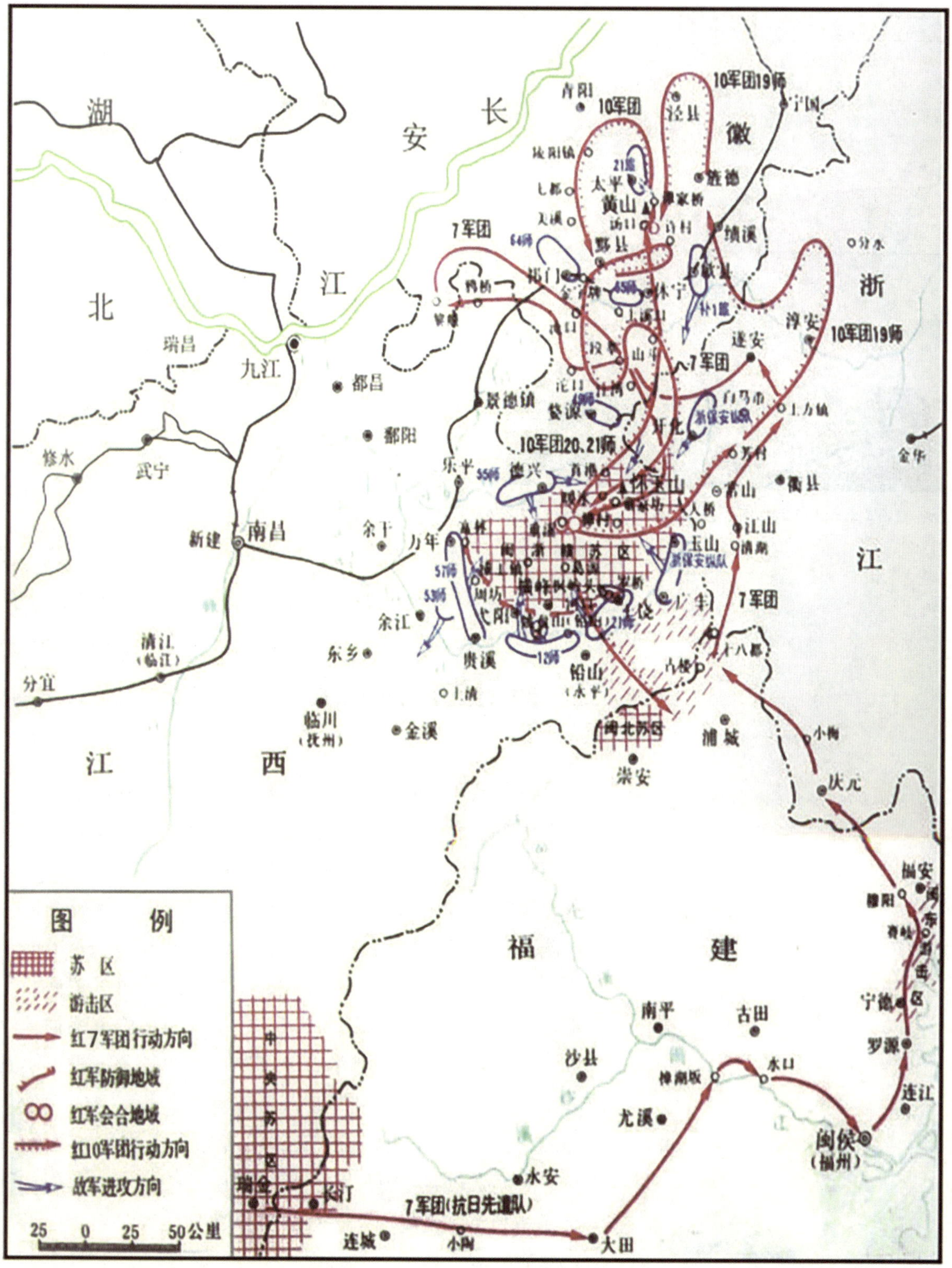

图 例

苏区
游击区
红7军团行动方向
红军防御地域
红军会合地域
红10军团行动方向
敌军进攻方向

25 0 25 50公里

★ 中国工农红军北上抗日先遣队行动路线示意图

（一）转战闽东闽北

红七军团7月底渡过闽江后，向福州方向前进，于8月1日占领福建古田水口镇，8月2日召开“八一”纪念大会，作攻打福州的战斗动员，并正式宣布对外以“中国工农红军北上抗日先遣队”的名义活动。

红军突然逼近福州，引起国民党当局的震惊。东路军总司令蒋鼎文急令驻闽东的第八十七师回防，派兵到闽江上游堵截红军，同时急调在湖北整训的第四十九师由长江经上海驰援福州。8月7日晚，红七军团对福州发起进攻。但福州作为福建省会，防御工事坚固，且事先已有所准备，

★ 位于福建古田水口镇的中国工农红军北上抗日先遣队指挥部旧址

★ 红军在水口张贴的宣传画

红色中华

為中國工農紅軍北上抗日宣言

★《红色中华》报全文刊登了《为中国工农红军北上抗日宣言》

★ 1934 年 8 月红军总政治部宣传画。图为红军北上抗日先遣队向福州挺进

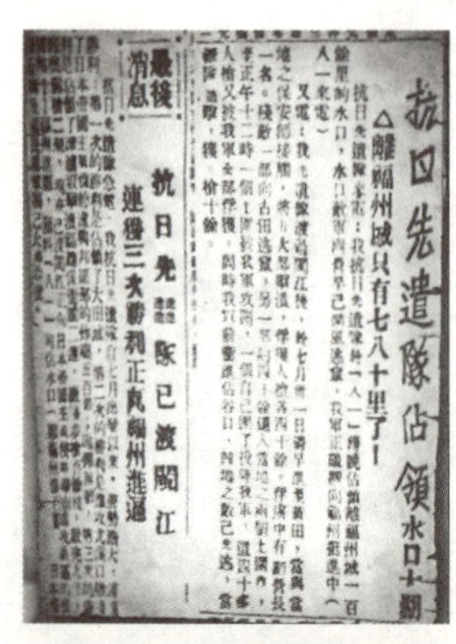

抗日先遣隊佔領水口

△離福州城只有七八十里了！

最後消息

抗日先遣隊已渡閩江

連獲三大勝利正向福州進逼

紅色中華

★ 关于先遣队占领水口镇、渡过闽江相关报道

红军猛攻一昼夜未能攻下，只好撤出战斗。这一战，虽然给敌人一定打击，但红军自身损失不小，而且暴露了红七军团的实力，对后来的北上行动非常不利。

此后，红七军团进入闽东游击区，在当地党组织和群众的协助配合下，打了几场胜战。随后继续北上，连克数座县城，挺进闽北。在竹口附近与浙江省保安纵队第二、四团遭遇，红军抢占有利地形，俘敌 200 多人，在浙江首战告捷，声威大震。

红七军团本想借闽北苏区的有利条件进行短暂休整，但中革军委要求他们立即北上。于是 9 月初，红七军团沿闽浙赣边境，向浙西挺进。一路上，国民党军队围追堵截，扬言要歼灭红七军团。红七军团被迫在敌占区与敌连续作战，疲惫不堪，军需和兵源都得不到补充。加上当时的中央代表曾洪易听不进不同意见，又没有作战决心，对部队采取不负责任的态度，甚至到处散布悲观失望的论调，致使红七军团在两个多月的艰苦转战中损失过半，当 11 月到达葛源、德兴之间的重溪时，原来 6000 余人的部队已不足 2000 人。

（二）谭家桥战役

1934 年 11 月初，红七军团按照中革军委命令进入闽浙赣苏区，同方志敏领导的红十军会合。11 月 4 日，中革军委决定将红七军团与红十军合编为红十军团，刘畴西任军团长兼二十师师长，乐少华任军团政治委员兼二十师政治委员，王如痴任参谋长，并成立以方志敏为主席的军政委员会。

★ 江西德兴市绕二镇重溪村红十军团军政委员会旧址

★ 方志敏，照片题诗为叶剑英

这时，中央红军主力已经退出中央根据地，闽浙赣苏区的形势也日益严峻。以项英为首的中央军区要求红十军团集结主力，创建皖浙边新苏区。在当时的形势下，把长于游击战的红十军和地方武装集中起来，进行大兵团活动，企图打大仗，显然是战略指导上的重大失误，这为后来红十军团的失败埋下了伏笔。

12 月，红十军团进入皖南，在谭家桥地区与敌遭遇。敌军占据谭家桥地区的制高点，控制了乌泥关一带的公路。为挽回不利局面，红军指战员奋勇抗击，但三次冲锋都未能成功。年轻骁勇的十九师师长寻淮洲身先士卒，冒着枪林弹雨率部夺回了乌泥关，但部队也遭受较大损失，300 多名战士牺牲。敌人后续部队不断增援，红十军团被迫向北转移。寻淮洲身负重伤，后不久壮烈牺牲，年仅 22 岁。军团政治委员乐少华、政治部主任刘英等 8 名师以上干部相继负伤。

在人员严重伤亡和敌军重兵追堵的情况下，方志敏、刘畴西等不得不率领部队返回闽浙赣苏区。1935 年 1 月底，怀玉山一役，红十军团苦战数天，最终兵败，军团 1 万余人几乎全军覆没，军政委员会主席方志敏、军团长刘畴西、参谋长王如痴、二十一师师长胡天桃等人相继被俘，后被国民党残忍杀害。

★ 方志敏（中）、刘畴西（左）、王如痴（右）在狱中

★ 红六军团寨前圩誓师雕塑

★ 任弼时

★ 萧克

三、红六军团踏西征

继北上抗日先遣队出师之后，为了给即将进行的中央红军战略转移探路，1934 年 7 月下旬，中共中央和中革军委命令红六军团离开湘赣苏区，转移到湖南中部地区，广泛开展游击战争和创立新的苏区。

8 月 7 日，红六军团 9700 余人奉命由遂川撤出湘赣苏区西进。11 日到达湖南桂东县城以南的寨前圩，12 日召开连以上誓师大会，正式宣布红六军团军政委员会成立。任弼时为军政委员会主席，萧克任军团长兼第十七师师长，王震任政治委员兼第十七师政治委员。

★ 王震

★ 寨前圩旧影

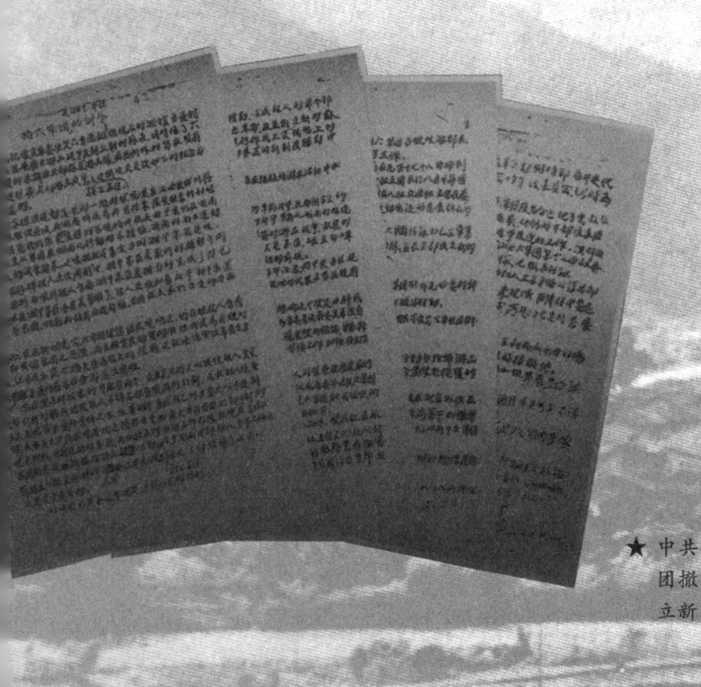

★ 中共中央、中革军委关于红六军团撤离湘赣苏区，到湖南中部创立新苏区的训令

（一）“不劳桂军远送”

出于对蒋介石的戒备心理，桂系军阀白崇禧制定了一个对付红军的二字方针——“送客”，即只要红军不进入广西就行。红六军团利用湘、桂国民党军这种心态，出其不意从湘桂国民党军的接合部道县、江华之间穿过，绕过桂军第十九师主力的防守地域，经湘桂边境的永安关，于1934年9月1日进入广西灌阳东北地区。

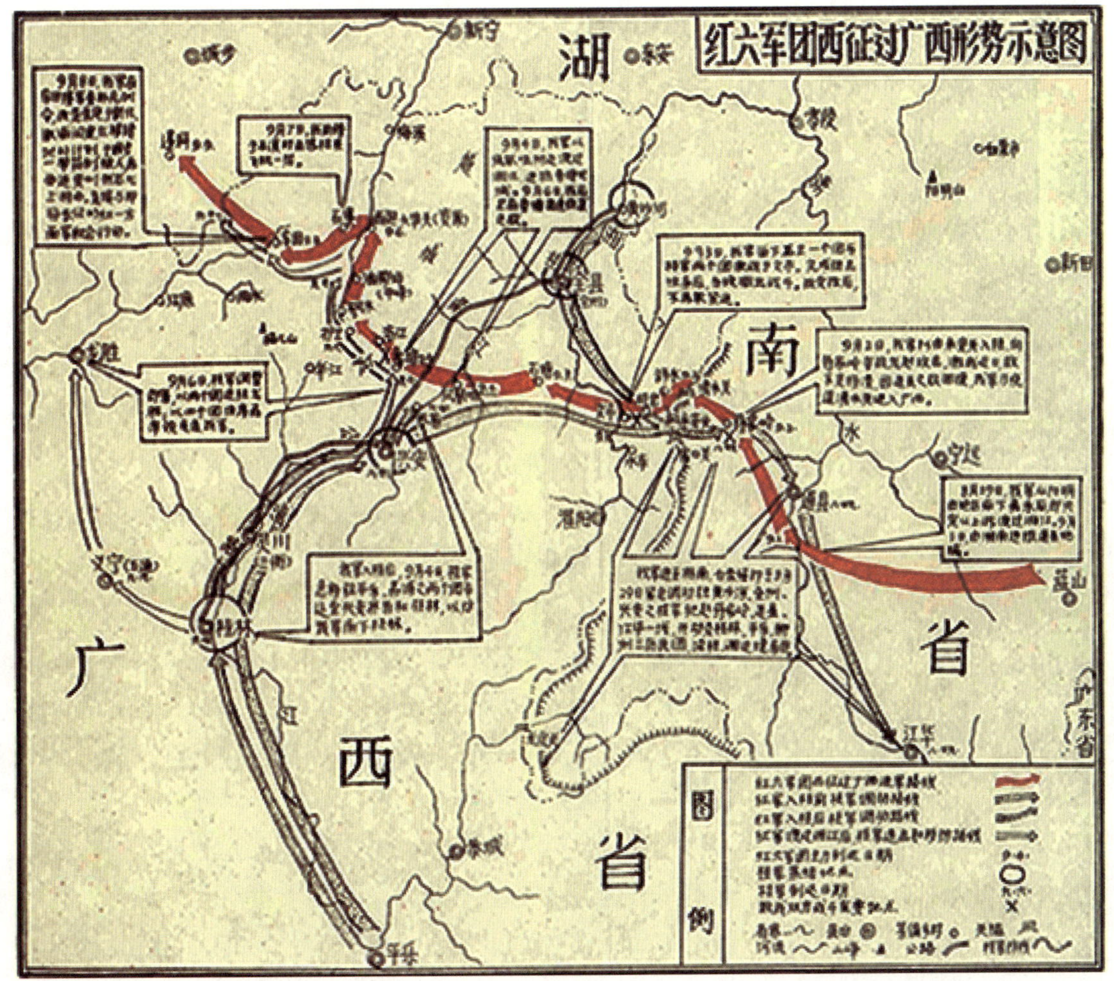

★ 红六军团西征过广西形势示意图

★ 湘桂交界之永安关

国民党西路军总司令何键判断，红军将在全州（今全县）西北的黄沙河附近西渡湘江，急调部队在黄沙河地区布防，红六军团得悉敌军部署后，决心避开黄沙河地区，拟出其不意在全州以南的界首地区抢渡湘江。9月3日，红六军团在灌阳县文市附近击溃尾追之敌，4日，在界首地区顺利渡过湘江，5日，进占西延县城后，转入暂时休整。

为了配合即将突围长征的中央红军的行动，中革军委决定以红六军团在湘桂边界的活动，吸引和调动大批敌人。9月8日，中革军委向红六军团发出补充训令，认为目前红六军团行动最可靠的地域，是在城步、绥宁、武冈山等地，并要求红六军团“最少要于9月20日前保持在这一地区行动”，以后则转移到湘西北地区，与活动于川黔湘边界的红三军取得联系。

据此，红六军团即刻离开广西，再入湘境。当桂军第七军军长廖磊率部追至湘桂边界的大山时，只看到远去的红六军团在路旁留下一块木牌，上书一行大字：“此是湘桂交界之处，不劳桂军远送！”

（二）震惊心胆的甘溪之战

根据中革军委指示，红六军团先向西北疾进，后又转兵南下，计划进入贵州同红三军会合。1934 年 9 月 19 日，在湖南靖州新厂战斗中，红军击溃尾追的敌军两个团，追军不敢再轻易近前。随后，红军继续向西北挺进，20 日进入贵州境内清水江流域。这是苗族、侗族等少数民族聚居区，红军以正确的民族政策获得了当地群众的认可和帮助，顺利渡过清水江。

红六军团计划经铜仁石阡进至东口地区与红三军会合。敌军预计到红军的动向，连夜调动部队进行拦截，企图将红军聚歼于石阡地区。10 月 7 日，红六军团前卫部队进到石阡的甘溪时，被桂军包围。

★ 黎平潭溪：1934 年 9 月 20 日，红六军团由此进入贵州

但红军对周遭敌情浑然不知，没有任何准备，结果被多路敌军切断，互相失去联系。然而，面对敌人的突然袭击，战士们始终坚守阵地，与敌军进行了惨烈的斗争。

桂军大部分是广西人，善于山地战，在国民党军队中属于战斗力较强的部队，他们的装备也比较精良，每班都配置一挺轻机枪，而红军机枪少，子弹也少，自制的马尾手榴弹很多不能落地开花。虽然经顽强斗争，红军仍损失惨重，决定撤离甘溪。但主力在撤离中被敌人截为三段，陷入了湘、桂、黔三省敌军 24 个团的包围之中。

萧克回忆这段历史，无限感慨：“甘溪战斗，一经忆起，心胆为之震惊，精神为之振奋。”

★ 甘溪战斗纪念碑

★ 困牛山红军集体跳崖遗址

★ 困牛山红军壮举纪念碑

为粉碎国民党军 24 个团十多天的围追堵截，10 月 16 日，红十八师五十二团 800 多人，在师长龙云和团长田海清的率领下，奉命断后，掩护军团主力突围。红十八师五十二团在石阡县龙塘困牛山一带与敌人发生激战。战斗中，红军边打边退，一直退到了悬崖边上。为了不做俘虏，百余名红军指战员砸毁枪支，集体纵身跳崖，壮烈牺牲，书写了红六军团西征路上的悲壮之歌。

来不及跳崖的五十二团团长和战士惨遭敌人杀害。师长龙云率 200 多名战士突围，在石阡和岑巩交界地遭遇敌人，红军战士大多数壮烈牺牲，师长龙云被俘后宁死不屈，最后被敌人押往长沙杀害。

甘溪战斗，红六军团虽然损失较重，但牵制了湘、桂、黔敌军主力，减轻了中央红军的压力，有力配合了中央红军进行长征。

（三）寻找贺龙同志

甘溪战斗后，红六军团转战于石阡、镇远、施秉、余庆等县。军团参谋长李达率领一部分突围部队于1934年10月10日到达贵州铜仁的江口，但是并未发现红三军踪迹。李达率部队沿梵净山西麓继续寻找。10月15日，终于在铜仁的沿河县水田坝与红三军会合。

10月16日，红三军首长贺龙、关向应率红三军主力与李达所部共同南下，前往接应红六军团主力。10月23日，在甘溪战斗中与主力失去联系的红十七师第五十团，与南下接应红六军团的红三军一部在梵净山下会合。

★ 沿河水田坝村李达会师处全景

★ 红二军团军团长贺龙（左）、政治委员任弼时（右）、副政治委员关向应（中）

李达曾回忆寻找贺龙部队的过程：

我重新整理了部队，就直奔枫香溪。经过来安营，又走了大约半天的路程就看见一座小山头，上面有部队在活动，都是老百姓的打扮。同时，他们也发现了我们。由于我们六军团穿的是制式军装，事先又未联系，他们误以为是黔军又来搜山，就做出了戒备行动。为避免发生误会，我命令部队停止前进，原地休息。我观察对面山上这些老乡打扮的部队实施戒备动作时，很像是经过正规训练的，所以断定他们就是二军团的部队。于是，我就派人向他们喊话：

"我们是六军团，从根据地出发，来找你们会师的。不要误会——"

"你们是二军团吗？我们是来找贺龙总指挥的——"

喊了一阵，对面山上派人来跟我们接头。我取出随身携带的纸笔，垫着文件包，匆匆写就一封信：

"贺总指挥：我们是六军团，奉中革军委命令，从湘赣边根据地出发，前来寻找二军团会合的。我是六军团参谋长李达，率先遣支队走在前面，希望同您会面。"

我将信折好，交给来人。他们走后，我坐在一块石头上，焦急地等待着回音。

很快贺龙就下山迎接了李达等人。李达回忆："这是我第一次见到贺龙同志。他那平易近人、豁然大度，在危难之时毫不迟疑地援救兄弟部队的豪爽气概，给我的印象极为深刻，至今还萦绕在眼前。"

10 月 24 日，红六军团与贺龙领导的红三军在贵州印江县木黄会合。红三军恢复红二军团番号。至此，红六军团历时 80 余天的西征胜利结束，行程 5000 余里，成功实现与红三军会师的战略任务，同时探明了沿途的地形、道路、民情、物产等情况，并为中央红军的战略转移起到了先遣队的作用。

此后，红二、红六军团统一行动，创建了湘鄂川黔根据地。

★ 红六军团领导同志合影（部分），一排左三为王震，左四为夏曦，左五为萧克

四、长征之前做准备

中央红军长征的准备工作,实际从广昌保卫战失败之后已经开始。1934 年 5 月，中共中央书记处为筹划战略转移事宜成立“三人团”。其中，博古负责政治，李德负责军事，周恩来负责督促军事准备计划的实施。

但长征的准备很难说是充分的。彭德怀回忆：“最奇怪的是退出中央根据地这样一件大事情，都没有讨论过。”李维汉回忆：“长征的所有准备工作，不管中央的、地方的、军事的、非军事的都是秘密进行的，只有少数领导人知道。”

撤出中央根据地、进行战略转移这样大的事，没有在党和红军的领导人中进行充分的讨论和政治动员。领导干部尚不了解情况，既无法对广大指战员做解释工作，更谈不上统一思想认识，这就为后期部队中不满情绪的爆发埋下了伏笔。

而准备得不充分，很大程度上是由于博古、李德对战略转移举棋不定。5 月开始准备战略转移后，中共中央于 6 月收到共产国际的电报，认为中央根据地还存在打破国民党军“围剿”的希望。中共中央随即派出红六、红七军团，投石问路，看能否转变形势。因此，在 7 月至 9 月间，博古、李德始终在徘徊犹豫中，他们一方面做着转移的准备，一方面又要求各主力红军用一切力量争取大的胜利，这无疑使红军主力的战略转移准备进展缓慢。

直到 9 月初，对打破敌人的“围剿”绝望以后，博古、李德才开始部署战略转移。而这时，他们被敌人的气势所吓倒，原本计划 10 月底或 11 月初转移，又提前到 9 月底 10 月初。从 9 月 29 日发表张闻天的《一切为了保卫苏维埃》，公开透露红军准备长征的信号，到 10 月 10 日中央机关和直属部队离开瑞金，只有 11 天。正如遵义会议决议指出：仓促出动的长征“是一种惊慌失措的逃跑的以及搬家式的行动”。

紅色中華

第二〇六期

武裝起來，到紅軍中去！

——中央革命軍事委員會宣言

捷報

三個月擴紅計劃完成了!!!

光榮的中央直屬縣

——四縣都已完成了計劃——

總數達一萬八千餘名

已經完成了!!

要在九月廿七日以前動員三萬新战士武装上前線！

完成數目

—16166名

—2975名

—7124名

—16191名

—5437名

—698名

—50581

★《红色中华》报关于扩大红军的报道

★ 贫苦工农加入红军宣传画

（一）扩大红军

1934年5月，一开始筹划战略转移，扩红运动就紧跟而上。

5月14日，中共中央和中革军委发出通知，要求在5、6、7月扩大红军5万名，到6月30日，实际完成扩红任务62269名。9月1日，又发出动员3万新战士上前线的通知，到9月27日，实际动员18204名。这样从1934年的5月到9月，整个中央根据地共动员80473名新战士充实到红军主力部队和地方部队。

由于短时期内匆忙、大量扩红，对新兵的训练和培养自然无法达到理想水平。长征出发前，红军组建了新的军团——红八军团，其成员基本是扩红招募的新兵，且绝大多数是根本没有参加过战斗的兴国子弟。当时年仅19岁、任红八军团第二十一师六十二团政委、后成为开国中将的温玉成回忆："由于战事频繁，红八军团没来得及集中起来开一个成立大会，许多战士也没来得及进行起码的军事训练便投入战斗、参加了长征。"老红军刘华连回忆："根本就没有练过枪法，

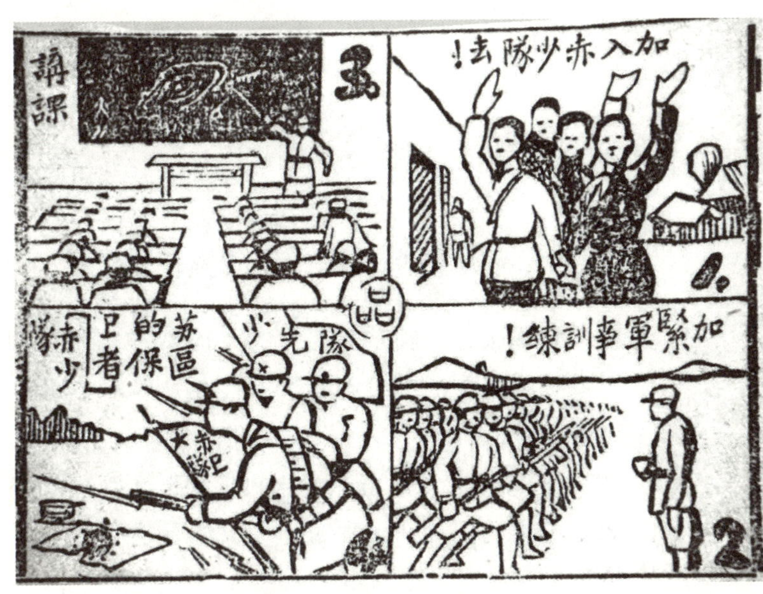

★ 赤少队突击运动宣传画

只是把子弹给他们以后，告诉他们怎么开枪就是。这还算好的，有的战士手里的枪连子弹都没真正打出去过，甚至许多人连枪也没有。”红八军团 1934 年 9 月 21 日成立时 1 万余人，突破第三道封锁线时，已经减员一半以上，到 12 月湘江战役后战斗人员仅剩 600 余人，加上挑夫、杂勤人员也不过 1000 余人，因此被撤销番号并入了红五军团。总计红八军团从成立到撤销番号仅两个多月时间。

★《红色中华》报刊登的纪念红军成立日的漫画《整师整师的加入到红军中去》

★ 中华苏维埃国家银行总金库装钞的木箱、铁箱、箩等

（二）从秘密金库到流动银行

兵马未动，粮草先行。为了战略转移，必须提前准备必要的军械弹药和军需品，以及必要的生活物资。

从 1934 年 6 月开始，中央根据地开始大量制造武器弹药。长征出发时，中央红军共拥有步马枪近 3 万支，短枪 3000 余支，轻重机枪近千挺，迫击炮 38 门。所有部队师级指挥部都拥有无线电设备、野战电话和通信器材。可以说，军需品的准备工作还是比较充分的。

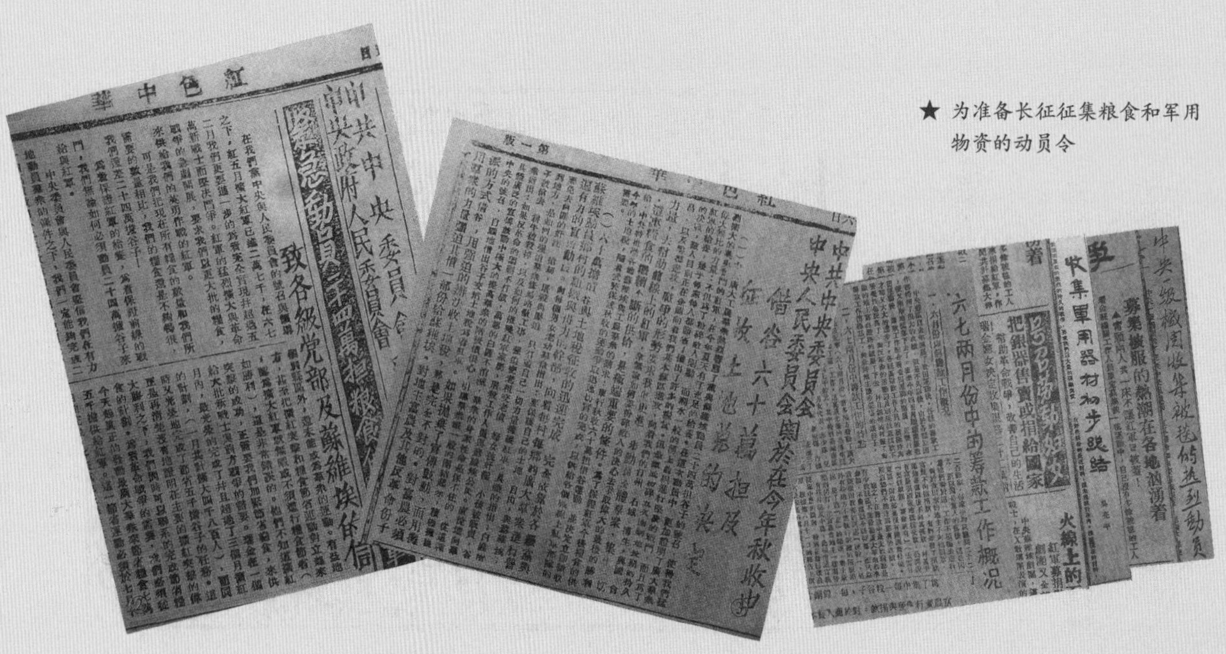
紅色中華

中共中央委員會 中央政府人民委員會

緊急動員二十四萬担粮食

致各級党部及蘇維埃

中共中央委員會 中央人民委員會關於在今年秋收中借谷六十萬担及征收土地税的决定

六七兩月份中的籌款工作概况

把銅器售賣或捐給國家

收集軍用器材初步總結

火線上的

中央一級機關收集被毯的熱烈動員

★ 为准备长征征集粮食和军用物资的动员令

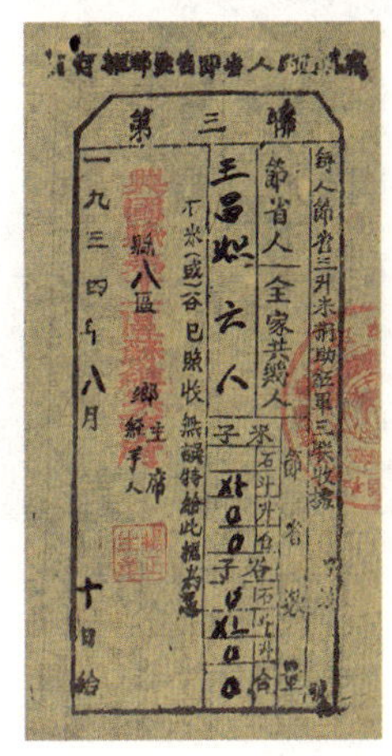

★ 1934 年 8 月 10 日（中央苏区）兴国县第十一区苏维埃政府捐粮证收据。当时为红军长征紧急筹粮，号召每人节省三升米捐助红军

★ 中央红军兵工厂旧址

★ 中华苏维埃共和国国家银行旧址

1932年4月，毛泽东率领东路军在漳州缴获大批金条、银元后建立了一个“秘密金库”。准备长征期间，毛泽东的弟弟、国家银行行长毛泽民找到毛泽东商量搬金库的事。毛泽民打算搬到兴国去，隐藏在深山中。毛泽东认为敌人逼近，兴国已经去不得，建议立即分散，让部队自己管起来更好。后来在转移时，毛泽民把金库中的大部分分给各军团保管使用，一部分专门组织连队押运，保障中央各机关的使用，这成为红军万里征途中的重要经济依靠。

毛泽东的警卫员吴吉清回忆：“这些金条、银元、元宝，果然如主席所言，大部分分给了部队、红军战士，由战士负责背着行军。这些战士背着的银元、金条不是属于个人的，而是属于整个红军。战士们背着的就是红军的一个流动银行。这银行里的一分一文，任何人不能也不会挪用、贪用。”

★ 毛泽东的弟弟、中华苏维埃共和国国家银行第一任行长毛泽民

★ 瑞金中华苏维埃共和国总金库旧址

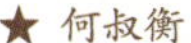

★ 何叔衡

★ 瞿秋白

★ 刘伯坚

（三）谁走谁留：毛泽东最初不在转移名单上

长征时干部的去留问题，大体根据干部隶属关系上报中央确定。属于省委管的干部，由省委决定报中央；党中央机关、政府、部队、共青团、总工会等单位，由各自的党团负责人和行政领导决定报中央；高级干部则由中央管辖，谁走谁留由“三人团”——博古、李德、周恩来掌握，事实上主要由博古一人决定。

9月中旬，中央已经着手准备战略转移，但没有向毛泽东透露。博古、李德一开始并不想带毛泽东走。曾任李德俄文翻译的伍修权回忆：“当初他们还打算连毛泽东同志也不带走，当时已将他排斥出中央领导核心，被弄到于都去搞调查研究。”后来，由于周恩来、朱德等人一再坚持，说毛泽东既是中华苏维埃政府主席，又是中央红军的主要创建者，在军队中享有很高的威信，应该随军出发。在这种情况下，毛泽东才被允许一起转移。

与此同时，一批“左”倾领导者不喜欢的干部，如瞿秋白、何叔衡、贺昌、刘伯坚、毛泽覃、古柏、周以栗等人都被留了下来。

★ 林伯渠

今天再来评价当时高级干部的转移名单，很难否认其与博古、李德的个人好恶密切相关。但从整体战略看，为了在苏区留下革命的火种，为了稳定、争取民心，客观上也必须有一批忠诚且富有斗争经验、担任过一定领导职务并熟悉某方面工作的高级干部留下来。

当时成立了以项英为书记的苏区中央分局和以陈毅为主任的中央政府办事处，领导留下的红二十四师和地方部队 1.6 万余人，加上伤病员，共 2 万多人坚持斗争。

年届六旬的建党元老何叔衡留下了。临别前夕，他将多年随身的一件毛衣赠予好友林伯渠。林伯渠留下名作《别梅坑》：“去留心绪都嫌重，风雨荒鸡盼早鸣。赠我绨袍无限意，殷勤握手别梅坑。”

中国共产党早期领导人瞿秋白也被留下了。他曾找张闻天，希望能够跟主力部队一起走，张闻天深表同情，随即向博古做工作，但博古一点儿没有商量的余地。1935 年 2 月，瞿秋白在福建长汀突围时被捕，6 月从容就义，年 36 岁。

★ 瞿秋白在长汀被俘就义前留影

一些妇女和儿童为了不影响部队行军打仗也被留在了苏区。其中有毛泽东和贺子珍 2 岁的爱子毛毛、红九军团军团长罗炳辉 3 岁的女儿罗振涛、董必武的夫人陈碧英、林伯渠的夫人范乐春、陆定一的夫人唐义贞等。

对中央根据地留人问题，博古在延安整风笔记中曾做说明：“中央苏区撤退时，由于对游击战争的形势及其困难认识不足，以至于各级仍保留一套架子，留下了一批干部：中央局书记项英、组织陈潭秋、宣传瞿秋白、军事陈毅、政府何叔衡。”“这些干部以后遭受牺牲，这是我要负责任的。”“我要声明的即这批人留下并无存心使他们遭受牺牲。”

★ 瞿秋白同志就义处

★ 瞿秋白烈士纪念碑

而毛泽东 1936 年在陕北对斯诺说：“红军留下了它的一些最有才能的指挥员：陈毅、粟裕、谭震林、项英、方志敏、刘晓、邓子恢、瞿秋白、何叔衡和张鼎丞。”“很多这样的共产党领导人都是自愿留下准备牺牲自己的。”“他们所进行的后卫战，使得红军主力在国民党能够调动足够的军队在行军道上包围和消灭他们以前，就已经走得很远了。甚至到 1937 年，江西、福建和贵州有一些地区还在红军所留下的这些部队手中。”

（四）“你喂的鸽子飞了”

就在中央红军各军团向瑞金集结，准备战略转移时，在瑞金以西将近100公里的寻邬，共产党的代表何长工、潘汉年与广东军阀陈济棠的代表正紧锣密鼓地进行着秘密谈判。

蒋介石自1927年执掌南京政权后，与粤系陈济棠、桂系白崇禧李宗仁、湘军何键等地方军阀的利益冲突一直未能消除。蒋介石大规模“围剿”中央根据地，客观上红军必然进入地方军阀的势力范围，蒋介石正好可以利用“追剿”红军之机，收一石二鸟之效，借机兼并地方势力。对此，陈济棠、白崇禧等地方军阀心知肚明，为了保存自身实力，他们都愿意给红军让道，“送客”出境。陈济棠早在第五次“围剿”时，就有与中共和谈的想法，双方有了一些联系。1934年九十月间，陈济棠电约中共举行秘密军事谈判，于是中共派出何长工和潘汉年为代表，与陈济棠的谈判代表黄质文、杨幼敏、黄旭南等谈判，达成五项协议：

一、就地停战，取消敌对局面；

二、互通情报，用有线电话通话，以防被蒋方窃听；

三、解除封锁，互相通商；

四、必要时红军可以去陈济棠防区，设立后方医院；

★ 中央红军长征出发地经过的瑞金武阳桥

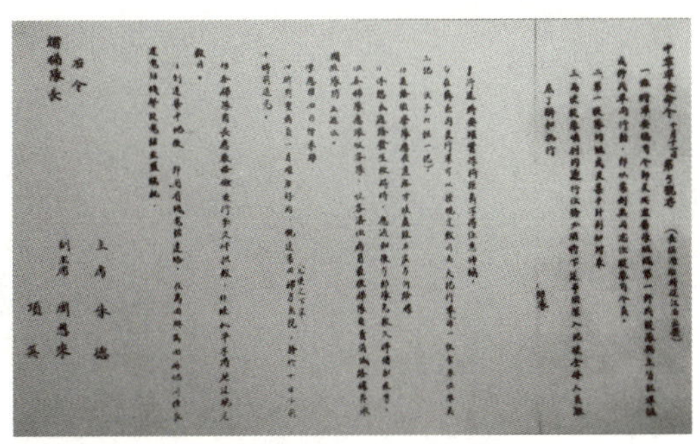

★ 1934 年 10 月中革军委发布的长征命令

五、可以互相借道，红军如有行动，可先告诉陈济棠部，陈部撤离四十华里。红军人员可进入陈的防区，并借用陈的护照。

就在谈判结束之际，潘汉年、何长工收到与周恩来事先商定的密语电报：“你喂的鸽子飞了。”跟他们谈判的粤方代表杨幼敏很敏感地问：“你们是不是要远走高飞了？”潘汉年、何长工巧妙地回答：“这是我们中央祝贺两边谈判成功，和平鸽上天了。”

实际上，鸽子飞了，暗示的是中革军委筹划已久、史无前例的战略大转移正式开始。而红军突围的方向正是中央根据地西面，陈济棠麾下粤军的防线。

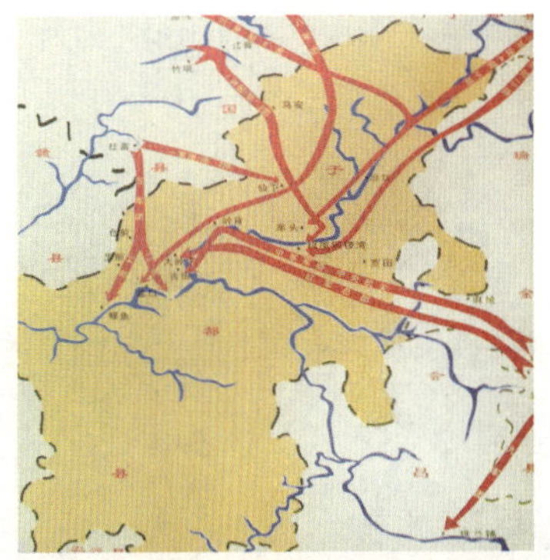

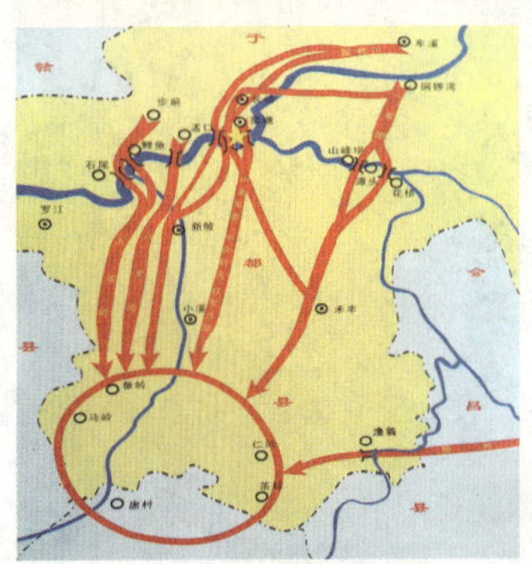

★ 中央机关、中革军委、红军总部及各军团集结于都路线示意图

（五）毛泽东为突围探路

1934 年 9 月中旬，身处南线会昌的毛泽东，眼看反“围剿”局势日益不利，东线和北线都被突破，经请示中央书记处同意后，他带着秘书、医生和警卫班抵达赣南省委、省苏、省军区所在地于都，进行调查。

毛泽东刚到于都，就接到周恩来的电话，要他着重了解于都方向的敌情和地形。他立即召开各种会议做调查，还找那些从敌占区或刚被敌军占领地区过来的商人和其他人员详细了解敌人的动向。9 月 20 日，毛泽东急电周恩来：“信丰河下游从上下湾滩起，经三江口、鸡笼潭、下湖圩、大田至信丰河东岸 10 里以内一线，时有敌小队过河来扰，但最近一星期内不见来了。”电报最后指出：“于都、登贤全境无赤色戒严，敌探容易出入，现正抓紧西、南两方各区建立日夜哨及肃反。”这个电报为中央下决心从于都方向突围，起了探路的作用。

10 月初，毛泽东回到瑞金，到中革军委向周恩来等报告了于都的敌情、地形、河水干枯等情况。10 月 17 日，中央红军各部队分别从于都、花桥等 10 个渡口渡过于都河，踏上战略转移征途。

过了于都河后，毛泽东见到刘英。刘英问：“你 9 月份到于都是有‘特别任务’的吧？”毛泽东这才告诉她，他来于都主要的任务是查看地形，选择突围的路线。刘英回忆说：“现在我们利用枯水期，在选定的地点架了 5 座浮桥，安然地过了于都河，走的就是毛泽东选定的路线。”

举世闻名的长征，就此开启。

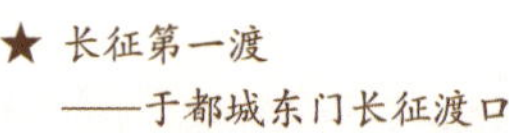

★ 长征第一渡
——于都城东门长征渡口

ZHONGPIAN

中篇

艰苦卓绝长征路

长征是人类历史上无与伦比的英雄壮举，是中华民族一部响彻寰宇的英雄史诗。

红军长征的那个年代，中国正处在半殖民地半封建社会的黑暗境地：社会危机四伏，日寇野蛮入侵，国民党反动派置民族危亡于不顾，向革命根据地连续发动大规模“围剿”。而此时的中共党内也危机重重。从1931年开始的“左”倾教条主义路线此时发展到极端，在党内占据统治地位。中国革命事业遭受重大挫折。

中国共产党和红军到了危急关头，中国革命到了危急关头，中华民族到了危急关头。

然而，长征以并不完美甚至稍显狼狈的开局，结出了举世瞩目的硕果：从一场被迫远离根据地的大规模迁徙，转化为一场主动北上抗日的民族救亡行动；从一路被围追堵截的艰辛逃亡之旅，转化成为锻造革命英雄的大“熔炉”。长征的胜利宣告了国民党反动派消灭中国共产党和红军的图谋彻底失败，宣告了中国共产党和红军肩负着民族希望胜利实现了北上抗日的战略转移，实现了中国共产党和中国革命事业从挫折走向胜利的伟大转折，开启了中国共产党为实现民族独立、人民解放而斗争的新的伟大进军。

这一惊天动地的革命壮举，是中国共产党和红军谱写的壮丽史诗，是中华民族伟大复兴历史进程中的巍峨丰碑。

一、红军不怕远征难

从 1934 年 10 月至 1936 年 10 月，中国共产党领导的红一方面军（当时称中央红军），红二、红六军团（后编为红二方面军），红四方面军和红二十五军，为粉碎国民党军队的军事“围剿”，保存有生力量，实现北上抗日，陆续从长江南北各革命根据地向陕甘地区进行了史无前例的战略大转移。

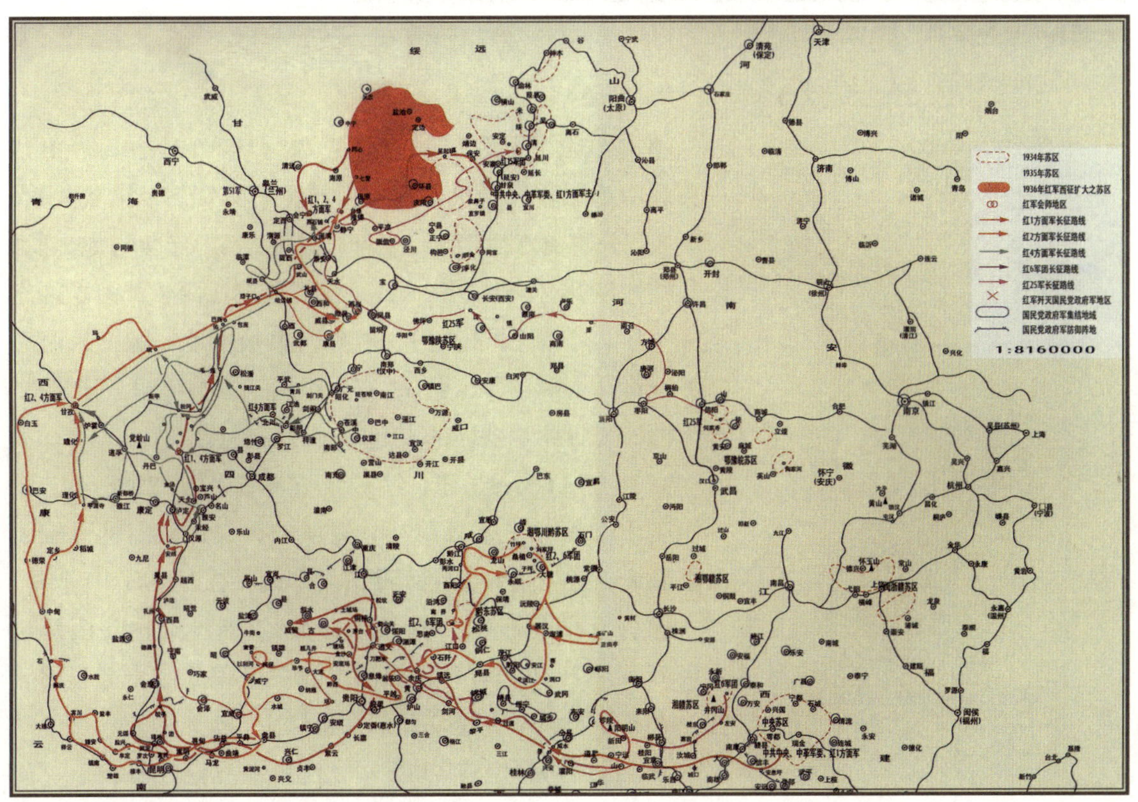

★ 中国工农红军长征路线示意图

★ 国画：《一九三五》（陈勇　作）

率先出发的是红一方面军。1934 年 10 月中旬，中共中央和中革军委率中央红军主力 5 个军团及 2 个纵队共 8.6 万余人，分别由江西瑞金、于都，福建长汀、宁化等地出发，向集结地域开进。10 月 16 日，各部队在江西于都河地区集结完毕，17 日渡过于都河，撤离中央根据地，踏上战略转移的征途。历时 1 年，经 11 省、纵横二万五千里，于 1935 年 10 月 19 日到达陕西的吴起镇（今属吴起县）。

1934 年 11 月 16 日，红二十五军全军共 2980 人，以中国工农红军北上抗日第二先遣队的名义，撤离鄂豫皖革命根据地，从河南罗山何家冲出发开始长征。历时 10 个月，经 4 省、行程近万里，于 1935 年 9 月 15 日到达陕西延川永坪镇后，于 16 日同陕北红军会师，合编为红十五军团。红二十五军是最早到达陕北的一支红军。

1935 年 3 月，红四方面军发起强渡嘉陵江战役后，实际开始了长征。红四方面军主力 8 万余人，连同其他工作

★ 将台堡红军长征会师纪念碑

★ 红军第一、二、四三个方面军胜利会师地甘肃会宁铜铸纪念像

人员共约 10 万人，从四川苍溪出发，历时 1 年 7 个月，经 8 省、行程一万余里，于 1936 年 10 月 9 日到达甘肃会宁，与红一方面军会师。

1935 年 11 月 19 日，红二、红六军团（后编为红二方面军）1.7 万余人从湖南桑植刘家坪等地出发，历时近 1 年，经 9 省、行程两万余里，于 1936 年 10 月 22 日到达甘肃隆德将台堡（今属宁夏回族自治区西吉县），同红一方面军会师。

在为时两年的漫漫征途中，四路红军将士共历经江西、福建、广东、湖南、广西、贵州、云南、四川、西康、青海、河南、湖北、甘肃、陕西等 14 省[1]，纵横六万五千里，同敌人进行了 600 余次战役战斗，跨越近百条江河，攀越 40 余座高山险峰，其中 4000 米以上的雪山就有 20 余座，穿越了被称为“死亡陷阱”的茫茫草地，用顽强意志征服了人类生存极限，上演了世界军事史上威武雄壮的战争活剧，创造了气吞山河的人间奇迹。

长征不仅保存了革命力量，而且使党找到了中国革命力量生存发展的新的落脚点，找到了中国革命事业胜利前进的出发点。以陕甘宁根据地为中心，中国共产党领导中国人民展开了中国革命波澜壮阔的新画卷，开启了中国革命的新阶段。

[1]　由于西康已经不存在，重庆成为直辖市，原甘肃部分地区划归宁夏，按照现在的行政区划，红军长征经过的省、自治区、直辖市为 15 个：江西、福建、广东、湖南、广西、贵州、重庆、云南、四川、青海、甘肃、河南、湖北、宁夏、陕西。

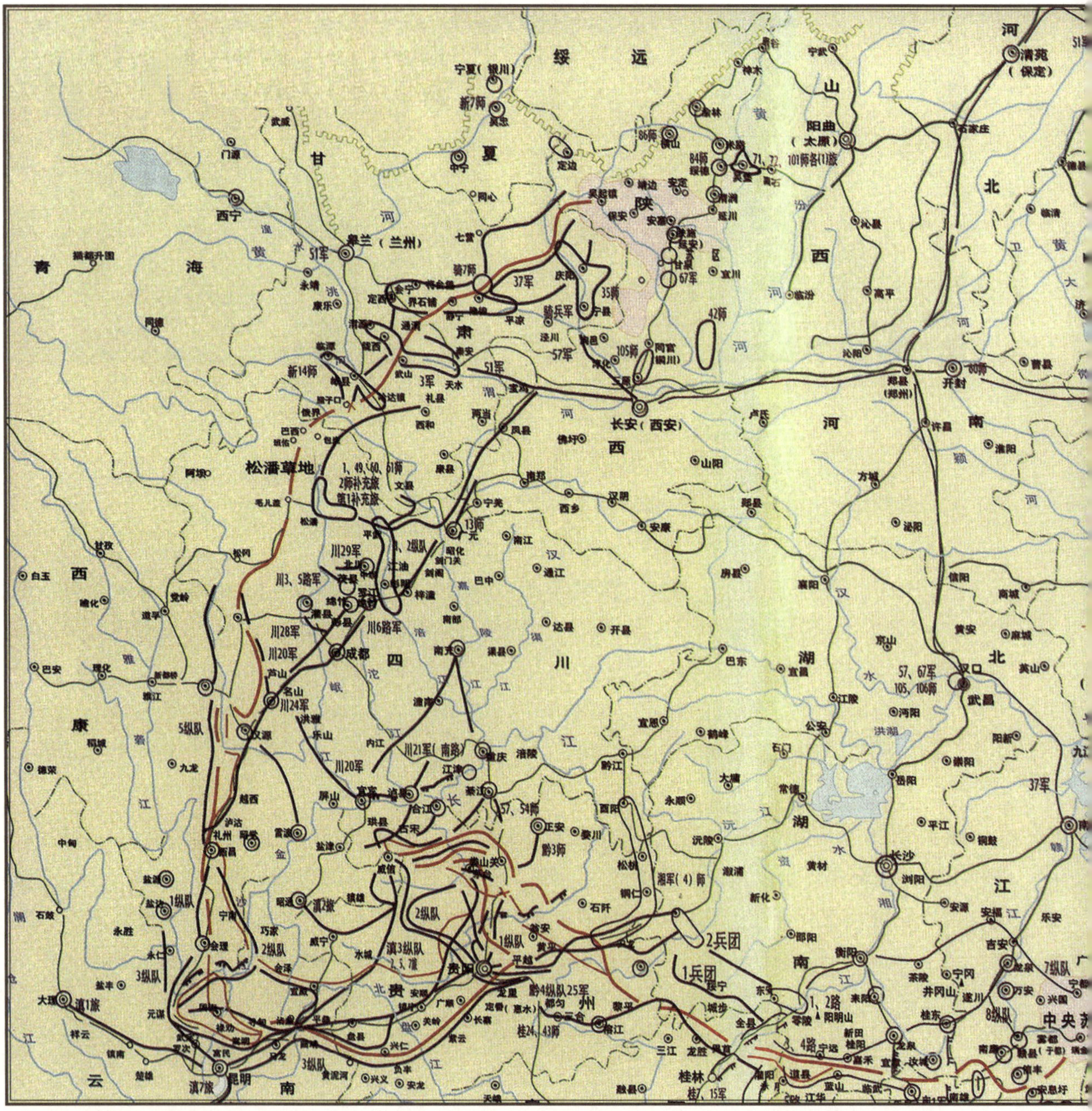

★ 红一方面军长征路线图

（一）红一方面军长征概述

1934 年 10 月 10 日晚，中共中央、中革军委率领第一、第二野战纵队，分别由江西瑞金县的田心、梅坑地区出发，向集结地域开进。中央红军开始实行战略转移。

10 月 16 日，中央红军各部队在江西赣州于都河以北地区集结完毕。17 日，按照中革军委颁布的《野战军渡河计划》，分别从于都、花桥等 10 个渡口南渡于都河（即贡水），由此踏上了漫漫长征路。

由于犯了“左”倾错误的中共中央领导人奉行退却中的逃跑主义，把战略转移变成“大搬家”，致使部队行动迟缓。当红军顺利突破敌人设立的三道封锁线，挺进到广西湘江地域时，蒋介石已调集 25 个师数十万大军，在湘江设置了第四道封锁线，企图消灭红军于湘江之侧。

湘江战役是中央红军长征以来最壮烈的一战。红军以饥饿疲惫之师，浴血奋战五昼夜，直至 12 月 1 日，中央领导机关和主力红军终于渡过湘江，但也付出了极大牺牲。从长征出发到这时，中央红军从 8.6 万余人锐减到 3 万多人。

★ 中央红军长征出发地纪念园

★ 中央红军长征出发纪念碑

严重的挫折和损失使许多干部产生质疑和不满情绪，至湘江战役后达到顶点。这时，不仅是毛泽东、周恩来、朱德等拥有丰富实践经验的同志意识到形势的危急，还有一些曾经在党内执行过“左”倾教条主义错误路线的中央领导同志如张闻天、王稼祥也逐渐意识到了“左”倾教条主义错误的严重危害。从老山界到黎平，从黎平到猴场，一路走来一路争论。通道会议、黎平会议、猴场会议，打破了博古、李德独断专行的局面，开始走向中央政治局的集体领导。在上述历次会议上，毛泽东力主放弃与红二、红六军团会合的计划，转到以遵义为中心的川黔边创建新苏区的主张因得到大部分中央同志赞同而通过。

1935 年 1 月 15 日，遵义会议的召开，结束了“左”倾教条主义在中央的统治，事实上确立了毛泽东在党中央和红军中的领导地位，开始确立以毛泽东为主要代表的马克思主义正确路线在党中央的领导地位，开始形成以毛泽东为核心的党的第一代中央领导集体，开启了党独立自主解决中国革命实际问题新阶段。这次会议在极端危急的历史关头，挽救了党，挽救了红军，挽救了中国革命。

遵义会议后，中央红军在以毛泽东为代表的中国共产党人领导下，一反“左”倾教条主义领导者在军事指挥上的呆板做法，获得了新的生命力。在面对十倍于己的敌兵时，红军相机而动，四渡赤水，将敌兵拖得疲于奔命，举止失措；而后一举南渡乌江，佯攻贵阳，千里奔袭云南，威逼昆明；巧渡金沙江，跳出了敌人的包围圈，给追敌留下了一双烂草鞋。愈战愈勇的红军，迈开铁脚板，顺利通过彝族聚居区，强渡大渡河，翻越大雪山，6 月中旬与红四方面军胜利会师于懋功。

而后，红一方面军在以毛泽东为代表的中共中央的领导下，战胜张国焘分裂主义错误，穿过荒无人烟的水草地，攻克天险腊子口，于 1935 年 10 月 19 日胜利到达陕甘苏区的陕西吴起镇，完成了举世震惊的二万五千里长征。

★ 红一、红四方面军懋功会师纪念碑

★ 福建长汀的钟屋村（中复村）“长征零公里处”碑，中央红军第九军团从这里集结出发，开始了两万五千里长征

红一方面军长征经过江西、福建、广东、湖南、广西、贵州、云南、四川、西康、甘肃、陕西等 11 省。据统计，在历时一年的长征途中，部队行军速度平均每天约为 70 里；翻越了 20 多座大山；渡过了 22 条河流；通过了苗族、彝族、藏族、羌族、回族等 10 个少数民族地区；进行重要战斗战役 380 多次；占领 60 多座大小城镇，突破了国民党中央军和 10 个地方军阀的围追堵截。无数红军将士的热血铸就了伟大的长征路。正如美国著名记者埃德加 · 斯诺所称誉的，长征是“一次史诗般的远征”。

在长征中，红一方面军几经整编，部队序列变化如下：

1934 年 1 月，中共中央将红一方面军总部撤销，并入中革军委机关，所辖各部队由中革军委直接指挥，称中央红军。1934 年 10 月，中央红军长征开始，参加的有第一、第三、第五、第八、第九军团，以及由中共中央、中华苏维埃共和国临时中央政府、中革军委机关及直属部队编成的第一、第二野战纵队。

长征初期中央红军序列表

（1934 年 10 月—12 月）

中央革命军事委员会

主　　席：朱　德

副 主 席：周恩来、王稼祥

中国工农红军

总　司　令：朱　德

总政治委员：周恩来

总 参 谋 长：刘伯承

总政治部主任：王稼祥、李富春（代）

第 1 军团

军 团 长：林　彪

政治委员：聂荣臻

参 谋 长：左　权

政治部主任：朱　瑞

- 第 1 师　师长：李聚奎　政治委员：赖传珠　—— 第 1 团、第 2 团、第 3 团
- 第 2 师　师长：陈　光　政治委员：刘亚楼　—— 第 4 团、第 5 团、第 6 团
- 第 15 师　师长：彭绍辉　政治委员：萧　华　—— 第 43 团、第 44 团、第 45 团

第 3 军团

军 团 长：彭德怀

政治委员：杨尚昆

参 谋 长：邓　萍

政治部主任：袁国平

- 第 4 师　师长：洪　超、张宗逊（后）　政治委员：黄克诚　—— 第 10 团、第 11 团、第 12 团
- 第 5 师　师长：李天佑　政治委员：钟赤兵　—— 第 13 团、第 14 团、第 15 团
- 第 6 师　师长：曹德清　政治委员：徐　策　—— 第 16 团、第 17 团、第 18 团

第 5 军团

军 团 长：董振堂

政治委员：李卓然

参 谋 长：刘伯承

政治部主任：曾日三

- 第 13 师　师长：陈伯均　政治委员：罗华民（罗华明）　—— 第 37 团、第 38 团、第 39 团
- 第 34 师　师长：陈树湘　政治委员：程翠林　—— 第 100 团、第 101 团、第 102 团

第 8 军团

军 团 长：周　昆

政治委员：黄　甦

参 谋 长：张云逸、毕占云（后）

政治部主任：罗荣桓

- 第 21 师　师长：周　昆（兼）　政治委员：黄　甦（兼）　—— 第 61 团、第 62 团、第 63 团
- 第 23 师　师长：孙超群　政治委员：李干辉　—— 第 67 团、第 68 团、第 69 团

第 9 军团

军 团 长：罗炳辉

政治委员：蔡树藩

参 谋 长：郭天民

政治部主任：黄火青

- 第 3 师　师长：罗炳辉（兼）　政治委员：蔡树藩（兼）　—— 第 7 团、第 8 团、第 9 团
- 第 22 师　师长：周子昆　政治委员：黄开湘（王开湘）　—— 第 64 团、第 65 团、第 66 团

军委第 1 纵队

司 令 员：叶剑英

政治委员：叶剑英（兼）

参 谋 长：钟伟剑

政治部主任：王首道

- 第 1 梯队　队长：彭雪枫　政治委员：彭雪枫（兼）
- 第 2 梯队　队长：罗　彬　政治委员：罗　彬（兼）
- 第 3 梯队　队长：武　亭　政治委员：武　亭（兼）
- 第 4 梯队　队长：陈　赓　政治委员：宋任穷

军委第 2 纵队

司 令 员：罗　迈（李维汉）

政治委员：罗　迈（兼）

副司令员：邓　发

副政治委员：邓　发（兼）

参 谋 长：张宗逊、张经武（后）、姚　喆（代）

政治部主任：邵式平

- 第 1 梯队　队长：张经武　政治委员：张经武（兼）
- 第 2 梯队　队长：何长工　政治委员：何长工（兼）
- 第 3 梯队　队长：贺　诚　政治委员：贺　诚（兼）
- 第 4 梯队　队长：（不详）　政治委员：（不详）

懋功会师后红一方面军序列表

(1935年7月—8月)

中央革命军事委员会
主 席：朱 德
副主席：周恩来、王稼祥、张国焘

中国工农红军
总司令：朱 德
总政治委员：张国焘
总参谋长：刘伯承
总政治部主任：博 古、陈昌浩(后)
总政治部副主任：周纯全、杨尚昆

第一方面军
司令员：周恩来
政治委员：周恩来(兼)
参谋长：周 昆
政治部主任：李富春

第1军
军长：林 彪
政治委员：聂荣臻
参谋长：左 权
政治部主任：朱 瑞

- **第1师** 师长：刘亚楼；政治委员：黄 甦
  - 第1团
  - 第2团
  - 第3团
- **第2师** 师长：陈 光；政治委员：萧 华
  - 第4团
  - 第5团
  - 第6团

第3军
军长：彭德怀
政治委员：杨尚昆、李富春(后)
参谋长：萧劲光

- 第10团
- 第11团
- 第12团
- 第13团

第5军
军长：董振堂
政治委员：曾日三(代)、黄 超(后)
参谋长：曹李槐(曹里怀)
政治部主任：曾日三
副参谋长：周子昆

- 第37团
- 第38团
- 第39团

第32军
军长：罗炳辉
政治委员：何长工
参谋长：郭天民
政治部主任：黄火青

- 第107团
- 第108团
- 第109团

军委纵队
司令员：叶剑英、邓 发(后)
政治委员：蔡树藩

- **特科团** 团长：韦国清；政治委员：宋任穷

红军大学
校长：倪志亮
政治委员：何 畏
教育长：李 特
政治部主任：刘少奇

1935年6月，中央红军恢复称红一方面军。

7月，中央红军第一、第三、第五、第九军团依次改为第一、第三、第五、第三十二军。

8月，红一、红四方面军混编为左、右两路军。同月恢复红一方面军总部。

★ 红一方面军一部在甘肃宫河镇合影，前排左三为聂荣臻，左四为孙毅

红军陕甘支队序列表

（1935年9月—10月）

陕甘支队

司令员：彭德怀
政治委员：毛泽东
副司令员：林彪
参谋长：叶剑英
政治部主任：王稼祥
副参谋长：张云逸
政治部副主任：杨尚昆

第1纵队

司令员：林彪（兼）
政治委员：聂荣臻
参谋长：左权
政治部主任：朱瑞
政治部副主任：罗荣桓

- 第1大队　大队长：杨得志　政治委员：萧华
- 第2大队　大队长：李英华　政治委员：邓华
- 第3大队　大队长：黄永胜　政治委员：林龙发、张爱萍（后）
- 第4大队　大队长：黄开湘（王开湘）　政治委员：杨成武
- 第5大队　大队长：张振山　政治委员：谢有勋、赖传珠（代）
- 第6大队　大队长：朱水秋　政治委员：邓富连

第2纵队

司令员：彭德怀（兼）、彭雪枫（后）
政治委员：李富春
副司令员：刘亚楼
参谋长：萧劲光
政治部主任：袁国平

- 第10大队　大队长：黄珍、萧桂（后）　政治委员：杨勇
- 第11大队　大队长：邓国清　政治委员：王平
- 第12大队　大队长：谢嵩　政治委员：苏振华
- 第13大队　大队长：陈赓　政治委员：张爱萍

第3纵队

司令员：叶剑英（兼）
政治委员：邓发
参谋长：张经武
政治部主任：蔡树藩、罗瑞卿（后）

★ 长征到达陕北后红一方面军一部合影

9 月，中央纵队和第一、第三军编为中国工农红军陕甘支队。

11 月，西北革命军事委员会宣布恢复红一方面军番号，第一、第三军合编为红一军团，红十五军团编入红一方面军序列。

三大主力会师时红一方面军序列表

（1936 年 10 月）

- **第一方面军**
  - **第 1 军团**
    - 军　　长：左　权（代）
    - 政治委员：聂荣臻
    - 参 谋 长：左　权
    - 政治部主任：朱　瑞
    - 政治部副主任：邓小平
    - **第 1 师**　师长：陈　赓　政治委员：杨　勇
      - 第 1 团
      - 第 3 团
      - 第 13 团
    - **第 2 师**　师长：杨得志　政治委员：萧　华
      - 第 2 团
      - 第 4 团
      - 第 5 团
    - **第 4 师**　师长：李天佑　政治委员：黄克诚
      - 第 10 团
      - 第 11 团
      - 第 12 团
    - 骑兵第 2 团
  - **第 15 军团**
    - 军　　长：徐海东
    - 政治委员：程子华
    - 参 谋 长：蓝国清
    - 政治部主任：王首道
    - **第 73 师**　师长：张绍东　政治委员：陈漫远
      - 第 217 团
      - 第 218 团
      - 第 219 团
    - **第 75 师**　师长：陈锦秀　政治委员：常玉清
      - 第 223 团
      - 第 224 团
      - 第 225 团
    - **第 78 师**　师长：韩先楚　政治委员：崔田民
      - 第 232 团
      - 第 233 团
      - 第 234 团
    - 骑兵第 3 团
  - **第 81 师**　师长：文年生　政治委员：李宗贵
    - 第 241 团
    - 第 242 团
    - 第 243 团
  - **骑兵第 1 团**
  - **特务团**
  - **第 28 军**
    - 军　　长：宋时轮
    - 政治委员：宋任穷
    - 参 谋 长：唐延杰
    - 政治部主任：伍晋南
    - 第 250 团
    - 第 251 团
    - 第 252 团

（二）红二方面军长征概述

1934 年 8 月初，为配合中央红军第五次反“围剿”，红六军团根据中央命令由湘赣革命根据地出发西进，为中央红军进行战略转移探路，揭开了红军长征的序幕。10 月下旬，红六军团到达贵州印江与红三军（红二军团）会师，随后合力创建湘鄂川黔革命根据地。

★ 红二方面军长征路线图

★ 红六军团在剑河留下的旗帜

★ 湖南桑植刘家坪中国工农红军第二方面军长征出发地纪念碑

在完成策应中央红军转移的任务后，1935年11月19日，红二、红六军团主力1.7万余人从湖南桑植刘家坪等地出发开始长征。1936年7月初到达川西北的甘孜，与红四方面军会师并共同北上。

7月5日，红二、红六军团与红三十二军（原红一方面军的第九军团）合编为红二方面军。10月22日，红二方面军到达甘肃隆德将台堡（今属宁夏回族自治区西吉县）一带，与红一方面军迎接部队胜利会师，结束长征。

红二方面军长征行程两万余里，经过湖南、贵州、云南、西康、四川、青海、甘肃、陕西8省，历经大小战斗120余次，先后占领县城39座，至红军三大主力会师时兵力仍达1.3万余人，是长征队伍中令敌军胆寒的一支劲旅。毛泽东曾称赞说，红二方面军出发时一万余人，走过来还是一万余人，“没有蚀本，是个了不起的奇迹”。

★ 中国工农红军第二方面军长征出发地纪念馆

★ 1936年12月，红二方面军干部在陕西富平县庄里镇合影。前排右起：贺龙、朱瑞、李井泉、王震、关向应、贺炳炎、甘泗淇；后排左一张子意，左五陈伯钧

★ 1936年的将台堡

红二方面军长征序列变化情况：

1935 年 11 月 19 日，红二、红六军团从湖南省桑植县出发开始长征。

1936 年 7 月，红二、红六军团与红三十二军（原红一方面军的第九军团）在甘孜组成红二方面军。

★ 红二方面军部分同志在长征途中于贵州大定合影

红二、红六军团从刘家坪出发至甘孜时期组织序列表

（1935 年 11 月—1936 年 6 月）

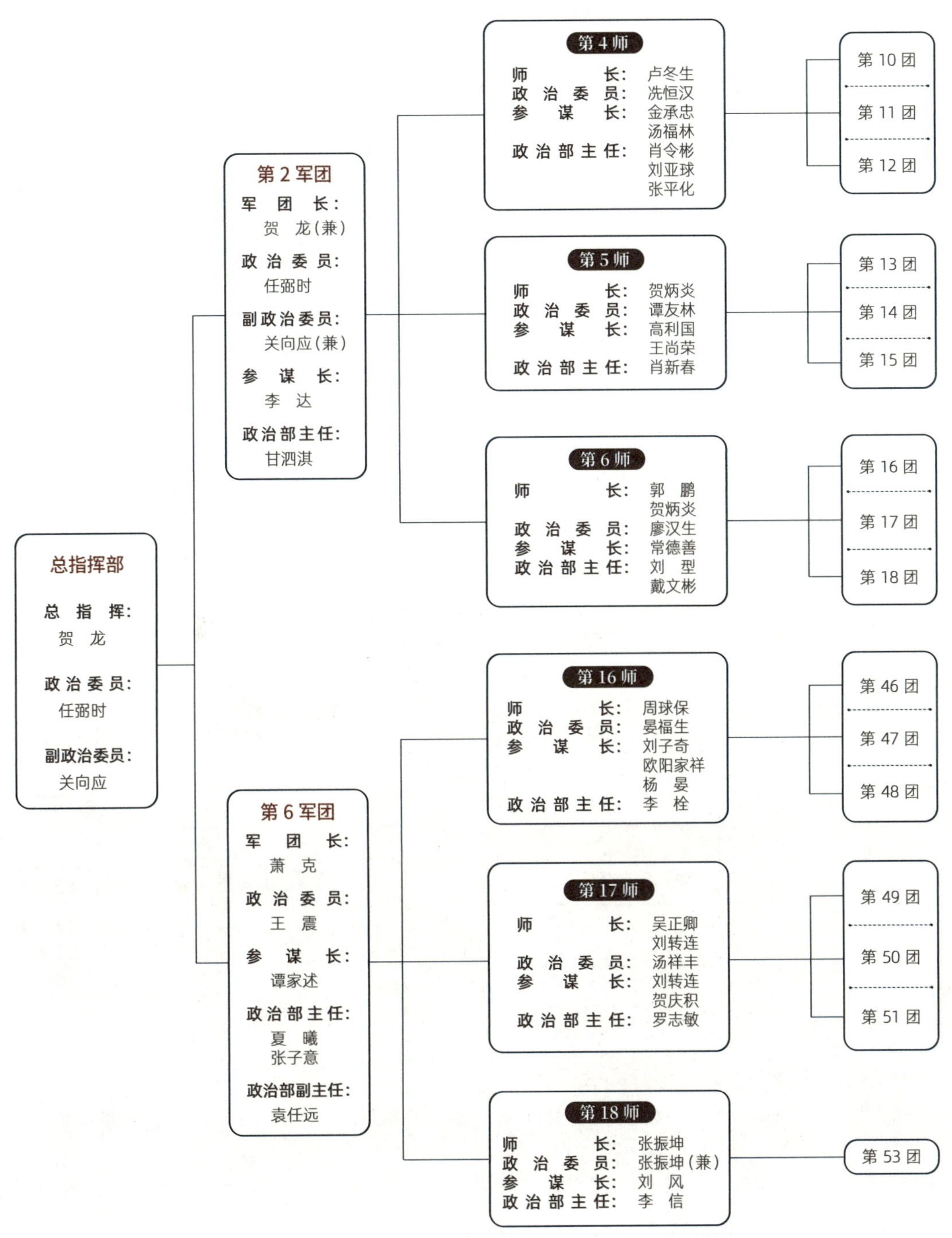

三大主力会师时红二方面军序列表

（1936年10月）

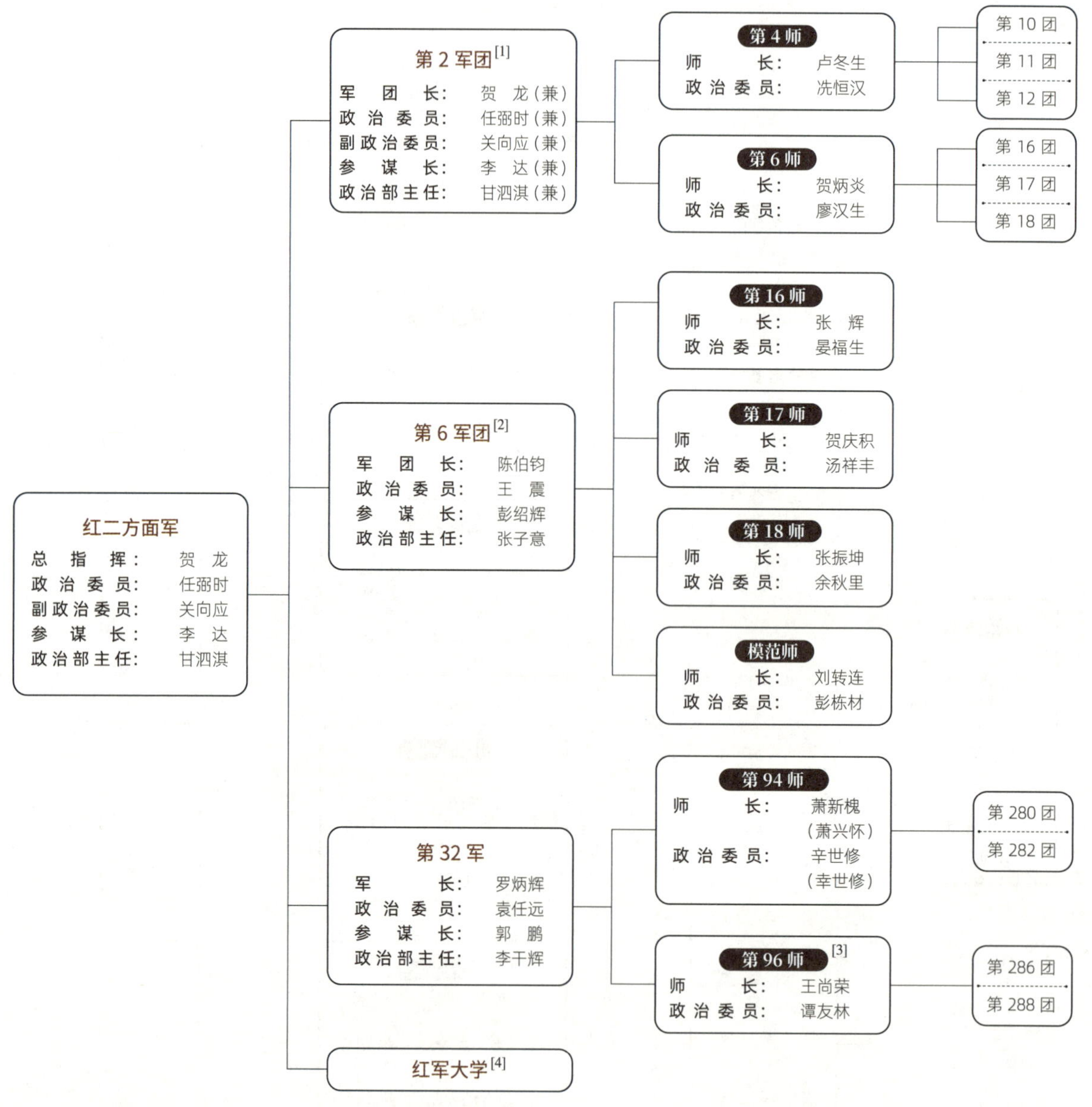

[1] 第2军团，红二方面军成立后，亦称第2军。

[2] 第6军团，红二方面军成立后，亦称第6军。1936年7月从甘孜出发后，部队整编为四个师，师直辖营，团的建制撤销。

[3] 第96师，原系第2军团第5师，1936年7月拨归第32军指挥。同年9月7日，正式编入第32军建制，改称96师。

[4] 红军大学，1936年7月，红二方面军成立随营学校，不久改编为红军大学。

（三）红四方面军长征概述

1935年3月下旬，为了策应中央红军北上，红四方面军强渡嘉陵江，从四川苍溪踏上了战略转移的漫漫征途。此时，红四方面军总兵力达8万余人，连同地方武装和随军行动的地方党政机关人员、医院和学校的人员及工人，总计约10万人。

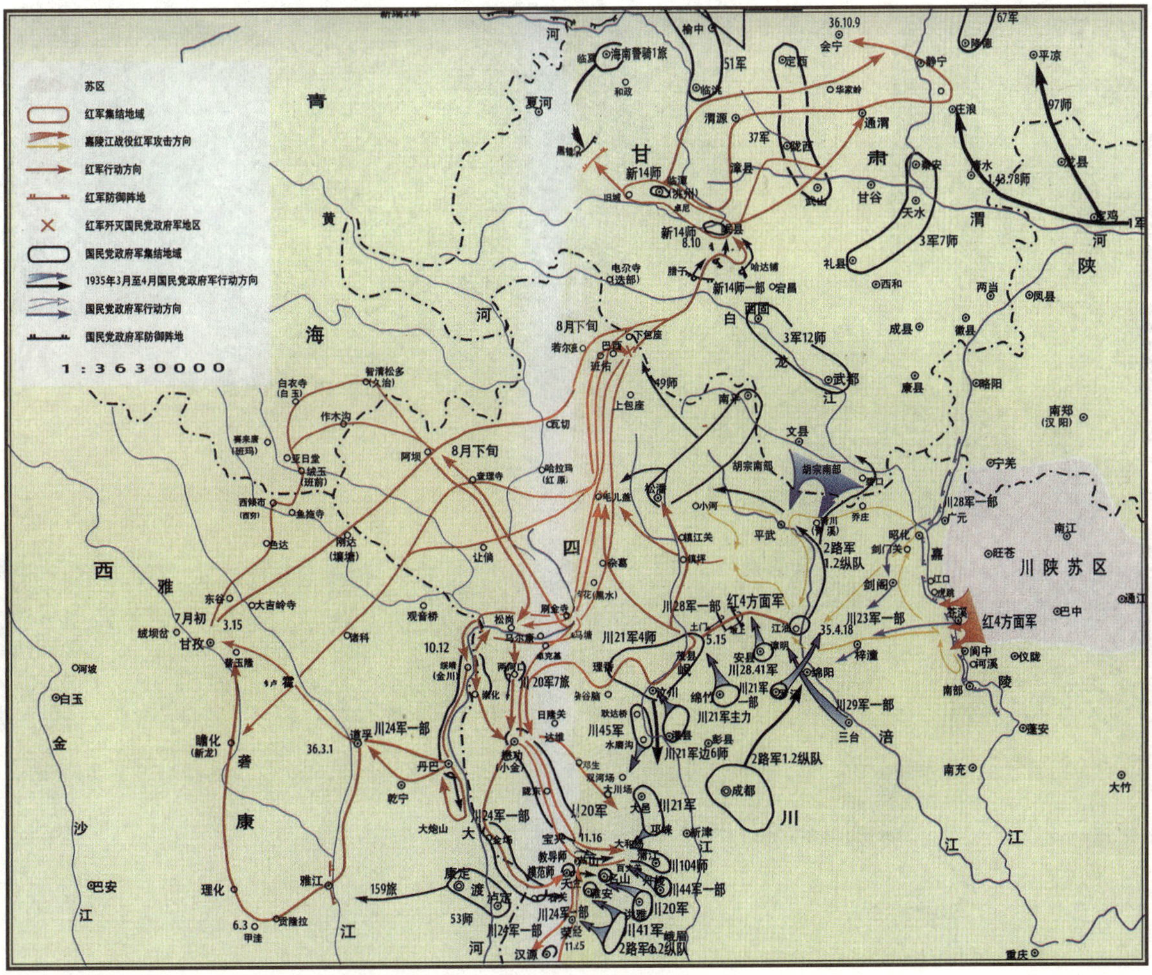

★ 红四方面军长征路线图

★ 四川苍溪红四方面军长征出发地纪念碑

随后，红四方面军西渡岷江后，派第三十军等部挺进川西北，接应中央红军。1935 年 6 月与中央红军在懋功地区会师后，中共中央政治局确定了中央红军与红四方面军共同北上，创建川陕甘根据地的战略方针。

1935 年 8 月，红一、红四方面军混合组成左、右两路军北上。右路军通过纵横数百里、神秘莫测、人烟稀少的水草地后，红军前敌总指挥部首长指挥第四军、第三十军激战包座，打开进军甘南的门户。然而，由于张国焘坚持错误的南下方针，进行分裂党与分裂红军的活动，红四方面军被迫南下，转战于川康地区。虽然广大指战员浴血奋战，但由于南下战略方针的错误，红军在百丈关战役中严重受挫，不得不西进康北，处境日益艰难。

1936 年 7 月上旬，红四方面军与红二、红六军团在甘孜胜利会师。在中共中央的团结争取下，在朱德、任弼时、贺龙、徐向前、刘伯承等同志的努力下，红四方面军与红二方面军共同北上，1936 年 10 月到达甘肃会宁一带与红一方面军迎接部队会师，胜利结束长征。

★ 四川苍溪红军渡

★ 昔日会师门：1936 年红军会师的会宁西津门

★ 今日会师门

★ 红四方面军第九军二十六师七十七团军旗

红四方面军长征行程一万余里，转战四川、西康、甘肃、青海等4省，共进行大小战役80余次，攻占县城21座，牵制、消灭了敌军大量兵力，从战略上配合了红一方面军、红二方面军、红二十五军的行动。

由于主要领导者张国焘右倾分裂主义的错误，红四方面军在川康边地区往返停留。它是最早踏入雪线区域的部队，并在此停留时间最长；它是过草地次数最多、时间最长的部队，红四方面军第四、第三十军全体三次穿越人迹罕至的茫茫草地；它是长征女红军人数最多的队伍，2000多名妇女独立团战士同男性战友一样与敌人进行过数次殊死战斗，承受生理极限的考验，书写了壮美的巾帼豪情；它是付出巨大牺牲的部队，长征中因战斗牺牲和疾病、饥饿等死亡的人数高达数万。在严峻政治考验面前，红四方面军广大指战员坚定理想信念，心向党中央，虽经艰难曲折，终于北上，胜利回到中央怀抱。

★ 长征到达陕北后红四方面军一部合影

红四方面军长征序列变化情况：

1935 年 4 月，红四方面军开始长征时有第四、第九、第三十、第三十一、第三十三军等。

8 月，红一、红四方面军混编为左、右两路军，第九、第三十一、第三十三军编入左路军，第四、第三十军编入右路军。9 月中旬，红四方面军南下，编入左路军的原属红一方面军的第五、第三十二军一同南下。

1936 年 4 月，红四方面军进行整编，下辖第四、第五、第九、第三十、第三十一、第三十二军。7 月，第三十二军划归红二方面军序列。

红四方面军长征初期序列表

（1935 年 4 月—6 月）

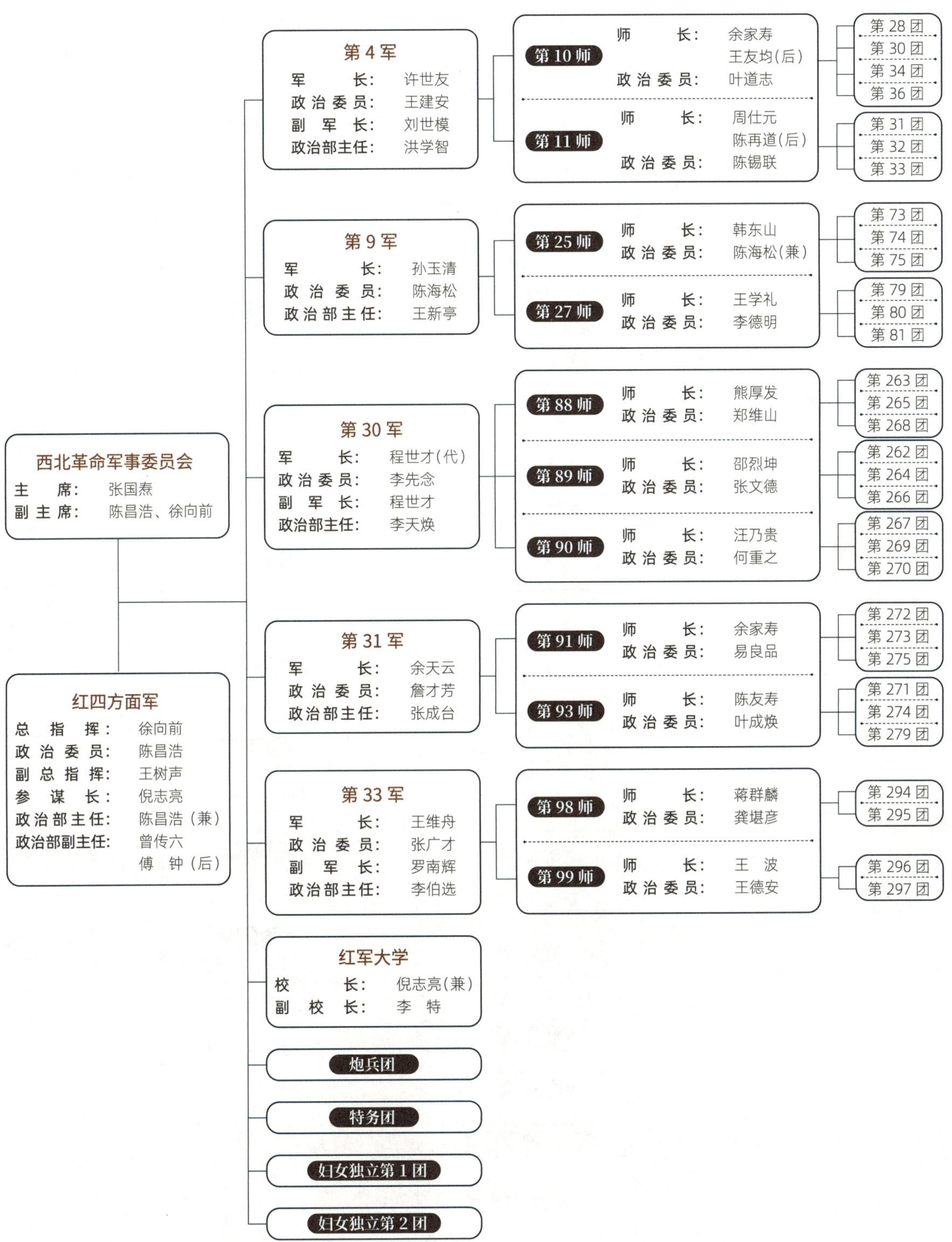

懋功会师后红四方面军序列表

（1935年6月—8月）

中央革命军事委员会
主席：朱德
副主席：周恩来、王稼祥、张国焘

中国工农红军
总司令：朱德
总政治委员：张国焘
总参谋长：刘伯承
总政治部主任：博古、陈昌浩（后）
总政治部副主任：周纯全、杨尚昆（后）

第四方面军
总指挥：徐向前
政治委员：陈昌浩
副总指挥：王树声
参谋长：倪志亮
政治部主任：陈昌浩（兼）
副参谋长：李特

第4军
军长：许世友
政治委员：王建安
参谋长：张宗逊
政治部主任：刘志坚

- 第10师 师长：王友均、王近山（后） 政治委员：叶道志
  - 第28团、第30团、第34团、第36团
- 第11师 师长：陈再道 政治委员：陈锡联
  - 第31团、第32团、第33团

第9军
军长：孙玉清
政治委员：陈海松
参谋长：陈伯钧
政治部主任：王新亭

- 第25师 师长：韩东山 政治委员：杨朝礼
  - 第73团、第74团、第75团
- 第27师 师长：陈伯钧（兼） 政治委员：李德明
  - 第76团、第79团、第80团、第81团

第30军
军长：程世才（代）
政治委员：李先念
参谋长：彭绍辉
政治部主任：李天焕

- 第88师 师长：熊厚发 政治委员：郑维山
  - 第263团、第265团、第268团
- 第89师 师长：邵烈坤 政治委员：张文德
  - 第262团、第264团、第266团
- 第90师 师长：汪乃贵 政治委员：何重之
  - 第267团、第269团、第270团

第31军
军长：余天云
政治委员：詹才芳
参谋长：李聚奎
政治部主任：张成台

- 第91师 师长：余家寿 政治委员：易良品
  - 第272团、第273团、第276团、第277团
- 第93师 师长：韩家松 政治委员：叶成焕
  - 第271团、第274团、第279团

第33军
军长：罗南辉
政治委员：张广才、杨克明（后）
参谋长：李荣
政治部主任：李伯选

- 第98师 师长：蒋群麟 政治委员：（不详）
  - 第294团、第295团
- 第99师 师长：冉南轩 政治委员：王德安
  - 第296团、第297团

炮兵团

特务团

妇女独立第1团

妇女独立第2团

三大主力会师时红四方面军序列表

（1936 年 10 月）

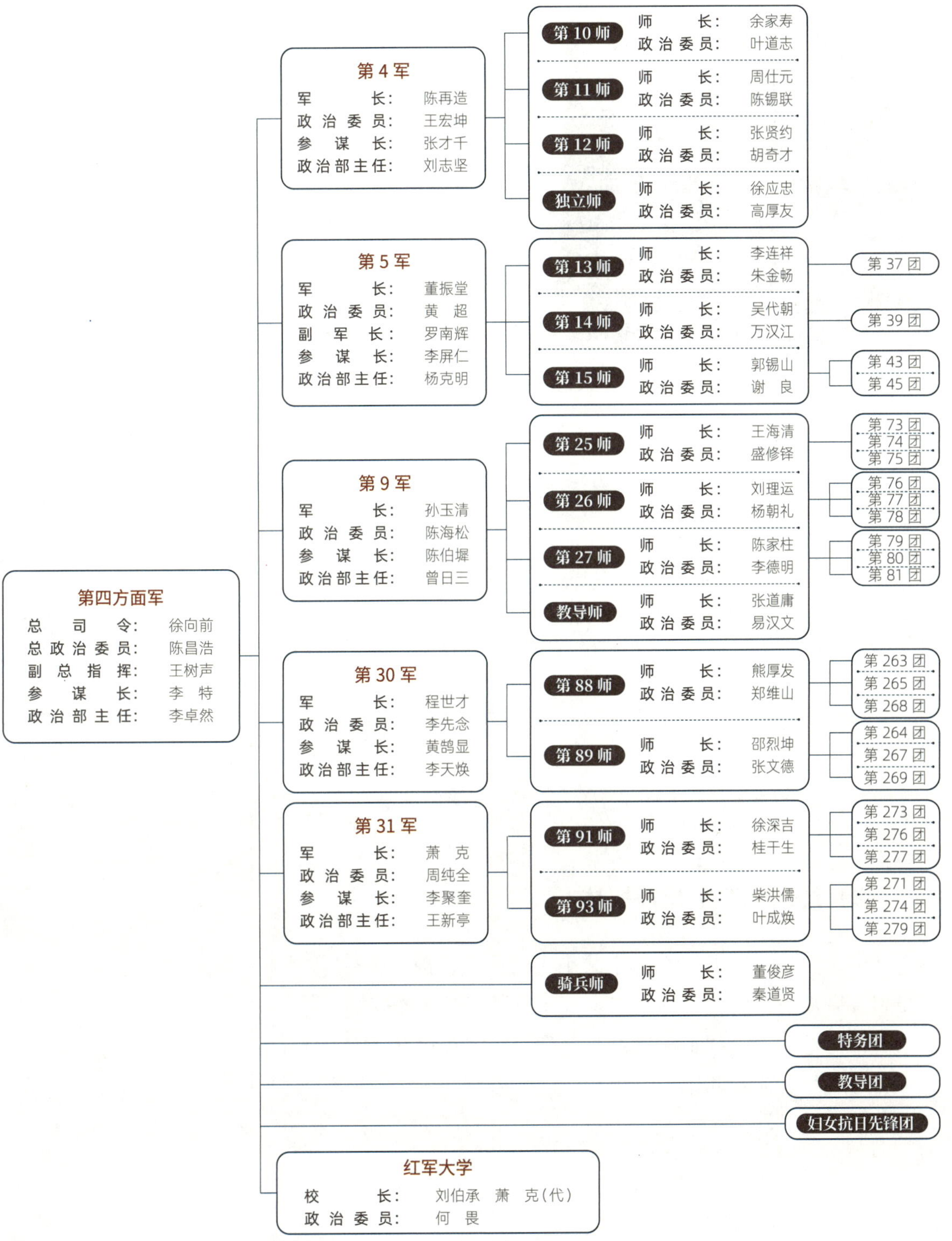

★ 红二十五军军旗

★ 红二十五军长征路线图

（四）红二十五军长征概述

1934年11月16日，根据中共中央的决定，按照中革军委副主席周恩来的指示，红二十五军在鄂豫皖省委率领下撤离根据地，以中国工农红军北上抗日第二先遣队的名义，从河南罗山何家冲出发，开启长征之路。

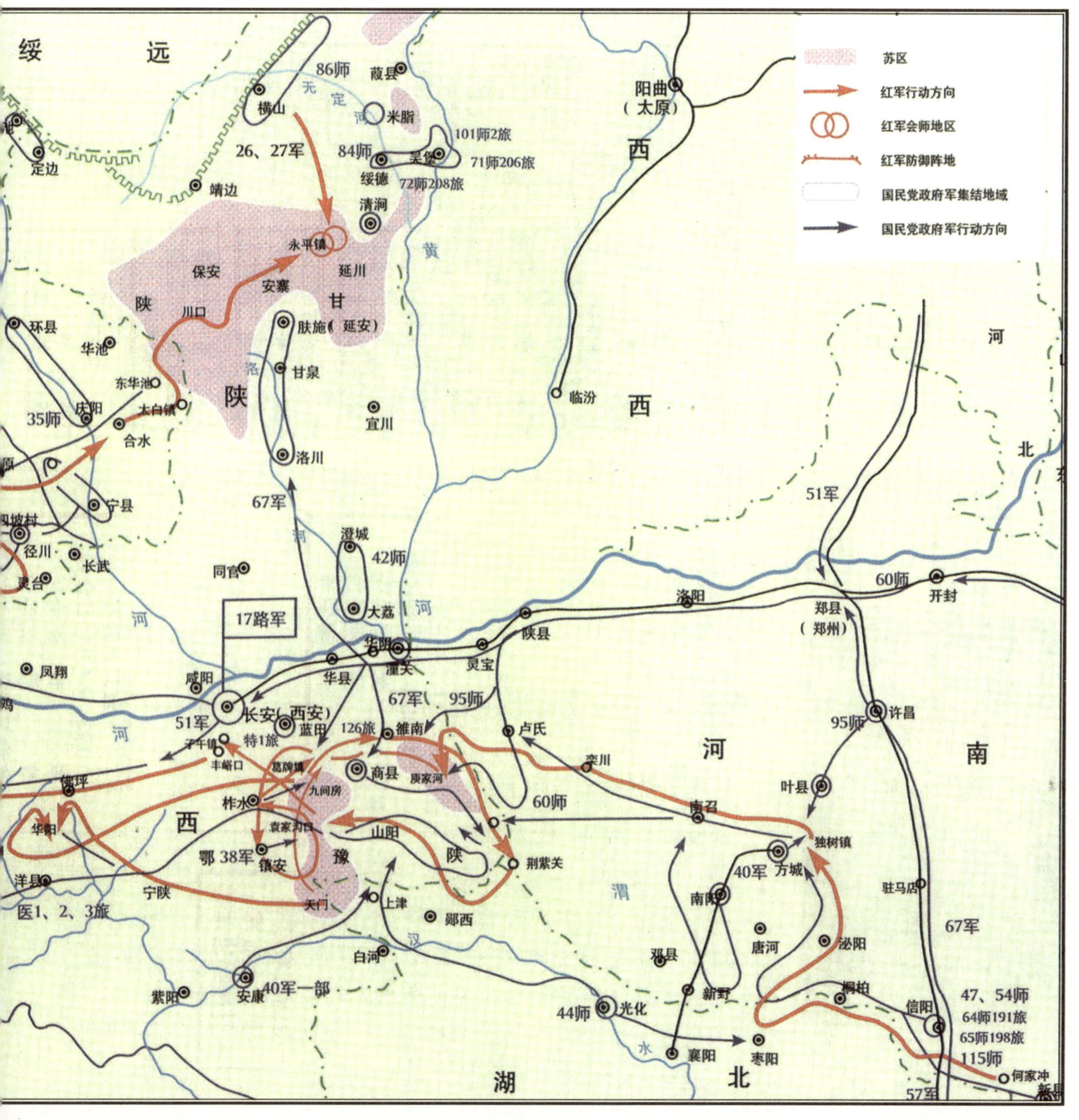
苏区
红军行动方向
红军会师地区
红军防御阵地
国民党政府军集结地域
国民党政府军行动方向
绥
远
陕
甘
陕
山
西
河
南
河
北
湖
北
西
豫
陕
黄
河
洛
河
渭
河
汉
水
无定河
86师
葭县
横山
米脂
26、27军
84师
绥德
吴堡
101师2旅
71师206旅
72师208旅
定边
靖边
清涧
永平镇
保安
安寨
延川
川口
肤施（延安）
环县
华池
甘泉
东华池
太白镇
庆阳
35师
合水
宜川
洛川
宁县
67军
径川
长武
灵台
同官
澄城
42师
大荔
17路军
华阴
潼关
华县
凤翔
咸阳
长安（西安）
51军
蓝田
特1旅
126旅
雒南
67军
95师
灵宝
陕县
洛阳
卢氏
栾川
商县
庾家河
九间房
葛牌镇
丰峪口
子午镇
柞水
袁家沟口
镇安
38军
山阳
60师
荆紫关
华阳
洋县
宁陕
医1、2、3旅
天门
上津
郧西
白河
安康
40军一部
紫阳
44师
光化
襄阳
枣阳
邓县
新野
唐河
南阳
40军
方城
独树镇
南召
叶县
许昌
95师
郑县（郑州）
开封
60师
51军
驻马店
67军
泌阳
桐柏
信阳
47、54师
64师191旅
65师198旅
115师
何家冲
57军
阳曲（太原）
临汾

★ 永坪——红二十五军会师地

★ 红二十五军长征起点：河南罗山县何家冲“红二十五军长征出发地纪念碑”（即“大红星”）

在较短时间内，红二十五军冲破敌人围追堵截，转战湖北、河南、陕西、甘肃4省[1]，开创了鄂豫陕革命根据地。在与党中央失去联系的情况下，红二十五军经过艰苦卓绝的战斗，独立自主、西征北上，行程近一万里。1935年9月15日，红二十五军到达陕北延川县永坪镇，16日与陕甘红军会师，成为红军长征中最先到达陕北的队伍。

红二十五军以“娃娃军”著称，是红军长征中最年轻的队伍，战士们的平均年龄18岁左右。长征出发时，红二十五军全军共2980多人，到达陕北时全军共3400多人，是红军长征中出发时人数最少和结束时人数唯一增员的队伍。

红二十五军出发长征后，留下的部队与鄂东北独立团

[1] 这是长征时的行政区划。按现在的行政区划，原甘肃部分划入宁夏，红二十五军长征经过的省有5个。

又重组红二十八军，继续坚持鄂豫皖革命根据地斗争，是南方三年游击战争中唯一成军建制的游击力量。

流动作战中，红二十五军多次主动配合和策应其他方面军的行动，为迎接中共中央和中央红军北上并在陕北建立革命大本营奠定了基础。西征北上后，红二十五军留下的红七十四师在鄂豫陕特委的领导下，从 1935 年 7 月到 1936 年 12 月独立坚持了鄂豫陕边地区游击斗争，扩大了党和红军的影响，配合了陕甘革命根据地斗争和主力红军长征。

红二十五军长征的胜利，在红军长征史上写下了辉煌的一页。作为红军长征中第一支到达陕北的队伍，红二十五军是主力红军北上的先导，实现了党中央北上陕甘战略意图，为陕甘苏区的巩固和发展做出了贡献。毛泽东说："徐海东之由陕南经陇东入陕北，乃偶然作成中央红军之向导。"

★ 河南罗山何家冲何家祠堂——红二十五军长征出发地

红二十五军序列变化情况：

1931 年 10 月，红二十五军在安徽六安建立。

1932 年 10 月，红四方面军撤离鄂豫皖革命根据地后，留下红二十五军一部坚持斗争。11 月，根据中共鄂豫皖省委决定，红二十五军在湖北黄安重建，撤销师的建制，军直辖 3 个步兵团和 1 个手枪团。

1934 年 11 月 16 日，红二十五军从河南省罗山县何家冲出发长征。

1934 年 12 月，红二十五军在蔡川整编，撤销第 224 团建制，部队分别编入第 223、第 225 团。

1935 年 9 月，红二十五到达陕北永坪镇后与陕甘红军第二十六、二十七军合编为红十五军团。11 月，红十五军团归入红一方面军序列。

★ 红二十五军与红二十六、二十七军永坪会师合影

红二十五军长征序列沿革表

（1934 年 11 月—1935 年 9 月）

红二十五军长征初期序列表

1934 年 11 月

军长：程子华
政委：吴焕先
副军长：徐海东
政治部主任：戴季英

- 223 团
- 224 团
- 225 团
- 手枪团

红二十五军蔡川整编后序列表

1934 年 12 月

军长：程子华
政委：吴焕先
副军长：徐海东
参谋长：戴季英
政治部主任：郑位三
政治部副主任：郭述申

- 223 团
- 225 团
- 手枪团

红二十五军到陕北后合编为红十五军团时序列表

1935 年 9 月

军团长：徐海东
政委：程子华
副军团长：刘志丹
参谋长：刘志丹（兼）
政治部主任：高岗
政治部副主任：郭述申

- 第 75 师　师长：张绍东　政委：赵凌波
  - 第 223 团
  - 第 225 团
- 第 78 师　师长：杨森　政委：张明先
  - 第 232 团
  - 第 234 团
  - 骑兵团
- 第 81 师　师长：贺晋年　政委：张达志
  - 第 241 团
  - 第 243 团
- 手枪团
- 补充团

二、重要会议定方向

在行军危急、戎马倥偬的红军长征途中，为制定重大战略决策、统一全党全军思想，党和红军多次召开中央负责人会议、中央政治局会议、中央政治局常委会会议以及方面军层次的会议。

回顾、总结长征中的会议，可以看出，正是一个个会议形成的决策，最终引领长征获得了胜利；而从本质上说，这些会议之所以能起到作用，依靠的是党的民主集中制这一根本组织制度。民主集中制是实现党的集体领导的重要方式，是党最大的制度优势。由于贯彻了这样一个好的制度，长征中，党内作重大决策时汇聚了集体的智慧，有效地保障了决策的正确性；党内开展了积极的思想斗争，不断克服、纠正了党自身存在的错误；党内有了正常的组织生活，开始逐步形成了党的稳定的领导核心。

通过这些会议，我们党彻底纠正了党内“左”倾错误军事路线，确立了落脚陕甘的重大决策，积极发挥了各路红军的战略配合作用，既显示了中共中央善于从实际出发的决断力，更展现了中共决策水平不断走向成熟的历史过程。

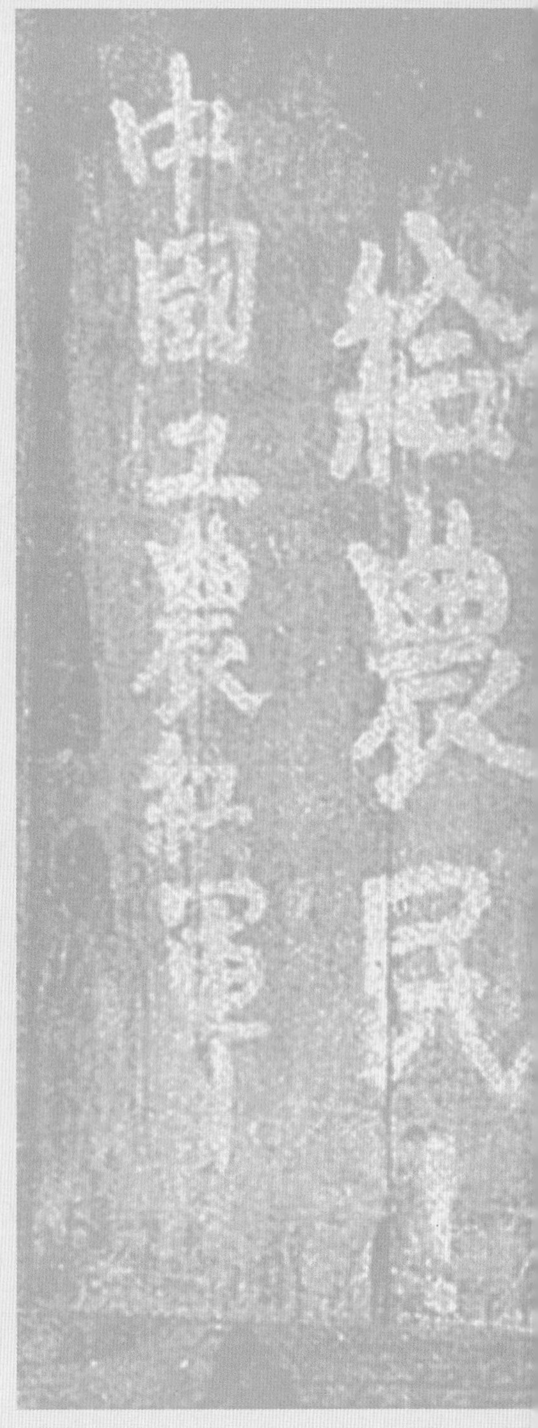

（一）以遵义会议为代表的系列会议实现重大转折

1934年10月，由于第五次反“围剿”失败，中央红军被迫开始长征。然而，在“左”倾教条主义错误的指导下，战略转移基本沿着红六军团西征的路线，变成大搬家式的行动。这导致了红军从长征出发开始到湘江战役突破敌人第四道封锁线后，兵力从8.6万余人锐减至3万余人。

严重的挫折和险境使许多干部产生质疑和不满情绪。从老山界到黎平，从黎平到猴场，一路走来一路争论。通道会议、黎平会议、猴场会议，打破了博古、李德专断独行的局面，开始走向中央政治局的集体领导。直到遵义会议，结束了“左”倾教条主义错误在中央的统治，实现了党的历史上的伟大转折。

★ 通道县恭城书院——当地的史志工作者将这里作为通道会议纪念馆

★ 通道县县溪镇通道转兵纪念馆

1. 通道会议——毛泽东力主转兵

中央红军渡过湘江后，国民党政府判断红军将沿湘桂边境北上湘西同红二、红六军团会合，已在沿途布下重兵。博古、李德无视敌情，仍然坚持按原计划前进。1934 年 12 月 4 日，红军翻越桂北越城岭山脉的老山界，进入广西龙胜县境。12 月 11 日，由龙胜、城步、绥宁经过艰苦行军，占领湖南西南角的通道县城。

此时，敌军“追剿”主力已分别进到城步、绥宁、靖县、洪江、武冈等地，构筑工事，张网以待。如果中央红军继续北出湘西，同红二、红六军团会合，就会陷入敌军重围，后果不堪设想。与此同时，敌军内部发生了桂系军阀联合广东军阀同蒋介石争夺贵州的斗争，造成黔东南兵力的空虚状态，这对红军进入贵州十分有利。但博古、李德不考虑这种有利形势，仍一意孤行，顽固坚持由通道北出湘西的行军路线。

在这个严峻关头，毛泽东力主放弃同红二、红六军团会合的原定计划，改向敌军兵力比较薄弱的贵州前进，争取主动，挽救危局。

1934 年 12 月 12 日，中共中央几个负责人在湖南通道召开紧急会议。博古、李德、周恩来、朱德、张闻天、王稼祥、毛泽东等参加。在会上，李德坚持红军按原定的战略方针，立即北出湘西与红二、红六军团会合。毛泽东坚决反对，提出了红军必须西进贵州，避实就虚，寻求机动，在川黔边创建新根据地的主张。朱德、周恩来、

★ 中央红军进入贵州的第一个村寨——黎平县三省坡

王稼祥、张闻天等与会的多数同志赞成和支持毛泽东提出的建议。会议根据大多数人的意见，通过了西进贵州的决定。

这是毛泽东自宁都会议被排挤出红军领导岗位后，第一次在讨论军事问题的会议上有发言权，也是他的主张第一次得到大多数同志的赞同。这时的李德已敏锐地感到，他的最高军事指挥权遭到了严峻的挑战。

通道会议堪称遵义会议召开前的一次非常成功的预备会议。

2. 黎平会议——决定在川黔边建立新根据地

通道会议的第二天，中央红军依照中革军委命令，突然改变行军路线，转兵贵州，暂时脱离了险境。1934 年 12 月 15 日，红军占领黎平，17 日，军委纵队进驻黎平。

★ 黎平会议会议室

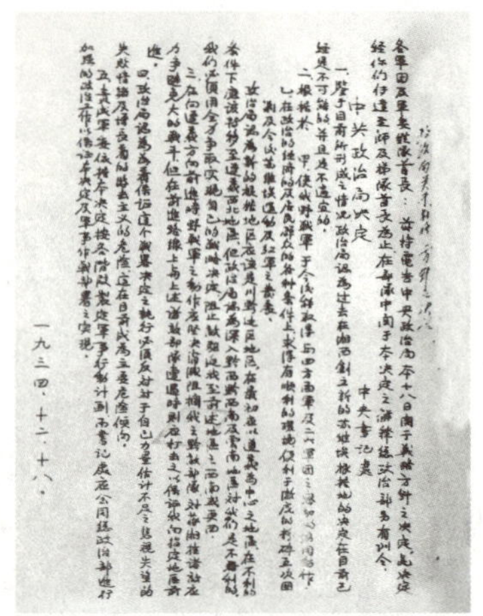

各军团及军委纵队首长：兹将电告中央政治局本十八日关于战略方针之决定，此决定经你们传达至师及梯队首长为止，在部队中则本决定之精神经政治部另有训令。

中共政治局决定

中央书记处

一、鉴于目前所形成之情况，政治局认为过去在湘西创立新的苏维埃根据地的决定，在目前已经是不可能的并且是不适宜的。

二、根据于：甲、使我野战军于今后能取得与四方面军及二六军团之密切的协同动作。乙、在政治的经济的及居民群众的各种条件上，求得有顺利的环境，便利于我们粉碎五次围剿及今后苏维埃运动及红军之发展。

政治局认为新的根据地区应该是川黔边区地区，在最初应以遵义为中心之地区，在不利的条件下应该转移至遵义西北地区，但政治局认为深入黔西、黔西南及云南地区对于我们是不利的。我们必须用全力争取实现自己的战略决定，阻止敌驱迫我至黔东之西南或更西。

三、在向遵义方向前进时，野战军之动作应坚决消灭阻拦我之黔敌部队，对蒋湘桂诸敌应尽力避免大的战斗，但在前进路线上与上述诸敌部队遭遇时，则应打击之，以保证我向指定地区前进。

四、政治局认为，为着保证这个决定之执行，必须反对对于自己力量估计不足之悲观失望的失败情绪及增长着的游击主义的危险，这在目前成为主要危险倾向。

五、责成军委依据本决定按各阶段制定军事行动计划，而书记处应会同总政治部进行加强的政治工作以保证本决定及军事作战部署之实现。

一九三四．十二．十八．

★ 黎平会议决议

黎平位于黔、桂、湘三省交界处，地形复杂，交通不便，周围敌军的力量十分薄弱。这时蒋介石对红军作战的重点，仍然是防止中央红军与红二、红六军团会合，其重兵仍部署在湘西，并没有向贵州移动。

博古虽然同意了毛泽东绕道贵州的主张，但在战略上仍主张去湘西与红二、红六军团会合。李德则一直坚持原定计划。因此，到了黎平，博古和李德的意见又一致了。在他们看来，已经到了贵州，避开敌人重兵围堵，下一步可以再向北折入黔东，去湘西与红二、红六军团会合。

为了改变博古、李德原定的战略方针，在政治局里以毛泽东为代表的大多数同志，要求召开中央政治局会议，讨论中央红军的战略方针。

12 月 18 日，中央政治局在贵州黎平召开扩大会议，会议由周恩来主持，博古、朱德、张闻天、毛泽东、王稼祥等参加了会议。讨论的中心议题，是从老山界开始争论

★ 复建前的黎平会议会址

★ 复建后的黎平会议会址

的问题，即中央红军向何处去的紧迫问题。会议从白天开到晚上，争论十分激烈。会议根据周恩来、朱德、张闻天、王稼祥等多数人的意见，否定了博古、李德的错误主张，肯定了毛泽东放弃到湘西与红二、红六军团会合，建议中央红军继续西进，在川黔边建立新苏区的正确主张。并通过《中央政治局关于战略方针之决定》，指出：“鉴于目前所形成之情况，政治局认为过去在湘西创立新的苏维埃根据地的决定在目前已经是不可能的，并且是不适宜的。”“政治局认为新的根据地区应该是川黔边区地区，在最初应以遵义为中心之地区，在不利的条件下应该转移至遵义西北地区。”

黎平会议是一次关系红军命运、中国革命前途的重要会议。会议否定了博古、李德的错误战略方针，采纳了毛泽东的正确主张，为遵义会议上纠正“左”倾军事冒险主义错误打下了基础。

★ 油画：《黎平会议》（孙向阳　作）

3. 猴场会议——遵义会议最直接的前奏曲

★ 猴场会议会址

根据黎平会议的决定，1934 年 12 月 20 日，中央红军分三路纵队向以遵义为中心的黔北进军。12 月 31 日，军委纵队抵达乌江南岸瓮安县的一个小乡镇——猴场，准备强渡乌江、挺进黔北，实现黎平会议上所确定的战略目标。

这时，博古、李德仍对黎平会议的决定持不同意见，再次主张不过乌江，回头东进同红二、红六军团会合。为克服博古、李德指挥上的错误，确定红军进入黔北以后的行动方针，1934 年 12 月 31 日至 1935 年 1 月 1 日，中共中央政治局在猴场附近的宋家湾村召开会议。

★ 猴场会议会议室

会议由周恩来主持，参加会议的政治局委员有博古、毛泽东、朱德、张闻天、陈云，候补委员刘少奇、王稼祥、邓发；李德等列席了会议。

会议再次否定了博古、李德的错误主张，重申了黎平会议的决定，决定中央红军强渡乌江，攻占遵义，并通过《关于野战军通过乌江以后的行动方针的决定》，指出：中央红军渡过乌江后，要在川黔边地区先以遵义为中心建立新的根据地。并强调：“关于作战方针，以及时间与地点的选择，军委必须在政治局会议上作报告。”这就明确把军事指挥权置于中央政治局的领导之下，实际上解除了李德的最高指挥权。初步恢复了党对红军的领导和由政治局集体作重大决策的集体领导制度。

★ 猴场会议会址建筑外景

★ 猴场会议纪念馆外雕塑

政治局决定 一九三五年一月一日

由于我野战军即将通过乌江，于进行十二月十八日政治局会议所预定的新苏区根据地的一部的建立地带，开始彻底粉碎敌人五次围剿的最后阶段，因此政治局关于在渡过乌江以后的行动方针，特有以下新的决定：

一、立刻准备在川黔边广大地区内转入反攻，主要的是和蒋介石主力部队（如薛岳的第二兵团或其他部队）作战，首先消灭他的一部，来彻底粉碎五次围剿，建立川黔边新苏区根据地。首先以遵义为中心的黔北地区，然后向川南发展，是目前最中心的任务。

二、必须在“创造川黔边新苏区根据地，彻底粉碎敌人五次围剿，消灭蒋介石的主力部队”的基本口号之下，在全体红色指战员中间进行广大的深入的宣传鼓动，最大限度的提高他们的战斗情绪，坚强他们作战的意志与胜利的信心，并且指出新苏区根据地只有在艰苦的残酷的胜利的战斗中才能创立起来，反对一切逃跑的倾向与偷安休息的情绪。

三、不论蒋介石的追剿部队向我们逼进或者相当推迟时日，必须尽量利用我们所争取得的时间，使部队得到短期的休息并进行整顿，首先的工作，特别加强在连队中的政治工作，在充实战斗连的原则之下，应缩编我们的部队，军委纵队必须尽量缩小以适合于新的作战环境。

四、同样在这一时间内必须有计划的与有步骤的来开始我们的赤化工作，争取广大群众到苏维埃的旗帜之下，坚决消灭当地贵州军队与地主武装，武装当地群众，扩大红军，建立政权，扩大我们的活动地区，为达到这一目的，可以适当的使用我们的部队，但以不妨碍基本作战方针为原则。

五、在目前转入反攻已有取得胜利的有利条件这种形势之下，军委必须特别注意敌情的分析研究，道路敌情的侦察，抓住反攻的有利时机，并不失时机的求得在运动战中各个击破敌人，来有把握的取得胜利。关于作战方针，以及作战时间与地点的选择，军委必须在政治局会议上做报告。

六、责成书记处与军委保持同二六军团与四方面军的密切的通讯联络，加强对于他们在政治上与军事上的领导，使他们以积极的行动来配合我们的反攻。

七、责成总政治部根据这一决定起草新的政治训令。

政治局认为这一反攻的彻底胜利，五次围剿的最后粉碎，与川黔边苏区的建立，对于我们胜利的粉碎蒋介石正在布置着对于中央红军、红四方面军与二六军团的新的围剿计划，有极端重要的意义。因此政治局号召全党同志为这一决定的实现而斗争。

——完——

★ 猴场会议决定

猴场会议既为遵义会议进行中央领导改组做了一定的组织准备，也为实现党的历史的伟大转折做了具有决定意义的军事准备。因此，猴场会议可谓遵义会议最直接的前奏曲。

4. 遵义会议——党的历史上一个生死攸关的转折点

根据猴场会议确定的行动方针，中央红军各军团从1935年1月1日开始强渡乌江，至1月6日全部渡过乌江天险，向遵义疾进。1月7日凌晨，红军胜利占领遵义城。

遵义是黔北的首府，贵州第二大名城，也是红军长征中打下来的最大城市。

全城分新旧两城，新城为商业区，旧城为官署和住宅区，两城隔一条小河，上有石桥连接。这里是黔北各种土产的集散地，也是汉苗黎各族商旅云集之所，市面十分繁华。在这里，孕育、诞生了中国革命史上极不平凡的伟大转折。

1935年1月15日至17日，中共中央政治局在遵义原国民党第二十五军（黔军）第二师师长柏辉章的私邸召开扩大会议，审议黎平会议决定和总结第五次反“围剿”以来的经验和教训。这就是著名的遵义会议。

★ 遵义城旧影

柏公馆是当时遵义城内最好的建筑。从外面看去，高墙壁立，朱门厚重，巍峨气派。楼内约有 20 多个房间，楼房四周为开阔地，约 30 米之内都没有房屋，便于保密和保卫。会场设在主楼二层东的小客厅。里面有红木地板和门窗，天花板上吊着一盏煤油灯，中间放着一张长方形的桌子，椅子围成一圈，为驱赶寒冷，地板上烧着一盆炭火。

★ 遵义会议会址

★ 遵义会议会议室

为确保会议能够依据多数同志意见作出正确决议，会议扩大到军团指挥员，让更多具有丰富指挥经验和作战经验的军事干部参会。因此，遵义会议共有政治局委员、候补委员、红军各部和各军团负责人等20人参加。包括：

中央政治局委员（以姓氏笔画为序）：毛泽东、朱德、陈云、周恩来、洛甫（张闻天）、博古（秦邦宪）；

中央政治局候补委员（以姓氏笔画为序）：王稼祥、邓发、刘少奇、凯丰（何克全）；

中央秘书长（一说《红星》报主编）：邓小平；

红军总部和各军团负责人：刘伯承、李富春、林彪、聂荣臻、彭德怀、杨尚昆、李卓然；

其他人员：李德、伍修权（翻译）。

这20人中，李卓然只参加了最后一天的会议，彭德怀则因战事离席赶回了前线。聂荣臻脚伤还没有好，每天只能坐担架赴会，王稼祥腹部伤口未愈，不能久坐，躺在一张藤塌上参加会议。这样的会议规模，显然是长征以来最大的一次。

遵义会议由博古主持，主要总结讨论了第五次反“围剿”以来的经验教训。

博古先作主报告，把第五次反“围剿”失败的主要原因归于帝国主义、国民党反动力量的强大，避而不谈军事指挥的问题。他的观点引起了比较大的争议。

紧随其后的周恩来作副报告，明确指出第五次反“围剿”失利的主要原因是军事领导者犯了战略战术方面的严重错

遵义会议参加人员

中央政治局委员

★ 毛泽东

★ 洛甫（张闻天）

★ 周恩来

★ 朱德

★ 陈云

★ 博古（秦邦宪）

中央政治局候补委员

★ 王稼祥

★ 刘少奇

★ 邓发

★ 凯丰（何克全）

红军总部、各军团主要负责人及其他人员

★ 刘伯承

★ 李富春

★ 林彪

★ 聂荣臻

★ 彭德怀

★ 杨尚昆

★ 李卓然

★ 邓小平

★ 李德

★ 伍修权

误，并主动承担责任，作了自我批评，同时严肃地批评了博古、李德的错误。周恩来在“三人团”中最具实际革命经验，他的态度扭转了会议形势，杨尚昆回忆：“他讲了以后，情况一下子就变了。”

接着，张闻天作反对“左”倾军事错误的报告，通称为“反报告”。他根据会前与毛泽东、王稼祥商量的意见，系统批评了博古、李德在军事指挥上的一系列严重错误，许多指挥上的决策违反了过去红军长期作战中形成的基本原则。

然后毛泽东作重要发言，时间长达一个多小时。毛泽东集中批评“左”倾军事路线错误和各方面的表现，指出

导致第五次反“围剿”失败和战略大转移严重损失的原因，主要是军事上的单纯防御路线，表现为进攻时的冒险主义，防御时的保守主义，转移时的逃跑主义。他还尖锐地批评了李德的错误军事指挥，说他只知道纸上谈兵，不考虑战士要走路，也要吃饭，也要睡觉，也不问走的是山地、平原还是河流，只知道在地图上一画，限定时间打，当然打不好。

★ 油画：《遵义会议》（沈尧伊　作）
油画人物左起：李富春、王稼祥、张闻天、毛泽东、周恩来、博古、凯丰、朱德、陈云、彭德怀、聂荣臻、刘少奇、邓小平、李卓然、林彪、杨尚昆、刘伯承、伍修权、李德、邓发。

王稼祥紧跟在毛泽东之后发言，第一个旗帜鲜明地支持毛泽东，严厉地批判了李德和博古在军事上的错误，提议请毛泽东同志来指挥红军。王稼祥发言之后，张闻天、朱德、周恩来等纷纷明确表示支持毛泽东的意见。刘伯承、李富春、聂荣臻、彭德怀、李卓然等各军团负责人都相继发言，表示支持毛泽东的发言和张闻天的“反报告”。

会上被直接批判的是博古，批判博古实际上就是批判李德。因此，会议一开始，李德的处境就很狼狈。当时，别人都是围着长桌坐，他却坐在会议室的门口，完全处在被批判的地位上。别人发言时，他一边不停地听着伍修权的翻译，一边不断地一个劲地抽烟，神情十分沮丧。会议过程中，他也曾发言，只不过他拒绝大家对他的批评，不承认自己有什么错误，把责任推到客观原因和中央身上。李德本人也意识到已是“无可奈何花落去”，失势无权

★ 遵义会议期间，毛泽东、张闻天、王稼祥住地

★ 遵义会议期间，邓小平等居住的地方

了，只得硬着头皮听取大家对他的批判发言。

遵义会议一共开了三天，气氛紧张激烈。由于中央政治局和军委白天要处理战事和日常事务，当时会议一般都是晚饭后开始，一直开到深夜。冬季的遵义阴雨连绵，寒气逼人。曾为遵义会议站岗的警卫战士杨世林回忆，17号会议结束后，毛泽东步履轻松地走出来。此时，大街上不远处的一家羊肉粉馆里的肉香味，正在晚风里飘散。毛泽东对警卫员说："羊肉粉是遵义的特产，吃的人不少，味道一定不错哩。"走得最晚的是博古，他站在大门口，低着头不作声，警卫员喊了他两声，他才像刚醒过来似的，连声说："噢、噢"，然后就走了。

在这样一个寒冷的冬夜，中国革命的道路——至少后半个世纪的路——就这样确定了。

遵义会议最终否定了博古、李德等人在军事问题上的一系列错误主张，肯定了毛泽东等关于红军作战的基本原则。会议选举毛泽东为中央政治局常委。委托张闻天起草《中央关于反对敌人五次"围剿"的总结的决议》。取消长征前成立的"三人团"，仍由最高军事首长朱德、周恩来为军事指挥者，周恩来是党内委托对于"指挥军事上下最后决心的负责者"。

遵义会议把战争问题放在第一位，集中全力解决当时最紧迫的、关系到中国共产党和红军生死存亡的军事问题和组织问题，对认识尚不一致的政治问题留待以后解决。这样做适合当时多数同志的认识水平，既保证了最主要问题的解决，又维护了党内的团结。应当说，这是毛泽东高超的斗争策略。

★ 遵义会议会址

遵义会议解决了党内所面临的最迫切的组织问题和军事问题，结束了“左”倾教条主义错误在中央的统治，确立了毛泽东在中共中央和红军的领导地位，开始形成以毛泽东为核心的党的第一代中央领导集体。而这些成果，是中共在同共产国际中断联系的情况下独立自主地取得的。从此，中国共产党和革命事业转危为安、不断打开新局面。

遵义会议是党的历史上一个生死攸关的转折点。它在极端危险的历史关头，挽救了党，挽救了红军，挽救了中国革命。它表明，中国共产党是敢于正视自己的错误，并注意从所犯错误中学习并汲取教训的伟大的马克思主义政党。它标志着中国共产党在政治上开始走向成熟。

★ 遵义会议期间博古住地

★ 遵义会议期间朱德住室

5. 扎西会议——完成一系列重大战略决策和部署

红军进入黔北地区后，蒋介石集中大量兵力向遵义地区进逼，企图在乌江西北、川黔边境地区围歼中央红军。此时，敌军总兵力约 40 万人，中央红军只剩 3.7 万余人。为了粉碎国民党军队的企图，渡过长江到川西或川西北建立革命根据地，中共中央和中革军委决定迅速脱离重兵压境的遵义地区，攻占赤水河，北上渡江。

1935 年 1 月 19 日，中央红军由遵义开始北上。在土城战役失利、敌军不断增援的情况下，红军根据毛泽东的意见，果断改变由赤水北上渡江的计划，决定西渡赤水河，再相机北渡金沙江。1 月 29 日，红军成功一渡赤水。

★ 云贵川三省交界处三岔河大峡谷[1]

[1] “鸡鸣三省”地（云贵川三省交界处）一带，左侧崖壁是云南境内镇雄县坡头镇德隆村地界，右侧崖壁是四川境内叙永县水潦乡岔河村地界，近前位置是贵州境内毕节市林口镇鸡鸣三省村，它们隔着河（一条渭河、一条赤水河）。

★ 扎西大河滩中共中央政治局会议会址

★ 叙永石厢子“鸡鸣三省”会议陈列馆

★ 1935 年 2 月 5 日，党中央及军委纵队进驻威信水田寨，司令部驻花房子。中央政治局在此召开常委会议

2月5日至9日，中央政治局在行军途中连续召开会议，这一系列会议统称为扎西会议。

2月5日，军委纵队到达四川叙永、云南威信和贵州毕节交界附近叫作鸡鸣三省的地方，张闻天提出变换中央领导的问题。于是，在中央政治局常委分工时，由张闻天代替博古在党内“负总的责任”。当时，中央政治局候补委员凯丰在背后叫博古不要交“权”，博古没有听，他服从中央政治局多数人的决定，把几副装有中央重要文件记录、印章的挑子交给张闻天。博古仍留任中央政治局常委。

2月8日，中共中央政治局在大河滩召开会议，通过了张闻天根据遵义会议精神起草的《中央关于反对敌人五次“围剿”的总结的决议》，即通常所说的《遵义会议决议》。决议全面总结了第五次反“围剿”以来红军失败的教训，系统地阐述了中国革命战争的特点和相应的战略战术，对于纠正以王明为代表的“左”倾教条主义军事错误，巩固毛泽东在党中央和红军中的领导地位，统一全党全军的思想，壮大红军力量，振奋革命精神，战胜国民党军，克服困难，夺取长征的伟大胜利，起了重大指导作用。

★ 扎西会议纪念馆

★ 中共中央政治局《关于反对敌人五次“围剿”的总结的决议》油印本

为了尽快向各级干部传达遵义会议精神，张闻天又写了一个2000多字的《中央政治局扩大会议总结粉碎五次“围剿”战争中经验教训决议大纲》，简明扼要地介绍了《遵义会议决议》的大意和要点，于2月8日以中共中央书记处的名义发布。然后，中共中央政治局常委张闻天、毛泽东、陈云等，分别到军委纵队和各军团干部会议上传达决议。

2月9日，军委纵队从云南大河滩进至扎西镇。9日至10日凌晨，张闻天在江西会馆主持召开中央政治局扩大会议。会议根据毛泽东的重点讲话，提出“回兵黔北，再渡赤水，重占遵义”的方针，并讨论作出二渡赤水、缩编红军各军团、抽调干部和武装成立川南游击纵队、指导红二、红六军团的

中央政治局扩大会议
總結粉碎五次圍剿戰爭中經驗教訓決議大綱

★《红星》报刊载的《中央政治局扩大会议总结粉碎五次“围剿”战争中经验教训决议大纲》

★ 扎西会议会址内景

战略方针、派干部到上海开展“白区”工作等决定。

会议调整了中央红军的战略方向，完成了遵义会议未来得及进行的中央领导权交接，决定由张闻天代替博古负中央总的责任，决定以毛泽东为周恩来的军事指挥上的帮助者；通过了遵义会议决议并向全军进行了传达，从而彻底纠正了“左”倾教条主义的错误军事路线，进一步确定了毛泽东的军事指挥权，并对部队进行整编，充实了作战部队，简化了指挥层次，彻底扔掉了不必要的行装。

这次会议为实现长征中的战略转变，进行了切实的指导和具体的部署，解决了一系列重大问题，圆满地完成了遵义会议的一系列重大决策。

★ 贵州毕节鸡鸣三省纪念碑

★ 扎西会议会址

★ 苟坝现存红军标语

★ 苟坝会议会址旧貌

6. 苟坝会议——应对危局，避免红军重大损失

红军在扎西集结，引来蒋介石调兵围堵。中央红军各纵队于2月11日开始从扎西地区东进。2月18日至21日，二渡赤水，回师黔北。24日取桐梓，25日占领娄山关，28日取得再夺遵义的重大胜利。

红军在遵义战役胜利后休整数日，一面以部分兵力占据娄山关的有利地形，阻止敌军南进；一面在遵义鸭溪地区伪装徘徊，寻求在机动中歼灭敌军。但由于敌军遵照蒋介石指示，谨慎从事不再贸然出动，红军多次求战不得。为引诱敌军出击，1935年3月7日，中央红军主力向西移动，中央纵队随后撤出遵义，转移到西南以鸭溪为中心的地区活动。当时，国民党军有1个师摆在遵义西的打鼓新场一带。3月9日，中央纵队到达苟坝，这里距离遵义和打鼓新场各百余里。经过遵义大捷后，部队求战情绪高涨。3月10日，红一军团领导人提出攻打打鼓新场的建议。

主持中央工作的张闻天鉴于过去博古、李德专断独行，给党和红军造成严重损失，决定在苟坝召集有 20 多人参加的中共中央政治局扩大会议，讨论红一军团的建议。结果会场上发生了激烈争论。大部分人同意进攻打鼓新场，因为打鼓新场是通往黔西的必经之地，对红军西进极为有利。但毛泽东极力反对，认为打鼓新场附近兵力众多，一旦进攻，有迅速被敌人围困的危险。他甚至以放弃前敌司令部政治委员职务努力抗争，但还是未能说服大家。结果，会议以少数服从多数进行表决，不仅通过了攻打打鼓新场的计划，还把毛泽东前敌司令部政治委员职务表决掉了。

★ 毛泽东在苟坝期间用过的马灯

周恩来回忆："但毛主席回去一想，还是不放心，觉得这样不对，半夜里提马灯又到我那里来，叫我把命令暂时晚一点儿发，还是想一想。我接受了毛主席的意见，一早再开会议，把大家说服了。"3 月 11 日晨再次举行中央负责人会议，说服与会者放弃进攻打鼓新场计划。中革军委即下令不进攻打鼓新场，而向平安塞、枫香坝、花苗田地域集中，寻求新的战机。由此避免了红军可能遭到的重大损失。

★《毛主席夜访周恩来》（沈尧伊　作）

因为打鼓新场的争论，毛泽东意识到战场情况瞬息万变，必须临机决断，靠开中央会议来决定容易贻误战机，还是要成立一个几人小组专门指挥作战。随后，在渡乌江之前，根据毛泽东的建议，中央决定成立由周恩来、毛泽东、王稼祥三人组成军事小组，代表中央政治局全权指挥红军军事行动。这个三人小组又称“三人团”。周恩来为团长，负责全权指挥红军的军事行动。新“三人团”的成立，是继“鸡鸣三省”会议解决党内最高领导分工之后，再次解决了军事指挥的最高领导机构问题，巩固了毛泽东在红军和中共中央的领导地位。

★ 苟坝会议会址

★ 会理会议遗址

7. 会理会议——进一步巩固毛泽东在红军和中共中央的领导地位

苟坝会议后，在毛泽东和中革军委的指挥下，红军巧妙迂回三渡赤水和四渡赤水，甩掉了数十万敌军的重围，由被动转为主动，顺利渡过金沙江，于 1935 年 5 月到达四川会理。

自遵义会议后，由于执行高度机动作战方针，部队比过去多走了不少路，十分疲劳，而且有的战斗没有打好，一时引发质疑之声。教条宗派主义者心中不服气，即使原来拥护毛泽东的红军将领，有的也不理解。比如，林彪就一直埋怨走的尽是“弓背路”，认为应该走“弓弦路”。他写信给中革军委，要求改换中央军事领导人，大意是毛泽东指挥军队作战是不行的，应该解除其指挥权，让彭德怀指挥中央红军北进，与红四方面军会合。

★ 中央红军围攻会理城战斗遗址
——会理古城墙

★ 会理会议纪念碑

于是，5 月 12 日，中共中央在四川会理城郊铁厂召开政治局扩大会议，即会理会议。毛泽东主持会议，参加会议的有：朱德、陈云、周恩来、张闻天、博古、王稼祥、邓发、凯丰、林彪、聂荣臻、彭德怀、杨尚昆、李德等。会议统一对遵义会议以来中央关于军事战略战术的认识，确定今后的行动方针。

会议批评了林彪反对机动作战，并以此企图改变军事领导的错误。毛泽东发言指出：党内对失去中央根据地而缺乏胜利信心和存在怀疑不满情绪，是右倾思想的反映；改变中央军事领导的意见，是违背遵义会议精神的。

周恩来、朱德等发言，支持毛泽东的意见。

在会理会议上，周恩来等肯定毛泽东的军事指挥是正确的，赞扬了毛泽东的军事领导艺术。指出在危急情况下，由于采取兜大圈子、机动作战的方针，四渡赤水，二占遵义，佯攻贵阳，威逼昆明，北渡金沙江，才摆脱了敌人的重兵包围。会议要求维护遵义会议确立的政治领导和军事领导的团结，克服右倾思想；并决定立即北上，同红四方面军会合。

会理会议统一了认识，增强了团结，进一步巩固了毛泽东在红军和中共中央的领导地位。

（二）系列会议决定长征落脚陕甘根据地

能否开辟新的根据地找到战略转移的落脚点，是红军长征胜利与否的标志。踏上长征路的中央红军，多次召开会议讨论战略方向，根据敌情变化，先后选择湘西、川黔边、川西或川西北、川陕甘等地作为战略转移落脚点。而在与张国焘分裂主义斗争的过程中，落脚点问题尤为突出。

1. 两河口会议——确定北上建立川陕甘根据地的战略方针

会理会议后，中央红军继续北上，进入四川大凉山彝族聚居区时，总参谋长刘伯承根据党的民族政策，同彝族果基部落首领小叶丹歃血为盟，并使其他部落保持中立，顺利通过彝族地区。1935年5月下旬，红军强渡大渡河，飞夺泸定桥，

★ 两河口会议旧址

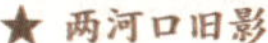

★ 两河口会议纪念馆

6月翻越人迹罕至的大雪山夹金山，在懋功地区同张国焘、徐向前领导的红四方面军第三十军等部队会师。

懋功会师后，根据对当时形势和所处地理环境的分析，中共中央和中革军委决定放弃遵义会议制定的关于在川西北建立根据地的计划，集中力量向东、向北发展，在川陕甘建立根据地。但张国焘却主张向西退却，以避开国民党军队的强大压力。两个战略方针存在重大分歧。

为确定两个方面军会合后的发展方向，1935年6月26日，中央政治局在两河口召开扩大会议。出席会议的政治委员和候补政治委员有：毛泽东、朱德、周恩来、张闻天、张国焘、博古、王稼祥、刘少奇、邓发、凯丰，以及刘伯承、彭德怀、聂荣臻、林彪、林伯渠、李富春等。会议正确分析了两军会师后的形势，以及川陕甘、川康边的实际情况，确定了两军共同北上，在川陕甘建立根据地的战略方针。6月28日，两河口会议通过《关于一、四方面军会合后的战略方针》，指出：红军应集中主力向北进攻，以创建川陕甘苏区根据地；在战役上必须夺取松潘与控制松潘以北地区，使主力能够胜利向甘南前进。

根据两河口会议所确定的战略方针，中革军委于6月29日制定了《松潘战役计划》。同一天，中共中央政治局常委召开会议决定增补张国焘为中革军委副主席，徐向前、陈昌浩为中革军委委员，从而为解决两军会合后的统一指挥，实现北上战略方针，提供了组织上的保证。按照《松潘战役计划》规定的进军路线，红军迅速向松潘开进。

两河口会议为两个方面军会师后的行动指明了正确方向，对中国革命和战争的发展，具有重要指导意义。

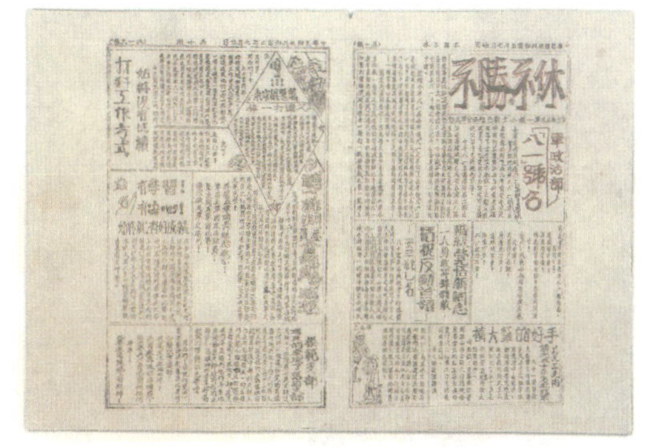
不勝不休

★ 红四方面军第九军政治部1935年7月20日印发的《不胜不休》战士小报，号召全军在党中央和中革军委的统一领导下为建立川陕甘根据地而斗争

★ 油画：《两河口会议》（沈嘉蔚　作）

★ 张国焘

★ 徐向前

★ 陈昌浩

2. 芦花会议——统一认识，促进两个方面军的团结

在两河口会议上，张国焘虽然同意了中共中央提出的北上战略方针，但惧怕战斗力较强的胡宗南部，不执行中革军委计划，反对北上，坚持南下四川、西康。各路红军开始北上行动时，他借口所谓“统一指挥”和“组织问题”没有解决，延宕红四方面军主力北上。

为了贯彻落实中央北上方针，团结张国焘和红四方面军，中共中央分别于 1935 年 7 月 18 日、7 月 21 日至 22 日在四川黑水芦花两次召开政治局常委扩大会议，讨论解决张国焘提出的“组织问题”。

7 月 18 日，芦花中央政治局常委扩大会议召开。张国焘在讨论中提出要提拔新干部，有的可到军委，并要向中央委员会增补人员。毛泽东说，提拔干部是需要的，

★ 芦花旧照

★ 芦花会议会址

但不需要这么多人集中到军委，下面也需要人员。会议决定张国焘代替周恩来任红军总政治委员，徐向前、陈昌浩为前敌总指挥部总指挥和政治委员，博古为总政治部主任，并增补陈昌浩为中革军委常委。

为了分清一些大的是非问题，统一认识，促进两个方面军的团结，7 月 21 日至 22 日，中共中央政治局又在芦花召开扩大会议，集中讨论红四方面军的工作。

出席会议的有张闻天、毛泽东、周恩来、朱德、王稼祥、凯丰、邓发、李富春、刘伯承、张国焘、徐向前、陈昌浩等。会议批评张国焘领导红四方面军工作中存在的错误：轻敌、分散兵力是第四次反“围剿”失败的主要原因；放弃川陕根据地是错的；退出通南巴根据地后缺乏明确的发展方向；在少数民族未发动的情况下，成立西北联邦政府是不妥当的。同时，也肯定红四方面军英勇奋斗的成绩，对促进两个方面军的团结，有着重要的作用。

在这种情况下，张国焘勉强执行中革军委为补救战机延误而发布的松潘战役第二步计划，率领红四方面军向毛儿盖地区集中。中共中央和中革军委的领导人在会议结束后，也离开芦花，翻越仓德山和打鼓山，于 7 月 28 日到达毛儿盖。

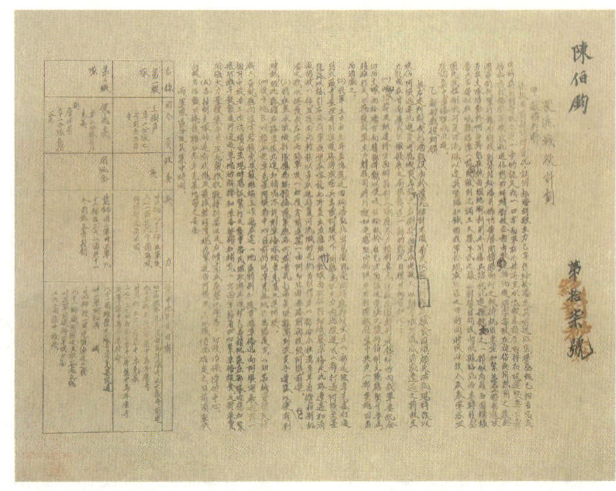

★《夏洮战役计划》

3. 沙窝会议——重申两河口会议建立川陕甘苏区的决定

由于张国焘故意延迟红四方面军主力的北上行动，夺取松潘的战机已经失去。蒋介石重新部署了对红军北上的围堵，到 1935 年 8 月初，胡宗南部主力已在松潘地区完成集结，薛岳部进抵文县、平武地区，与胡部靠拢。川军先后占领懋功、绥靖、北川、茂县、威州及岷江东岸地区，逐步缩紧对红军的包围。

在这种情况下，中共中央和中革军委被迫放弃原定的松潘战役计划，决定改经自然条件十分恶劣的草地北上。8 月 3 日，红军总部下发了《夏洮战役计划》，并决定将红一、红四方面军混合编组成左、右两路军，穿越草地，北出夏河、洮河流域。

《夏洮战役计划》制定后，部队开始做北上准备。但是，张国焘又节外生枝，要求中央召开政治局会议，解决“政治路线”问题。为了统一认识，毛泽东、张闻天等分别找张国焘、陈昌浩做工作。

8 月 4 日至 6 日，中共中央政治局在四川松潘毛儿盖附近的沙窝寨子召开会议。出席会议的有张闻天、毛泽东、周恩来、博古、朱德、张国焘、邓发、凯丰，以及刘伯承、陈昌浩、傅钟共 11 人。会议通过了《中央关于一、四方面军会合后的形势与任务的决议》，重申两河口会议创造川陕甘苏区的决定，强调党对红军的绝对领导和红一、红四方面军的团结。

为了顾全大局，搞好团结，会议决定增补红四方面军的陈昌浩、周纯全为政治局委员，同时任命陈昌浩为红军总政治部主任，周纯全为红军总政治部副主任。会议还决定，恢复红一方面军番号，成立红一方面军总司令部，由周恩来任红一方面军总司令员兼政治委员。

沙窝会议批评了张国焘的南下主张和右倾分裂主义错误，重申在川陕甘建立根据地的战略方针。在与张国焘的争论中，北上建立根据地的目的也越来越明晰。

★ 修复前的沙窝会议会址

★ 修复后的沙窝会议会址

★ 毛儿盖会议会址——索花寺

★ 毛儿盖索花村

4. 毛儿盖会议——强调左路军向右路军靠拢北上，反对向西退却

沙窝会议后，为执行《夏洮战役计划》，红一、红四方面军分左右两路军共同北上。张国焘虽然表面同意北上的主张，却又提出西出阿坝，向青海、新疆、甘西边远地区退却的主张。

为了进一步统一战略思想，克服张国焘的阻挠，实现北上抗日的战略方针，1935 年 8 月 20 日，中央政治局在四川松潘毛儿盖召开扩大会议，着重讨论红军的行动方向问题。到会的有：张闻天、毛泽东、博古、王稼祥、陈昌浩、凯丰、邓发、徐向前、李富春、聂荣臻、林彪、李先念等人。周恩来因病，朱德、张国焘、周纯全因随左路军行动而缺席。会议再次论证了北上方针的正确。也就是在这次会议上，毛泽东指出，红军主力应向东，向陕甘边界发展，不应向黄河以西发展。这就将红军行动方向由川陕甘根据地进一步调整为陕甘根据地。

同一天，中央政治局通过了毛泽东起草的《中央政治局关于目前战略方针之补充决定》，重申了两河口确定的北上战略方针，要求左路军迅速向右路军靠拢，共同北上。毛儿盖会议后，中央北上的战略方针才得以开始付诸行动。

5. 巴西会议（阿西牙弄紧急会议）——决定中共中央先行北上

毛儿盖会议后，党中央与右路军于 1935 年 8 月 21 日从毛儿盖出发，历时数日越过茫茫大草地。右路军攻占包座后，在左路军的张国焘不顾北上的有利形势，拒不执行中央既定的北上方针，执意南下。并于9月9日电令前敌总指挥部主要领导，“南下，彻底开展党内斗争”。幸好前敌总指挥部参谋长叶剑英最先见到这一电报，立即将电报内容报告中共中央。

在巴西的毛泽东、张闻天、博古等紧急磋商，一致认为在这种情况下再想继续说服和等待张国焘率左路军北上已不可能，而且必将导致严重后果。当晚，毛泽东、张闻天、博古三人赶到红三军驻地阿西，与在此养病的周恩来、王稼祥举行政治局紧急会议[1]，当机立断地决定率红三军和军队纵队迅速脱离险区，立即北上，并且通知已经北上

★ 巴西会议遗址

[1] 此时期中央政治局召开了四次会议，在巴西班佑寺于8月29日、9月2日各召开一次，在阿西牙弄于9月8日、9月9日各召开一次。决定中央红军先行北上的是9月9日召开的阿西牙弄紧急会议。一般把此会议归到巴西会议。

★ 巴西会议（阿西牙弄紧急会议）会址

★《天底下哪有红军打红军的道理！》（沈尧伊　作）

俄界的林彪、聂荣臻，行动方针有变化，要他们在原地待命。同时，以中央名义致电张国焘，严肃地指出："右路军南下电令，中央认为是完全不适宜的。中央现恳切地指出，目前方针只有向北是出路，向南则敌情、地形、居民、给养都对我极端不利，将要使红军受空前未有之困难环境。中央认为北上方针绝对不应改变。左路军应速即北上。"

9 月 10 日凌晨，中共中央率红三军和红军大学离开巴西、阿西等地，向俄界进发。同时，叶剑英也以"打粮准备南下"的名义，带走了军委纵队，并带走了一份十万分之一的甘肃省地图。

当天早晨，徐向前和陈昌浩得知了中央率红一方面军部队单独北进的消息。前方部队打来电话，问打不打。陈昌浩问徐向前怎么办。徐向前斩钉截铁地说："哪有红军打红军的道理！叫他们听指挥，无论如何不能打！"陈昌浩听从了徐向前的意见，告诉前面部队不能打。徐向前和陈昌浩的态度，避免了事态进一步升级，为维护红军内部团结作出了重要贡献。

随后，陈昌浩派人送信给彭德怀，要他停止北进，回头南下，遭到彭德怀的拒绝。他还派李特带一队骑兵追赶中央，"劝说"中央领导人率军南下，受到毛泽东的严厉批评和拒绝。李特带回了红军大学中大部分红四方面军的人员。伍修权回忆："当时有的同志对李特的行为很生气。毛主席还说：'捆绑不成夫妻。他们要走，让他们走吧！以后他们自己会回来的。'"

6. 俄界会议——通过《关于张国焘同志的错误的决定》

为了揭露和批判张国焘的分裂主义，确定下一步的行动方针，1935 年 9 月 12 日，中共中央在甘肃省迭部县俄界（即高吉村）召开政治局扩大会议。出席会议的有：张闻天、博古、毛泽东、王稼祥、凯丰、刘少奇、邓发。非政治局成员参加的有：蔡树藩、叶剑英、林伯渠、李维汉、杨尚昆、李德；红一军[1]的林彪、聂荣臻、朱瑞、罗瑞卿；红三军的彭德怀、李富春、袁国平、张纯清。

★ 俄界会议会址

★ 俄界会议广场

会议通过了《关于张国焘同志的错误的决定》。决定指出：张国焘与中央争论的实质是对目前政治形势与敌我力量对比估计上有着原则的分歧。决定揭露了张国焘分裂党、分裂红军的严重错误，并提出，必须采取一切具体办法去纠正张国焘的错误，并号召红四方面军中全体忠实于共产党的同志团结在党中央的周围，同张国焘的错误倾向做坚决的斗争，以巩固党与红军。

[1] 1935 年 7 月 21 日，根据中革军委决定，中央红军第一、第三、第五、第九军团依次改为第一、第三、第五、第三十二军。

会上，也有人提出开除张国焘的党籍。但是，毛泽东不同意。他认为，正确处理张国焘分裂党、分裂红军的问题，关系到全党全军团结统一的大局。因此，中共中央在同张国焘错误的斗争中，始终坚持党内斗争的正确原则，采取了“特殊的和忍耐的方针”。只要张国焘赞同和执行中共中央北上战略方针，其他问题都可以让步。毛泽东说，这不是张国焘一人的问题。要看到红四方面军广大指战员，开除了他的党籍以后就不好见面了，要给张国焘发电报叫他北上，要采取各种方式做工作，我想他会来的。

俄界会议在北上兵力大为减少的现实条件下，改变在川陕甘建立根据地的战略方针，决定经甘东北到靠近苏联的地方建立根据地。这次会议虽然改变了在川陕甘建立根据地的计划，但仍计划在靠近苏联的地方建立根据地后再向陕甘发展，并决定将北上红军改称陕甘支队，可见，仍然将陕甘地区视为中国革命的希望所在。

★ 俄界会议会址内景

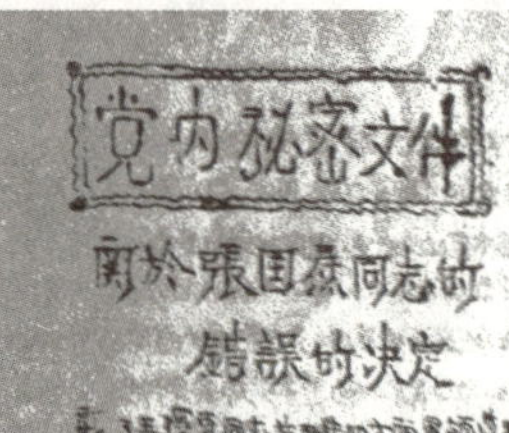

党内秘密文件

关于张国焘同志的错误的决定

★ 俄界会议通过的《关于张国焘同志的错误的决定》

7. 哈达铺会议——提出“到陕北去”

俄界会议后，北上红军攻克天险腊子口，越过岷山，先头部队于 1935 年 9 月 18 日到达甘肃南部的哈达铺镇。

9 月 21 日，中央机关进驻哈达铺。在这里，毛泽东从当地找到的报纸上获悉陕北红军和根据地仍然存在。

9 月 22 日，中共中央在哈达铺召开红一、红三军团以上干部大会，毛泽东在会上作了报告。他说：“目前，日本帝国主义侵略中国，我们就是要北上抗日。首先要到陕北去，那里有刘志丹的红军。我们的路线是正确的，现在我们北上先遣队人数是少一点儿，但是目标也就小一点儿，不张扬，大家用不着悲观，我们现在比 1929 年初红四军下井冈山时的人数还多哩！”

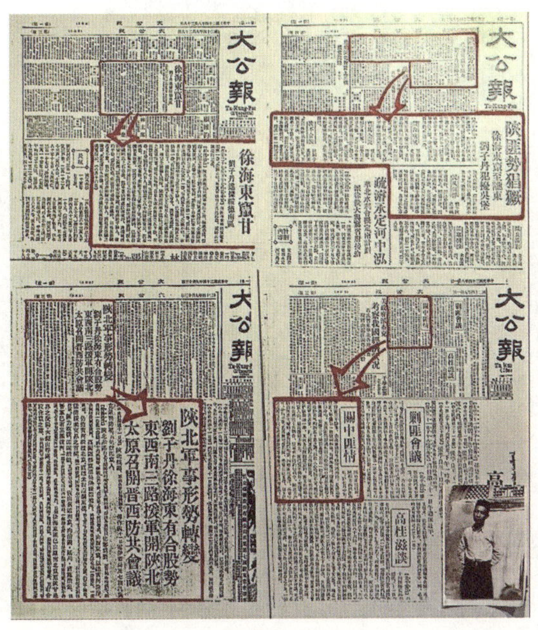

大公報

徐海東竄甘

劉子丹退據陝甘邊區

大公報

陝匪勢猖獗

徐海東竄至隴東

劉子丹犯陝吳堡

疏濬永定河中泓

大公報

陝北軍事形勢轉變

劉子丹徐海東有合股勢

東西南三路援軍開陝北

太原召開晉西防共會議

大公報

關中匪情

劉匪會議

高桂滋談

★ “改变红军长征走向”的天津《大公报》，报纸上有大量关于刘志丹陕北红军、徐海东（红二十五军）的消息

★ 哈达铺会议旧址

★ 哈达铺邮政代办所旧址，《大公报》发现地

★ 漫画：《到了岷县哈达铺》（黄镇　作）

“到陕北去！”一时成为全军最激动人心的议题。从1934年10月，中央红军放弃中央根据地，踏上战略大转移的漫漫征途，红军不断寻找落脚点，经过一年多时间的苦苦追寻，红军终于找到了自己的“家”！

一军一师宣传科长彭加伦连夜创作了《到陕北去》的歌曲：“陕北的革命运动大发展，创造了十几县广大的红区。迅速北进，会合红二十五、二十六军，消灭敌人，争取群众，巩固发展陕北红区，建立根据地。”

会议执行中央政治局俄界会议决定，将军委纵队和红一方面军主力整编为中国工农红军陕甘支队。彭德怀为司令员，毛泽东为政治委员。全支队共7000余人。

哈达铺会议第一次明确提出“到陕北去”。这使哈达铺成为长征中的一个特殊坐标。国务院在2001年公布哈达铺为全国重点文物保护单位时称：“哈达铺是决定中国工农红军长征命运的重要决策地。”

★ 哈达铺红军团以上干部会议会址——关帝庙

★ “到陕北去！”

★ 国画：《到陕北去——哈达铺关帝庙动员大会》（郑春龙　作）

★ 榜罗镇长征一条街

★ 榜罗镇会议会址内景

★ 榜罗镇红军饮马池旧影

8. 榜罗镇会议——最终作出将长征的落脚点放在陕北的战略决策

1935年9月23日，陕甘支队遵照中共中央的指示，以一部兵力佯攻天水，以调动敌人向该地集中，主力乘机折向西北，摆脱敌人重兵阻击，通过敌人在武山、漳县间的封锁线，并在鸳鸯镇和山丹镇之间渡过渭河，于9月27日到达甘肃省通渭县的榜罗镇。

9月27日，中共中央政治局在榜罗镇召开常委会，根据在哈达铺从报纸上了解到的情况，决定放弃俄界会议的关于接近苏联建立根据地的战略方针，率领陕甘支队迅速北上，同西北红军和红二十五军会合，在陕北保卫和扩大苏区。

随即，陕甘支队召开干部大会，传达榜罗镇会议精神，部署与陕甘苏区红军会合。陆定一回忆："庄严的空气，团结一致的精神，笼罩着整个会场，这个露天的、毫无装饰的、风和雨在飞舞着的会场。人人在谛听着领袖们的讲话，热血沸腾着，寒冷悄悄地逃走了。"

榜罗镇会议在俄界会议所确立的向甘东北和陕北前进方针的基础上，决定将中央红军长征的落脚点放在陕北。这是红军长征走向最后胜利的一个关键转折点。事实证明，把陕北确定为中国革命的大本营，保存了红军的基干力量，使中共中央和红军主力转移到了抗日战争的前沿阵地，获得了战略转移的立足点和开创新局面的出发点。

9月29日，陕甘支队按照中共中央确定的新方针，由榜罗镇地区出发北进，当日攻占通渭城，这是陕甘

★ 榜罗镇会议会址——榜罗国立小学校长办公室

支队进入甘肃后打下的第一座县城。随后，陕甘支队连续胜利地进行了几次战斗，越过六盘山，在固原县消灭东北军两个骑兵连，用缴获的马匹装备侦察连，从此红军有了自己的骑兵部队。而后，红军绕道环县、曲子镇，晓行夜宿，长驱东进。

10 月 19 日，陕甘支队抵达陕甘根据地的吴起镇，胜利结束了长驱二万五千里的伟大长征。

★ 榜罗镇会议纪念馆

★ 吴起镇中共中央政治局会议会址

9. 吴起镇会议——决定党和红军今后的战略任务是建立西北苏区，领导全国大革命

1935 年 10 月 22 日，为了总结俄界会议后红军的行动，确定新形势下陕甘支队的行动方针，中共中央在陕北吴起镇召开政治局扩大会议，出席会议的有：张闻天、毛泽东、周恩来、博古、王稼祥、邓发、刘少奇、凯丰，以及彭德怀、李富春、聂荣臻、叶剑英、贾拓夫等。毛泽东在会上作了关于目前行动方针的报告。吴起镇会议是榜罗镇会议的继续和完善，会议批准了榜罗镇会议把红军长征落脚点放在陕北的战略决策，通过了毛泽东的报告，决定党和红军今后的战略任务是“建立西北苏区，领导全国大革命”，宣告红一方面军长征胜利结束。至此，中共中央开始了领导陕甘军民开创中国革命和革命战争新局面的伟大斗争。

（三）其他红军的重要会议

长征是由四支红军部队共同配合完成的。在长征中，除了中央红军，红二方面军、红四方面军、红二十五军也各自召开了对长征产生重要影响的会议。

1. 红二、红六军团重要会议

（1）刘家坪会议——决定出发长征

红二、红六军团 1934 年 10 月会师后，创建了湘鄂川黔革命根据地。这时，中央红军已经开始长征，除川陕根据地外，湘鄂川黔苏区成为长江以南唯一规模较大的革命根据地，被蒋介石视为心腹之患，前后调集 130 多个团 20 余万人的兵力部署“围剿”。

1935 年 11 月 4 日，湘鄂川黔临时省委和军委分会在湖南桑植刘家坪召开会议，再次就反“围剿”的斗争方针问题进行讨论。

★ 刘家坪会议会址内景

★ 油画：《刘家坪会议》

★ 红二方面军长征出发地桑植县

会议认为，红二、红六军团目前已经完成了牵制国民党军、配合中央红军战略转移的任务。当前的中心任务，是如何保存和发展壮大自身的有生力量，以利下一步机动歼敌。会议决定按中共中央和中革军委2月11日电报中关于“当必要时，主力红军可以突破敌人的围攻线，向川黔广大地区活动，甚至渡过乌江”的指示精神，转移到湘黔边广大地区，争取在敌军防守薄弱的贵州石阡、镇远、黄平一带相机建立新的根据地。

红二、红六军团这次战略转移吸取了中央红军及红六军团西征时的经验教训，不是流寇式的

单纯军事行动，也不是搬家式的消极逃避，而是做了一系列的周密准备工作，包括对广大指战员进行广泛的思想动员，整编和充实主力红军，妥善安置伤病员，精简行装等。

1935 年 11 月 19 日，红二、红六军团从桑植出发，撤离湘鄂川黔根据地，踏上了漫漫长征路。

（2）盘县会议——决定北上与红四方面军会合

红二、红六军团出发长征后，先是南下湘中，而后进军黔西。1936 年 2 月，红二、红六军团占领黔西、大定、毕节地区，创建了长征途中的唯一根据地政权——中华苏维埃川黔滇委员会。然而，敌人再次逼来，红二、红六军团主动撤出，转战乌蒙山，并于 3 月下旬胜利突出重围。

3 月 30 日，红军总司令朱德、总政委张国焘发来电报，希望红二、红六军团北上会师。红二、红六军团领导当即

★ 盘县会议会址

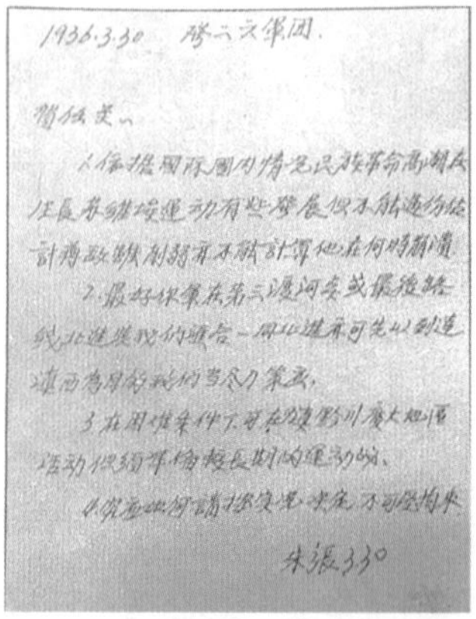

★ 朱德、张国焘1936年3月30日指示红二、红六军团北上与红四方面军会合的电报

在贵州盘县召开紧急会议进行研究。军委分会成员贺龙、任弼时、关向应、萧克、王震、张子意、李达等同志参加会议。

会议传达了红军总部的电示和《中央关于目前形势和策略路线决议大纲》。会议对红军总部的回电进行了分析，认为朱德、张国焘的意见还是以北上为妥，并总结了以往建立根据地的实践经验，审时度势，从更长远的角度分析了红二、红六军团的今后战略方针：如果继续留下来，将面临孤军在江南、没有友军策应的局面，只有利于敌人集中优势兵力对我军进行“围剿”，目前虽有在这一带建立新根据地的可能性，但是这种可能性是相对于以往的斗争形势而言，只局限于滇、黔两省个别地区，最终能否保证根据地的建立、巩固和发展，还是一个不确定的答案；就全国的形势而言，当时红军主力已转向中国的西北方，全国的革命大势已转到北方，特别是日本帝国主义发动侵华战争以后，北上抗日已成为红军的主要任务。因此，尽管目前条件有利于在南北盘江建立革命根据地，但为了全局的战略要求，会议经过慎重研究，最后毅然作出了放弃在盘县一带建立滇黔边革命根据地的计划，立即抢渡金沙江与红四方面军会合。

盘县会议决定放弃在滇黔边创建根据地的方针，北上与红四方面军会合。这一决定对红军三大主力会师起到了重要的促进作用。

2. 红四方面军重要会议

（1）阿坝会议——攻击中共中央的北上战略方针

中央红军先行北上后，1935 年 9 月 13 日，张国焘在四川阿坝格尔登寺大殿召开川康省委及红军中党的活动分子会议（即阿坝会议），极力鼓吹南下，制造反对中共中央的舆论；并扬言要对“经过斗争和教育仍不转变的分子”给予“纪律制裁”。

会上，随左路军一起行动的朱德、刘伯承与张国焘的拥护者们展开了有理有节的斗争。面对无理的责难和批斗，朱德坦然自若。当会议主持人硬要他表态承认中央的路线是错误的，并逼着他写文章，发表声明反对毛泽东和党中央北上抗日的决定时，朱德庄重地说：“中央北上抗日的决定，我是赞成的，拥护的，我是举了手的，我不能写文章反对我亲自参加作出的决定。如果硬要我发表声明，那我就再声明一下，我是坚决拥护党中央、毛主席作出北上抗日的英明决定的！”他刚一说完，

★ 阿坝会议旧址——格尔登寺

会议室里吵闹得更凶了，斗争更加激烈。总参谋长刘伯承实在看不下去了，说了一句："你们不是开党的会议吗，又不是审案子，怎么能这样对待朱总司令！"这下又引起一阵狂叫："好！你把我们党的会议说成是审案子！"斗争矛头又转向刘伯承。后来，有人冲着朱德高声嚷着："既然你拥护北上，那你现在就走，快走！"想逼走朱德，以便更加随心所欲地推行他们的错误路线。朱德看穿了他们的阴谋，一方面耐心宣传中央的正确主张，一方面采取灵活的斗争策略，等待时机，争取和教育更多的同志。他说："我是赞成中央的北上抗日决定的，但你们坚持南下，那我就只好跟你们去。"

虽然朱德、刘伯承坚决赞成北上、反对南下，但在张国焘的操作下，会议最后还是通过了《阿坝会议决议》，将张国焘的南下错误美化为"进攻路线"，肆意诬蔑中共中央的北上战略方针。

（2）卓木碉会议——张国焘"另立中央"

1935年10月5日，张国焘在四川卓木碉白赊喇嘛寺召开红四方面军高级干部会议，在指责攻击中央及中央领导人之后，指出：中共中央已经"威信扫地""失去领导全党的资格"，要仿效列宁和第二国际的办法，组成新的"临时中央"。

★ 卓木碉会议遗址

会上，朱德依然心平气和，但发言毫不妥协。刘伯承则不接话茬。张国焘虽然不高兴，也不便发作。最终以多数通过的名义，宣布"临时中央"的名单，形成了所谓"决议"。卓木碉会议后，朱德与刘伯承住在一起被软禁起来，但由于他们在红军中的极高威望，张国焘也不敢对他们采取更进一步的过激手段。而他们虽然身处逆境，却不放过

★《卓木碉会场情况》（沈尧伊　作）

★《朱德、刘伯承在卓木碉会议上与张国焘进行抗争》（沈尧伊　作）

任何机会耐心做身边同志的思想工作，想方设法争取更多的同志拥护中央北上的方针。

在他们的影响下，随着时间的推移，在南下失败的事实面前，越来越多的人提高了认识，逐渐形成反对分裂、主张北上的强大力量。同时，在中共中央和从共产国际回国的张浩一再来电的批评帮助下，最终张国焘于 1936 年 6 月 6 日宣布取消另立的“中央”。

★ 中共中央西北局岷州会议纪念馆

（3）岷州会议——重申拥护中央北上方针

红二、红四方面军甘孜会师后，决定共同北上。但张国焘仍惧怕北上，发生动摇。1936 年 9 月 16 日至 18 日，中共西北局会议在甘肃岷县三十里铺召开，讨论红四方面军的行动方向问题。会议否定了张国焘西进甘西的错误主张，重申拥护中央北上的方针，制定了通（渭）庄（浪）静（宁）会（宁）战役纲领。

★ 岷州会议会址

（4）漳县会议——否决北上意见，决定西进

虽然岷州会议赞同执行中共中央制定的静会战役计划，但张国焘不愿执行。1936年9月20日，他连夜骑马赶到漳县，坚持要西渡黄河。朱德得知此事后大吃一惊，当即于9月22日凌晨3时复电张国焘，坚持静会战役计划。同时与陈昌浩等赶往漳县。

9月23日，中共中央西北局在甘肃漳县盐井镇召开紧急扩大会议，讨论红四方面军行动方针。会上，张国焘固执己见，朱德劝阻无效，会议最终否决了北上意见，决定西进。

★ 漳县盐井会议会址，现为盐井小学

（5）洮州会议——决定放弃西渡计划，继续北上

漳县会议后，朱德将会议结果电告中央。9 月 26 日，中央复电朱德、张国焘，不同意红四方面军西进方案。但张国焘连续数次致电中共中央，力陈采取新方案的理由。对此，中共中央书记处及政治局召开会议，慎重地进行了讨论，并于 9 月 27 日致电红二、红四方面军领导人，明令禁止红四方面军西进。

朱德、刘伯承、徐向前等表示坚决执行党中央的指示，再加上先头调查行军路线的徐向前得知黄河对岸已进入大雪封山的季节，气候寒冷，道路难行。根据这样的地形、气候条件，渡河计划难以实现。在这种形势下，张国焘被迫暂时放弃西进主张。

1936 年 9 月 27 日，中共中央西北局洮州会议在甘肃临潭县城隍庙内召开，会议决定放弃西渡计划，红军继续北上。28 日，红四方面军制定了《通（渭）庄（浪）静（宁）会（宁）战役计划》，29 日，红四方面军总指挥部下达北进静、会地区的命令。

1936 年 10 月，红军三大主力在会宁、将台堡会师，完成了红二、红四方面军的长征。

★ 洮州会议会址，亦为临潭县苏维埃政府旧址

★ 花山寨“红军墙”

★ 花山寨会议会址——光山文殊乡花山村

3. 红二十五军重要会议

（1）花山寨会议——决定以中国工农红军北上抗日第二先遣队的名义，实行战略转移

1934 年 11 月 11 日，中共鄂豫皖省委第十四次常委会在河南光山花山寨召开，徐宝珊、吴焕先、徐海东、郑位三等参加会议。会议传达了中革军委副主席周恩来的指示，并结合鄂豫皖革命根据地的实际情况，决定遵照中央的指示，红二十五军以“中国工农红军抗日第二先遣队”的名义，向平汉铁路以西的桐柏山区和伏牛山区实行战略转移，程子华任军长，徐海东任副军长，吴焕先仍为军政治委员。此外，还决定由中共鄂豫皖省委常委、皖西北道委书记高敬亭指导重建红二十八军，继续坚持鄂豫皖根据地的武装斗争。

花山寨会议确定了红军主力的战略转移方向，加强了党对军队的领导，红二十五军从此摆脱了困境，走上了胜利发展的道路。

（2）庚家河会议——决定在鄂豫陕边区创建根据地

1934 年 12 月 10 日上午，鄂豫皖省委在陕西洛南县（今丹凤县）庚家河召开了第十八次常委会议，省委书记徐宝珊抱病主持会议，军政委吴焕先、军长程子华、副军长徐海东、参谋长戴季英、政治部主任郭述申等领导同志参加会议。

会议决定创建鄂豫陕革命根据地，主要讨论在鄂豫陕边界创建新的根据地问题。会议分析了鄂豫陕边区的基本情况，通过了《中共鄂豫皖省委关于创造新苏区新的革命根据地的决议草案》，决定在以陕南为中心的鄂豫陕边区创造新的革命根据地。同时，会议决定鄂豫皖省委改称为鄂豫陕省委。

会议解决了根据地的选择和任务方针等一系列重大问题，对鄂豫陕根据地的创建和红二十五军的发展壮大具有重要意义。

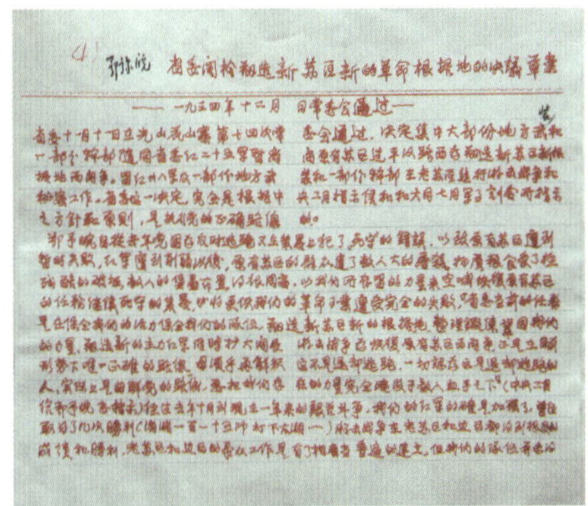

★《中共鄂豫皖省委关于创造新苏区新的革命根据地的决议草案》

★ 庚家河会议会址，庚家河镇（今丹凤县庾岭镇）“春茂永”药铺

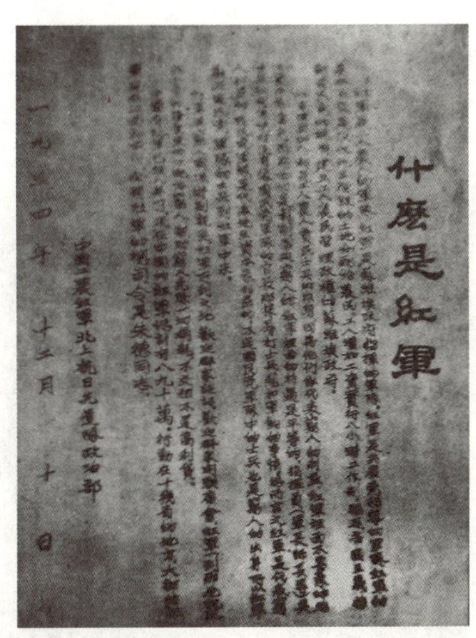

什麽是紅軍

中國工農紅軍北上抗日先遣隊政治部

一九三四年十二月十日

★ 红二十五军政治部主任郑位三在庚家河起草了《什么是红军》

（3）沣峪口会议——独立自主作出西征北上的战略决策

红二十五军离开鄂豫皖根据地后独立行动，对国内外形势和各路红军行动方向知之甚少。在创立鄂豫陕根据地后，为巩固和发展这一新的根据地，出兵威逼西安。行动中从《大公报》上得知中央红军和红四方面军已在川西北会合，并有北上动向。鄂豫陕省委根据获得的消息，立即于1935年7月15日当晚在陕西长安沣峪口召开紧急会议。

会议决定继续西征北上，配合红军主力；合并鄂陕、豫陕两特委，组成鄂豫陕特委，由李隆贵、郑位三、陈先瑞同志领导地方武装继续坚持鄂豫陕根据地斗争。

7月16日，中共鄂豫陕省委根据沣峪口会议的决定，率领红二十五军离开新开辟的鄂豫陕苏区，从沣峪口地区出发，再次踏上长征路。9月15日，红二十五军历时10个月，转战近万里，到达陕西省延川县永坪镇，成为红军长征中先期到达陕北的第一支队伍。

★ 沣峪口会议旧址——老爷庙旧影

★ 红二十五军从长安沣峪口出发西征

三、闯关夺隘勇向前

红军长征是世界军事历史上的伟大奇迹。美国记者哈里森·索尔兹伯里认为：“人类曾经有四大史诗，以色列人走出埃及，汉尼拔翻越阿尔卑斯山，拿破仑进军莫斯科，美国人征服西部，但是，它们与长征相比都黯然失色，长征是无与伦比的，长征是举世无双的。”长征的无与伦比，并非取决于其军事战斗本身的激烈和规模，更在于广大红军指战员在军事斗争中所展现的一往无前、不惧牺牲的精神与意志。

红军刚突围时，尚处于第五次反“围剿”作战失利的低潮，装备恶劣、敌我力量对比悬殊。在这样的情况下，“追剿”红军的蒋介石信心满满：“久困之师经不起长途消耗”“红军流徙千里，四面受创，下山猛虎，不难就擒”。甚至湘江战役后他就已经在拟“庆祝剿匪胜利之意义”之文稿。古来鲜有败军成事者，蒋介石根据历史经验的预测不乏道理。然而，中共和红军出其意料，在几乎是压倒性的劣势面前，以大无畏的英雄气概，运用灵活机动的战略战术，进行重要战役战斗600多次，粉碎了上百万敌军的围追堵截，在绝地反击中创造了以弱胜强、以少胜多的人间奇迹和英雄神话。

（一）红一方面军重要战役战斗

红一方面军在长征中共进行战役战斗380多次，其中最重要、最能反映红军无坚不摧的革命英雄主义的战役有血战湘江、强渡乌江、四渡赤水、巧渡金沙江、强渡大渡河、飞夺泸定桥、突破腊子口、直罗镇战役等等。

1. 血战湘江——长征中最壮烈的一战

中央红军踏上转移征途后，原定计划转移到湖南西北部同红二、红六军团会合。国民党当局了解到红军意图后，在红军前往湘西的必经之路上集结大量兵力组成四道封锁线。1934年10月21日晚，中央红军在赣县王母渡至信丰县一带突破国民革命军第一道封锁线，25日全部渡过信丰河，携大量辎重沿粤赣、湘粤、湘桂边缓慢西行。11月5日至8日，突破广东城口与湖南汝城之间的第二道封锁线。13日至15日，在郴县、良田、宜章、乐昌之间突破第三道封锁线，进入湘南地区。

随之而来的，是蒋介石设置的第四道封锁线——湘江。他投入兵力约16个师77个团，近30万人，实施“湘江会战”，企图在湘江东岸逼红军决战，依仗其数量和装备上的优势，将中央红军歼灭。同时，命令粤军、桂军和黔军进行堵截。

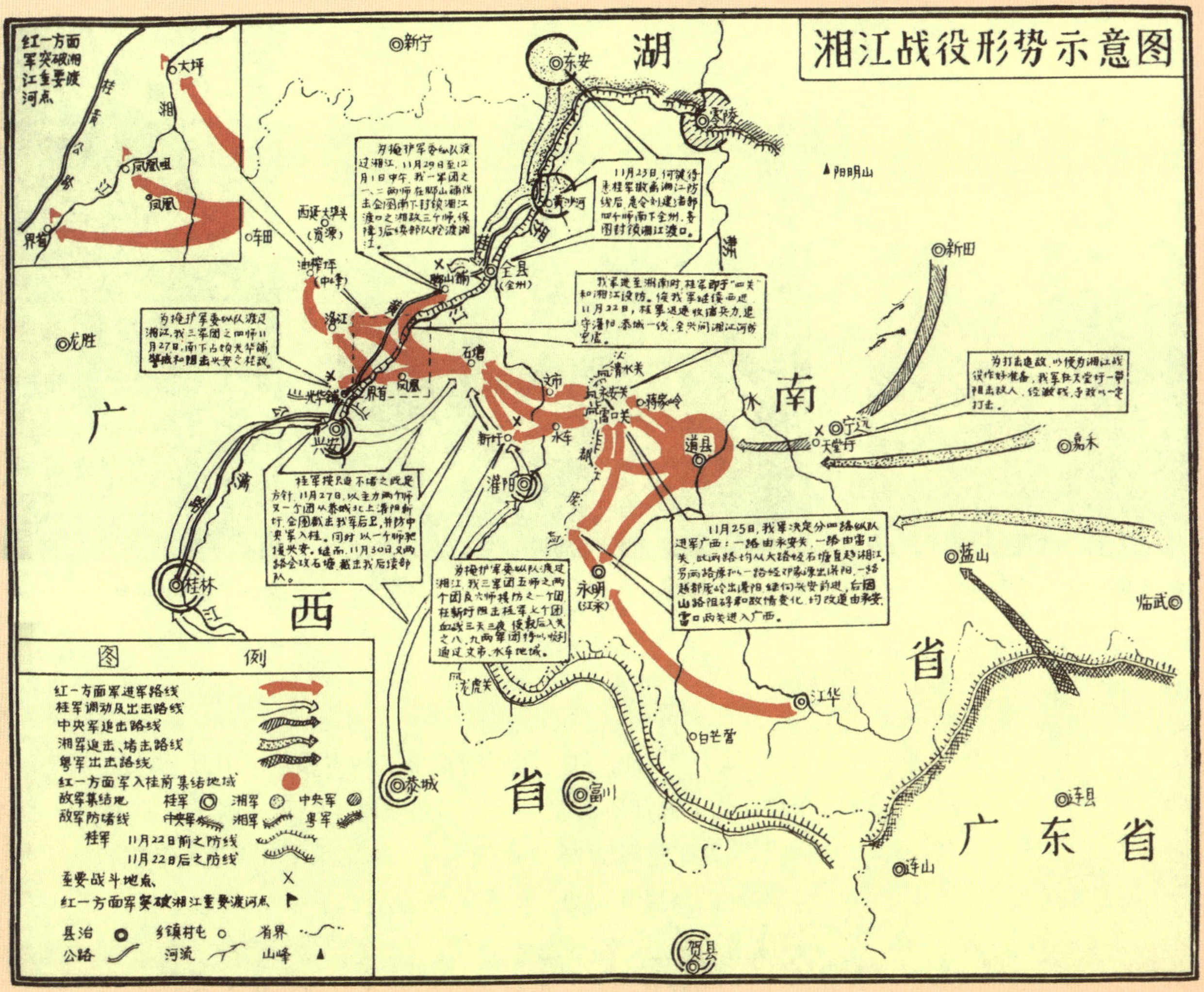

★ 湘江战役形势示意图

其实在红军决定渡过湘江之前，敌情曾发生有利于红军的重大变化。桂军于 11 月 22 日下午撤防，接防的湘军还没有过来。这时从全州至兴安 60 公里的湘江，无兵防守，湘江防线向红军敞开了大门。但是，博古、李德并不知情，仍在慢吞吞地行军，毫无“抢渡”之意。连“追剿”军总司令何键都说：“匪的人数甚多……行动甚缓。我们堵截的部队一定可以如期赶到。”

直到 11 月 25 日，中革军委才正式决定突破国民党设置的第四道封锁线，以红一军团为右翼，红三军团为左翼，向湘江挺进。

★ 昔日湘江战役界首渡口

★ 今日界首渡口

★ 光华铺阻击战旧址

11 月 27 日，红一军团前锋第二师占领从屏山渡至界首的 30 公里湘江所有渡河点。但还是晚了一步，国民党“中央军”周浑元部于 26 日占领道县，桂军第十五军返回灌阳，在新圩以南展开攻势。而湘军刘建绪部于 27 日占领全州，形成南北夹击红军的态势。

恶战已难避免。但红军此时若能轻装快速前进，仍可能以较小的代价渡过湘江。然而，红军战线拉得太长，红八、红九军团尚在湖南永明、道县之间，与前锋相距 100 多公里。庞大的军委纵队，由于辎重压身，行动异常迟缓。28 日，军委纵队离湘江只有 55 公里，在军情如火的情况下，却走了两天，平均每天只走 27.5 公里。

从 11 月 28 日起，国民党中央军、湘军和桂军分别从北、南两方，以绝对优势兵力和火力，接连不断向红军发动全线猛攻。红军主力在灌阳、兴安、全州分左、右两翼阻击追兵，确保军委第一、第二野战纵队和后续部队安全渡江。新圩、光华铺、脚山铺，构成了中央红军血战湘江的三大阻击战场。

★ 新圩阻击战纪念馆

★ 湘江战役指挥部旧址

11 月 28 日，新圩阻击战打响。红三军团第五师的第十四、第十五两个团，抗击桂军 7 个团以及空军一队 6 架飞机。激烈的战斗一直持续了三天三夜，英勇的红五师在无险可据的丘陵地带上挡住了敌人无数次进攻，保证了左翼的安全。

红五师一直坚持到 11 月 30 日下午 4 时多，直到军委两个纵队渡过湘江，才将防务交给红六师第十八团，迅速渡过湘江。在这场战斗中，红五师两个团伤亡 2000 多人，师参谋长胡震、红十四团团长黄冕昌以及副团长、参谋长、政治主任都英勇牺牲，政治委员身负重伤；红十五团团长、政治委员负重伤，营以下干部大部分牺牲。

11 月 29 日，红三军团第四师第十团在光华铺背水一战。以 1 个团的兵力抗击桂军 4 个团，红三军团总指挥彭德怀亲自指挥，把指挥所设在离湘江界首渡口仅几百米远的祠堂——“三官堂”。白天，敌机多次轰炸、扫射，屋顶被打出两个大天窗。晚上，敌人两次进攻，已攻到距离指挥部不到 100 米的地方，庙墙上弹痕累累。但彭德怀仍镇定自若，

★ 酒海井红军烈士纪念碑
新圩阻击战时，红五师曾在和睦村下立湾屯设置一个临时战地救护所。完成阻击任务后，由于形势紧迫、时间仓促，来不及将救护所里的重伤员及时撤离和转移。救护所的伤员不幸落入敌手，被敌人用棕绳捆绑，残忍地丢进酒海井，全部壮烈牺牲。

以“人在阵地在”“誓与敌人血战到底”的英雄气概，坚决指挥红三军团完成任务后才撤离。

在光华铺阻击战中，红十团团长沈述清中弹牺牲，杜中美接任团长，当日亦壮烈牺牲。

30日，脚山铺阻击战开始，由红一军团一师、二师两个师不到1万人，抗击湘军4个师约六七万人。这是湘江战役中敌我双方投入兵力最多、伤亡最惨重的一场血战。红二师五团政委易荡平负重伤，这时敌人端着刺刀上来了，易荡平要求警卫员打他一枪。警卫员泪如泉涌，不忍对自己的首长和同志下手。易荡平夺过警卫员的枪，壮烈牺牲，实现了他决不当俘虏的誓言。红二师四团政委杨成武也身负重伤。双方鏖战了三天两晚。红一、红三军团以惨重的代价，捍卫了中央红军通向湘江及以西地域的通道，使军委两个纵队得以在30日渡过湘江。

然而，至12月1日晨，全军还有8个师尚未过江，恶战仍要继续。中共中央、中革军委、总政治部向红一、红三军团下达紧急作战命令，要求无论如何也要保证后续部队于2日早通过湘江，并强调：“我们不为胜利者，即为战败者。望高举着胜利的旗帜，向着火线上去。”

向着火线上去！12月1日白天，战斗达到了白热化程度，敌军发动全线进攻，企图夺回渡口，歼灭红军于半渡中。这是生死存亡的一战，是意志的较量。红军将士硬是用刺刀、手榴弹打垮了敌军整连、整营的一次次进攻，始终牢牢掌握着渡口，湘江两岸洒下了无数红军将士的鲜血。至当日17时，中央机关和红军大部队

★ 油画：《湘江战役》（张庆涛　作）

终于拼死渡过了湘江。

湘江之战，红军遭到惨重的损失。担任全军后卫的红五军团三十四师，在掩护大部队渡江后，被敌人重重包围，全师指战员战斗到弹尽粮绝。师长陈树湘受伤被俘后牺牲，师政委程翠林和绝大部分指战员壮烈牺牲。红三十四师一〇〇团团长韩伟，在且战且退中退至宝界岭山顶，最终和5名

★ 漫画：《过湘江》（黄镇　作）

战士一起砸断枪支，纵身跳向身后的悬崖。韩伟幸免于难。

血战湘江，谱写了长征史上最悲壮的一曲。红军虽然突破了国民党军设置的第四道封锁线，但付出了巨大的代价。在长征前夕成立的少共国际师损失过半，红八军团几乎全军覆没。战后，中央红军和中央机关人员从出发时的 8.6 万余人锐减至 3 万余人。

同时，红军战士们的顽强战斗精神给国民党军队将领以极大的震撼。湘江战役充分证明了一个有信念的军队是不能被消灭的，中国共产党领导下的人民军队“是无坚不摧的，是不能战胜的，任何敌人的追击、堵击、截击计划都是徒然无效的。”

湘江战役，宣告了“左”倾教条主义军事指导的破产。血的事实逐步使大家认识到，只有改变“左”倾教条主义军事领导，红军才能取得主动，长征才能取得胜利。

★ 红军长征突破湘江烈士纪念碑

★ 广西兴安湘江战役纪念馆

2. 强渡乌江——转变战略方向后的第一场硬仗

对于湘江战役后的行军方向，中央领导层一直存在争议，经通道会议、黎平会议、猴场会议，最终确定了放弃北出湘西，同红二、红六军团会合的原计划，转兵进入黔北，以遵义为中心创建川黔边新苏区。据此，中央红军准备渡乌江北上。

乌江又名黔江，是贵州第一大江，两岸都是悬崖绝壁，水流湍急，江中有许多暗礁，自古就有天险之称。负责乌江防线的黔军侯之担严密布防，还夸下海口：共军远征，长途跋涉，疲惫之师必难飞渡。

按照中革军委的命令，红一军团一师一团于 1935 年 1 月 1 日到达乌江回龙场渡口。红一团团长杨得志、政治委员黎林等到附近村庄调查，发现村子里不仅无船，就连一只桨，甚至一块像样的木板也难以找到，船渡显然不行。架桥呢？不要说没有材料，就是有，水流湍急，敌人居高临下，也是不行的。正在焦急万分的时候，杨得志忽然发现江里飘着一根很粗的竹竿，于是决定扎竹排，乘竹排过江。

★ 乌江峡谷——红军强渡乌江时的战场

★ 回龙场渡口

★《八位勇士准备试渡乌江》（沈尧伊　作）

当日下午，8名水性好的战士组成突击队，乘竹排偷渡，但没有成功，8名勇士被巨浪吞没。当晚，红一师又立即组织一团、三团熟悉水性的36名同志为突击队，夜间武装偷渡。突击队在红一团第一营营长孙继先的指挥下，迅速向对岸划去，红军的机枪、步枪、“三七”小炮一齐开火掩护。就这样，突击队在火力掩护下，竹筏一个接一个地渡过乌江，消灭和驱逐了对岸守军，占领了滩头阵地，并掩护后续部队渡江。至1月4日，红一军团主力及红九军团由回龙场渡口渡江完毕。

与此同时，红一军团二师师长陈光率领四团为前卫，于1月1日逼近江界河渡口。红四团团长耿飚、政委杨成武发现渡口大道是国民党军防御的重点，而渡口上游500米处，则有一条小的横路与大道相通，勉强可以行人，国民党军对此疏于戒备。于是决定：以一部兵力佯攻渡口大道，集中主力强攻渡口上游的小道。

1月2日上午，第三连连长毛振华率7名水性好的战士泅渡，计划用绳索架桥，但由于绳索被国民党军炮轰炸断，没有成功。晚上，部队又组织18名战士乘竹筏偷渡，但只有毛振华为首所乘的竹筏到达对岸，其余两只竹筏都被激流卷了回来。上岸后，毛振华和战士们潜伏在岩洞里，而上级并不知道毛振华等已偷渡成功。

★ 油画：《强渡乌江》（魏传义　作）

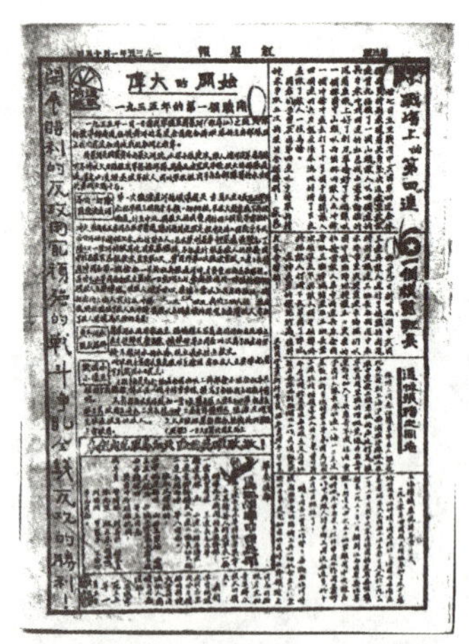

★《红星》报报道的红军强渡乌江的英雄事迹

由于追踪红军的薛岳兵团逼近，军委催促红四团迅速完成强渡乌江的任务。于是红四团紧急动员，绑扎 60 多个竹筏准备强渡。3 日上午 9 时，突击队乘坐竹筏，在炮火的掩护下，奋勇前进，在接近对岸时，石崖下潜伏了一夜的毛振华等突然冲入敌人战壕，以迅雷不及掩耳之势压制了敌人的前方火力，保证大部队顺利渡过乌江。工兵部队迅速架起浮桥，军委纵队和红五军团由此相继渡过乌江。

毛泽东走上浮桥，不住声地赞叹："真了不起，我们工兵就地取材，用竹排架成这样的桥，世界上都没有。"

1 月 5 日，红三军团第十团在茶山关渡口渡过乌江。至 1 月 6 日，中央红军全部渡过乌江，把国民党"追剿"军甩在乌江以东和以南地区。

★ 红军抢渡乌江江界河战斗遗址

3. 四渡赤水 ——毛泽东军事生涯中的"得意之笔"

红军渡过乌江后，迅速攻占遵义，于 1935 年 1 月 15 日召开了具有伟大转折意义的遵义会议。

为了实现遵义会议关于渡过长江到川西或川西北建立根据地的决定，中共中央、中革军委率中央红军由遵义地区北上，准备在泸州上游北渡长江。但因四川军阀调集重兵追堵，北渡长江已无可能，中革军委遂决定改以川滇黔边境为发展地区。为争取战略主动权，1935 年 1 月下旬到 3 月下旬，中央红军在毛泽东等的指挥下，时而摆出与红四方面军会合的姿态，时而又作出要与红二、红六军团会师的趋向，先后四次渡过赤水河。

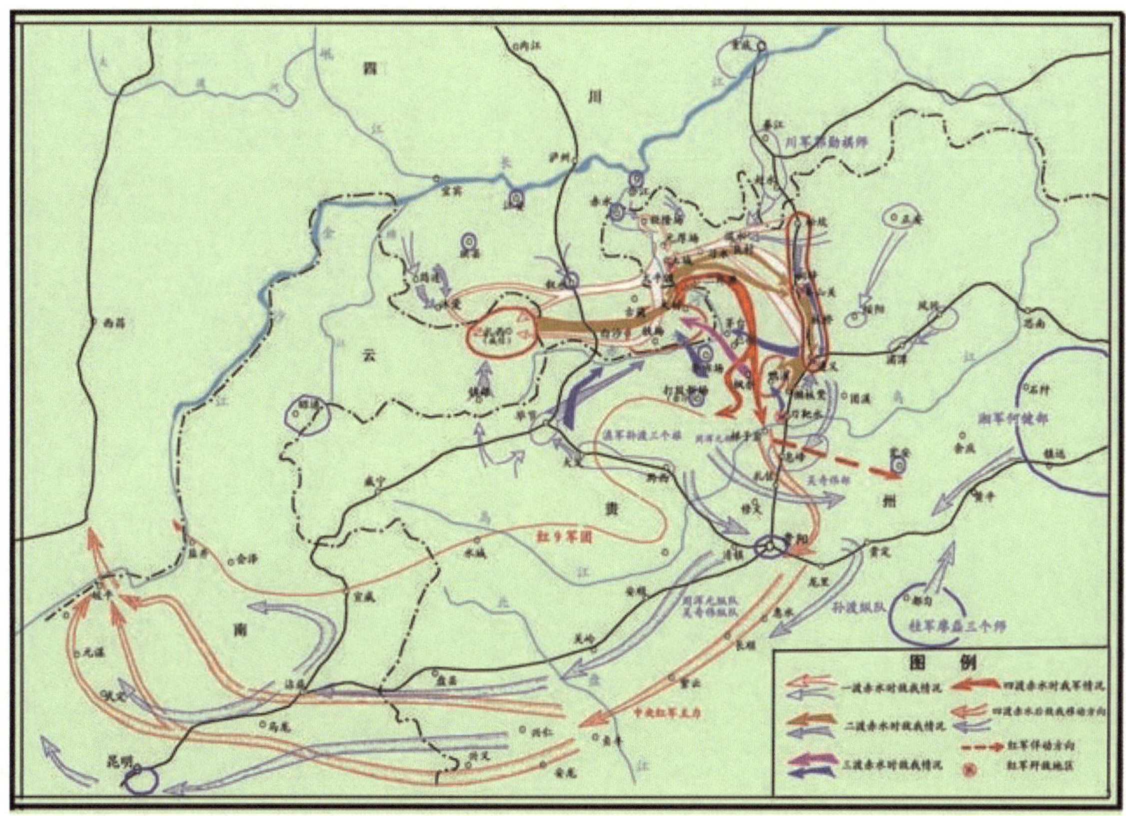

★ 中国工农红军第一方面军四渡赤水河示意图

（1）一渡赤水

1935 年 1 月 20 日，中革军委下达《关于渡江的作战计划》，决定中央红军各部进至赤水、土城附近地域，夺取宜宾、泸州、江安一带的渡河点，以便迅速北渡长江，到川西北创建新苏区。

中央红军分三路纵队向赤水方向疾进。右纵队红一军团突破黔军侯之担部约 3 个团的拦阻，于 24 日攻占土城，前锋占领赤水城东南的旺隆场、复兴场；中央纵队红五、红九军团攻占三元桥、习水；25 日，左纵队红三军团进占

★ 红一方面军一渡赤水河示意图

土城东南的回龙场、临江场、周家场等地。

土城是赤水县的一个区所在地。为了夺取北上渡江的渡河点，必须攻占已被川军占领的赤水县城。

1月26日，红一军团从旺隆场等地向赤水城进发，在赤水县黄陂洞与川军遭遇，在敌众我寡的情况下，红军将士顽强战斗，最后突破敌人的封锁线，退守旺隆场。同日，

★ 一渡赤水河渡口之一——元厚渡口

★ 一渡赤水河渡口之一——蔡家沱渡口

红一军团二师也在距赤水城10公里的复兴场，与川军激战。敌增援部队赶来后，与红军展开肉搏战，红二师只得撤出复兴场。红军占领赤水计划受挫。当夜，林彪向中革军委报告了前进失利的消息。

1月27日，二局（情报局）获悉川军郭勋祺、潘佐两个旅四个团向土城包抄过来，并抢占离土城东5公里的青杠坡、永安寺、寒风坳等高地，企图围歼中央红军。毛泽东、周恩来、朱德得此情报后立即召开紧急会议，部署土城战役。决定集中主力在土城、青杠坡地区围歼尾追红军的四个团，以保障红军下一步顺利北渡长江。

1月28日早晨，土城战役打响。红三、红五军团及干部团在彭德怀、杨尚昆的指挥下，从南北两面向进占枫村坝、青杠坡的川军郭勋祺旅、潘佐旅各三个团发起进攻。红军虽给敌军以重大杀伤，但未能全歼，形成对峙状态。而且红军从抓获的俘虏番号中发现，原来的情报有误，敌军不是4个团6000多人，而是6个团1万多人。红军对川军的战斗力估计不足，加上川军的后续增援部队不断赶来，形势对红军愈加不利。为了扭转局势，中革军委主席朱德亲自到前线，直接指挥作战。这给苦战中的红军指战员以极大鼓舞，终于顶住了川军一次次冲锋。

★ 青杠坡战斗遗址纪念碑

鉴于进占赤水城、北渡长江的计划未能实现，打掉尾

★ 青杠坡战斗遗址

追之敌的战斗亦未成功，而且敌人不断增加，毛泽东当机立断，决定立即撤出战斗，西渡赤水河，再相机北渡金沙江。四渡赤水的神来之笔由此拉开了序幕。

★ 土城渡口纪念碑

赤水河是黔北的三大水系之一，河道曲折，土城一段河面宽约200米。要西渡赤水河，能否架好浮桥是关键。周恩来亲自带领人员选定架桥地点，发动群众征集架桥物资和船只。经过一夜的努力，终于在土城上下游各架起一座轻便浮桥。与此同时，陈云指挥把大部分笨重物资和山炮等沉入赤水河。

1月29日凌晨，中央红军分左中右三路纵队，开始从猿猴场（今元厚）、土城等渡口，西渡赤水河，向川南古蔺、叙永地区前进。

★ 一渡赤水河渡口之一——土城渡口

（2）二渡赤水

一渡赤水后，中央红军以新的攻击姿态突然出现在川南。蒋介石震惊之下，急令川军倾全力加强长江沿岸的防务，并规定金沙江上起滩头下至宜宾，长江上至宜宾下达江津，沿江北岸均赶筑工事，并于各要点构筑碉堡，军舰及装甲

★ 红一方面军二渡赤水河示意图

★ 1935年2月16日，中共中央和中革军委联合发布《告全体红色指战员书》

商船日夜在宜宾至江津段巡回游弋，严防红军“偷渡”。同时以一部兵力在长江南岸布防，主力则向南追击。

由此，中央红军原定在泸州、宜宾间北渡金沙江的计划难以实现。中共中央决定暂缓执行北渡长江计划，向扎西地区集中，转入短期休整。

根据敌情，毛泽东等认为自中央红军从遵义地区北上以后，敌军主力已大部被吸引到川滇边地区，黔北地区的防守兵力比较薄弱，遂于2月10日决定，中央红军迅速转兵东进，二渡赤水河，再次向黔北进军，以摆脱川军、滇军的夹击和国民党“中央军”的追击。但是，一些指战员对此并不理解，思想上产生疑虑。为此，中共中央、中革军委于2月16日发表《告全体红色指战员书》，详细解释了暂时放弃原定北渡长江计划的原因。其中指出：“为了有把握地求得胜利，我们必须寻求有利的时机与地区去消灭敌人，在不利的条件下，我们应该拒绝那种冒险的没有胜利把握的战斗。因此，红军必须经常地转移作战地区，有时向东，有时向西，有时走大路，有时走小路，有时走老路，有时走新路，而唯一的目的是为了在有利条件下，求得作战的胜利。”这是在敌强我弱的条件下，红军进行机动作战的基本原则。

2月18日至21日，中央红军由太平渡、二郎滩等渡口东渡赤水河。

中央红军二渡赤水，回师黔北，红一、红九军团和红五军团主力及军委纵队为左纵队，红三军团为右纵队，向国民党军兵力比较薄弱的桐梓地区疾进。2月24日，红一军团一师一团占领桐梓县城。接着，中革军委命令中央红军迅速击破黔军的阻拦，占领娄山关及其以南地区，再取

★ 二渡赤水河渡口之一——太平渡

★ 二渡赤水河渡口之一——二郎滩渡口

遵义，以争取主动。

2 月 25 日拂晓，红三军团按照中革军委的命令，先头部队第十三团，从北向南对娄山关之黔敌发动猛攻，经过激战，于当晚攻占娄山关，控制制高点——点金山。接着，红一、红三军团在彭德怀、杨尚昆统一指挥下，以一部兵力从正面牵制敌人，集中主力分别从两翼向敌人后方迂回，歼敌一部，余敌仓皇夺路南逃。中央红军胜利占领战略要地娄山关。

★ 战斗最激烈的战场之一——娄山关

★ 油画：《二渡赤水河》（曹立伟　作）

★ 油画：《激战娄山关》（沈尧伊　作）

毛泽东知道后，兴奋不已，即兴填词《忆秦娥·娄山关》：西风烈，长空雁叫霜晨月。霜晨月，马蹄声碎，喇叭声咽。雄关漫道真如铁，而今迈步从头越。从头越，苍山如海，残阳如血。

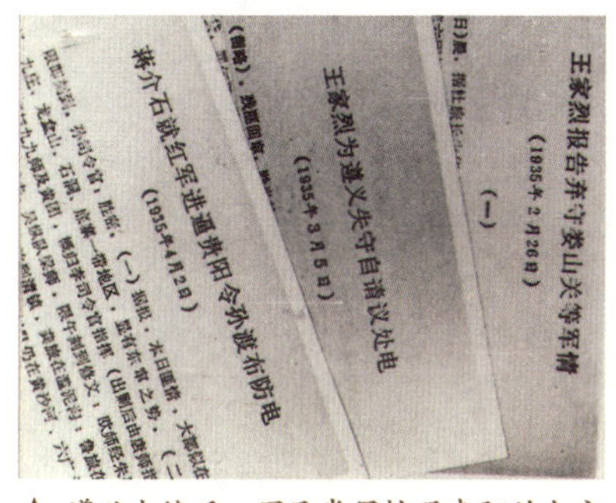
王家烈报告弃守娄山关等军情

（1935年2月26日）

（一）

王家烈为遵义失守自请议处电

（1935年3月5日）

蒋介石诋红军进逼贵阳令孙渡布防电

（1935年4月2日）

★ 遵义大捷后，国民党军惊恐丧胆的电文

红一、红三军团乘胜向遵义方向追击。至2月28日晨，红军重占遵义城，并控制了城南的红花岗、老鸦山一线高地。

红军二渡赤水后，五日之内，连攻桐梓、娄山关、遵义，击溃和歼灭敌人2个师又8个团，毙伤敌2400余人，俘敌3000余人，缴获大批军用物资。这是在毛泽东等领导指挥下，发挥红军运动战优势所取得的长征以来最大的一次胜利，极大鼓舞了全军的士气，狠狠打击了敌人的气焰。蒋介石承认这是“国军追击以来的奇耻大辱”。

★ 遵义战役老鸦山战斗遗址

（3）三渡赤水

红军在遵义西南地区的活动，使蒋介石产生错觉，认为红军“徘徊此地，乃系大方针未定之表现”，于是令各路人马不顾一切寻找红军决战。中央红军为了避免被动，再寻战机，于3月15日转兵西进。

16日，中革军委下达三渡赤水的命令。16日至17日，中央红军由茅台及其附近地区西渡赤水河，向古蔺、叙永方向前进。

★ 三渡赤水河渡口之一——茅台渡口

★ 茅台镇——红军三渡赤水的地方

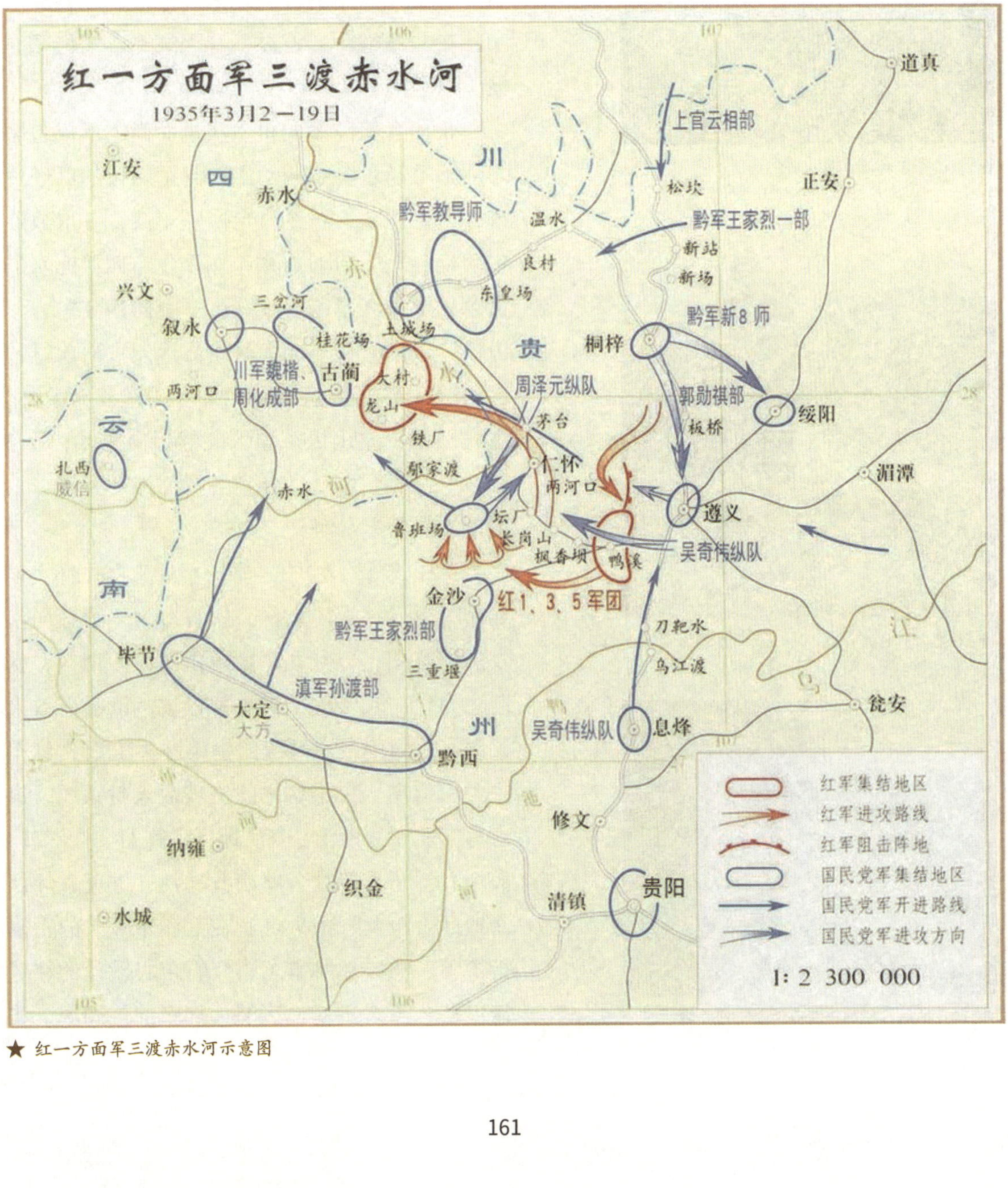

红一方面军三渡赤水河

1935年3月2—19日

红军集结地区
红军进攻路线
红军阻击阵地
国民党军集结地区
国民党军开进路线
国民党军进攻方向

1: 2 300 000

★ 红一方面军三渡赤水河示意图

★ 四渡赤水的渡口之一——九溪口

★ 四渡赤水的渡口之一——太平渡渡口

★ 红军南渡乌江的渡口之一——梯子岩渡口

（4）四渡赤水

中央红军再次出现在川南，蒋介石判断红军又要北渡长江，急忙调整部署，企图将红军聚歼于长江南岸的古蔺地区。他声称“剿匪成功，在此一举”，若再不歼灭红军，“何颜再立于斯世”。

正当各路敌军向川南疾进而尚未形成包围之际，毛泽东鉴于调动国民党军的目的已经达成，当机立断，毅然决定回师东渡，夺取战略主动权。3 月 20 日，中革军委发布四渡赤水的命令。中央红军以红一军团一个团伪装主力，由铁厂、两河口地区大张旗鼓地向古蔺前进，引诱国民党军西进，掩护红军主力东渡赤水河；主力则由镇龙山以东地区突然折向东北，于 3 月 21 日晚至 22 日，分别经二郎滩、九溪口、太平渡东渡赤水河。

3 月 26 日，中央红军进至遵义、仁怀大道北侧干溪、马鬃岭地区。次日，为了隐蔽向南发展的意图，以红九军团暂留马鬃岭地区，伪装主力，向长干山、枫香坝佯攻，以吸引敌人北向，主力则乘虚继续向南疾进。28 日，红军主力由鸭溪、白腊坎之间突破敌人封锁线，进入乌江北岸的沙土、安底地区。31 日，在江口、大塘、梯子岩等处分路南渡乌江，进至息烽西北地区。至此，中央红军在毛泽东等人的正确指挥下，巧妙地跳出了蒋介石苦心设计的在乌江以北、川黔边境地区消灭红军的包围圈，将

★ 四渡赤水纪念馆

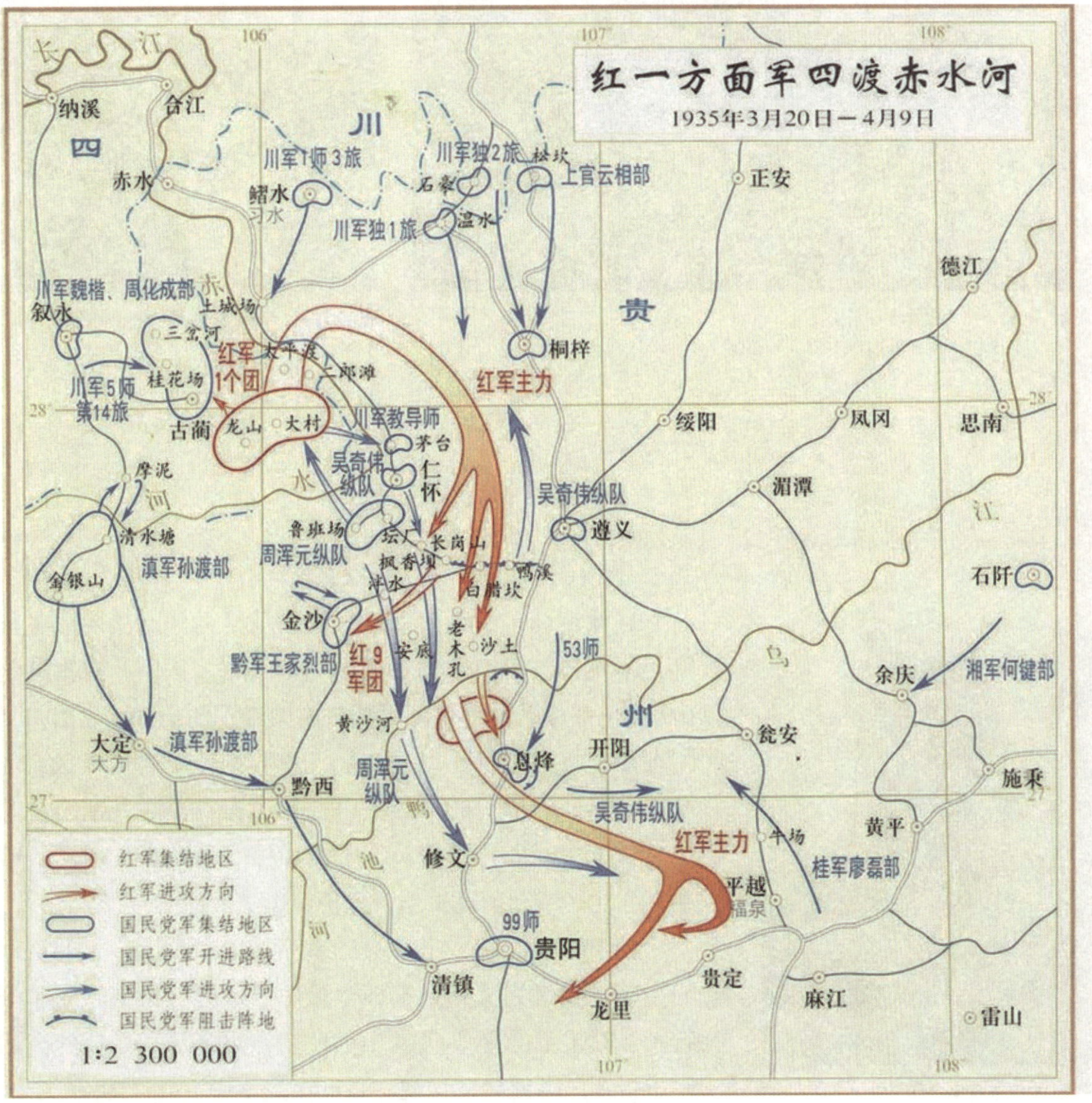

红一方面军四渡赤水河

1935年3月20日—4月9日

红军集结地区
红军进攻方向
国民党军集结地区
国民党军开进路线
国民党军进攻方向
国民党军阻击阵地
1∶2 300 000

★ 红一方面军四渡赤水河示意图

★ 油画：《四渡赤水出奇兵》
（申根源　梅肖青　孙向阳　王天任　作）

★ 红军长征四渡赤水时泸州太平渡毛泽东旧居

★ 红军四渡赤水纪念塔

几十万国民党军甩在了乌江以北地区。

在此期间，红九军团采取机动灵活的战略战术和各种有效措施，吸引和牵制了国民党中央军、川军、黔军共约6个师的兵力，有力保证了掩护主力红军的任务。之后，红九军团即按照中革军委的指示，转移到沙土附近地区，准备南渡乌江。但这时，敌人已控制了渡口，红九军团被阻于乌江北岸，即按照中革军委的命令，开始独立活动，留在乌江北岸牵制国民党军，掩护红军主力部队转移。

四渡赤水之战，是中央红军长征中以少胜多、变被动为主动的关键之战，是长征中最惊心动魄、最精彩的军事行动，是毛泽东军事生涯中的“得意之笔”，是他的高超军事指挥艺术的生动体现，是红军战争史上的奇迹。

4. 巧渡金沙江——跳出数十万敌军围追堵截的圈子，夺取战略转移中的主动权

中央红军南渡乌江后，于 1935 年 4 月初佯攻贵阳，分兵黔东，诱出滇军来援。毛泽东在部署时说："只要能将滇军调出来就是胜利。"

当时，在贵阳及其附近地区只有国民党军的郭思演部的第九十九师 4 个团，兵力很少。红军突然兵至贵阳，吓坏了在贵阳督战的蒋介石。他急令龙云的滇军昼夜兼程，火速增援贵阳，同时，令守城部队赶修城防工事和死守飞机场，并准备轿子、马匹和向导，准备随时逃跑。

★ 红军长征渡江纪念馆

★ 中央红军巧渡金沙江皎平渡口

★ 金沙江皎平渡口

当各路敌军纷纷向贵阳以东开进时，红军乘机向敌人兵力空虚的云南疾进。中革军委一方面派先锋团直逼昆明，迫使云南当局调兵回守昆明，另一方面率主力迅速北上到金沙江南岸。

金沙江是长江的上游，上接通天河，从海拔五六千米的昆仑山南麓、横断山脉东麓奔腾而下，一泻千里，水流湍急，难以徒涉。国民党军把船只掳往对岸，控制了对岸渡口。这是阻止中央红军北上的一大险关。

皎平渡位于四川会理县和云南元谋县交界的地方，是金沙江的重要渡口之一。5 月 2 日，红军总参谋长刘伯承率干部团一个营及工兵，以一昼夜行军 200 余里的速度，于第二天赶到皎平渡口。这是最先到达金沙江边的红军部队。

★ 中央红军巧渡金沙江渡江指挥部旧址

敌军没想到红军来得这么快。刘伯承率干部团等到达渡口时，渡口南岸还停着两只木船，他们决定以第三营一个连为先遣连，立即渡江。

过江后，刘伯承看到水流湍急，无法架桥，便在北岸山洞里设立渡河司令部，制定《渡河守则》。大部队到达后，立即开始渡江。毛泽东、周恩来、朱德、陈云等渡江后，都直接参加了渡江的指挥工作。

红军开始渡河仅靠原有的两只船，后来在船民张朝寿等人的帮助下，又找到四只大船，并联络川滇两岸船工，在 37 名船工的帮助下大大加快了渡江进度。

为掩护主力渡江，红五军团在军团长董振堂的指挥下，在皎平渡以西筑起一道铜墙铁壁，英勇阻击尾追之敌。从 5

★ 油画：《董振堂》（章仁缘　作）

月3日至9日，中央红军从皎平渡及洪门渡全部渡过金沙江。

在此前后，单独行动的红九军团，也于5月6日由会泽以西的树节、盐井坪地区渡过了金沙江，之后继续沿江活动，坚守金沙江西岸防线。随后北上，5月21日同红三军团在礼州会合，结束了历时近两个月的单独行军和作战。

5月11日，国民党军追到金沙江边，这时，红军早已进到会理地区集结休整，追敌只有望江兴叹，无可奈何。渡过金沙江后，黄镇等创作了名为《一只破草鞋》的活报剧，满怀激情地歌颂了红军强渡金沙江的胜利，辛辣地讽刺了敌人追击千里，只捡到红军丢下的一只破草鞋的狼狈相。红军战士看了活报剧，个个捧腹大笑。

从此，中央红军跳出了数十万敌人围追堵截的圈子，粉碎了蒋介石围歼红军于川、黔、滇边境的计划，实现了渡江北上的战略方针，夺取了战略转移中的主动权。这是红军长征中声东击西、避实击虚的一次精彩军事行动，是战略转移中具有决定意义的胜利。

★ 帮助红军过皎平渡划船的船工。左起：张朝满、李正芳、陈月清

★《巧渡金沙江》（沈尧伊　作）

★ 红军当年渡江所使用的船只

★ 水墨画：《群众支持红军——驾渡船》（郑超华　作）

5. 强渡大渡河 ——打开中央红军北进的通路

北渡金沙江后，中央红军在会理地区进行短期休整。随后，根据会理会议决定，红军决定继续北上，强渡大渡河，会合红四方面军。

大渡河是岷江最大的支流，河道陡峻，险滩密布，水流湍急，素称天险。当年太平天国翼王石达开在大渡河南岸渡口安顺场北渡未成，陷入清军重围而全军覆没。蒋介石飞抵昆明亲自部署大渡河的会战，命令大渡河沿线各地赶筑碉堡工事，并调集十余万兵力，在大渡河北岸重兵设防，企图凭借大渡河天险，使中央红军成为“石达开第二”。

红一军团一师一团冒着大雨经过70多公里的急行军，于1935年5月24日赶到安顺场，歼灭守敌两个连，缴获渡船一只，控制了渡口。5月25日，开始强渡大渡河。

★ 安顺场渡口全景

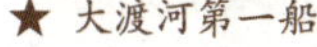

★ 大渡河第一船

★《战士报》报道强渡大渡河胜利的消息和17个英雄名单

安顺场渡口，河面有300多米宽，水深30米，河面漩涡无数，水性好的人也无法泅渡。水深流急，不易架设浮桥，只能船渡。船横渡时，要先牵引到上游1公里的渡口，放船后，还需要经验丰富的艄公掌舵，十余名船工同时撑篙摇橹，与急流形成合力，才能使船沿着一条斜线行驶到对岸。

上午7时，一营营长孙继先率领由17名勇士组成的渡河奋勇队，在团机枪连和军团炮兵营的火力掩护下，在船工的帮助下，冒着敌人密集的火力，分两批乘小船由安顺场驶向对岸。智勇双全的勇士们，经过激烈战斗，击溃守敌，终于控制了对岸渡口，巩固了滩头阵地，从而在插翅难飞的天险大渡河防线上，打开了一个缺口。

★ 红军强渡大渡河时的指挥所

★ 红军强渡大渡河安顺场渡口

★ 油画：《大渡河船》（沈尧伊　作）

★ 油画：《大渡河十七勇士》（沈尧伊　作）

画中人物：中国工农红军第一军团第一师第一团第二连连长熊尚林，第二排排长罗会明，第三班班长刘长发，副班长张表克，战士张桂成、萧汉尧、王华亭、廖洪山、赖秋发、曾先吉，第四班班长郭世苍，副班长张成球，战士萧桂兰、朱祥云、谢良鸣、丁流民、陈万清。[1]

★ 1936 年 9 月，美国记者埃德加·斯诺（左三）在宁夏与强渡大渡河勇士合影

★ 当年帮助红军强渡大渡河的 5 名船工（从左至右：龚万才、帅仕高、张子云、魏崇德、郑守安）

[1]　一说大渡河十八勇士，包括营长孙继先。

6. 飞夺泸定桥——粉碎敌人妄图把红军变成“石达开第二”的美梦

红一团强渡大渡河成功，打开了中央红军北进的通路。但是，大渡河水流湍急，河面太宽，不能架桥，能找到的4只渡船，只有1只是好的，其余3只尚需修理。全军几万人如果只靠这几只小船来渡河，不知道要花费多少时间，而此时尾追之敌薛岳已过德昌，正向大渡河昼夜赶进，情况十分危急。

1935年5月26日，中革军委作出新的部署：红一师及干部团为右纵队，归聂荣臻、刘伯承指挥，循大渡河左岸；林彪率红一团军团部、红二师主力及红五军团为左纵队，循大渡河右岸，均向泸定桥疾进，协同袭取该桥。军委纵队及红三、红九军团随左纵队后跟进。

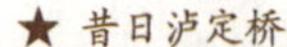

★ 昔日泸定桥

★ 红军飞夺泸定桥战前会址——泸定县泸桥镇西南沙坝村天主教堂

★ 今日泸定桥

泸定桥位于四川省泸定县，横跨于大渡河之上，扼川康要道。桥长 100 米，宽 2.8 米，由 13 根铁索组成，两边各 2 根做桥栏，底下 9 根做桥面，上面铺木板。人行于上，摇摇晃晃，险要异常。

5 月 29 日清晨，红一军团第二师第四团经过 160 多里的急行军，终于赶到泸定桥，并袭占了西桥头。泸定桥的东桥头与泸定城相连，在红军到达前，敌人已将铁索桥的木板拆除，只剩下 13 根铁链横在大渡河上，形势十分险恶。

当日中午，红二师四团在泸定县泸桥镇沙坝村天主教堂召开干部会议，研究夺取泸定桥，决定由二连挑选共产党员和积极分子共 22 人组成突击队，连长廖大珠任突击队长，三连担任第二梯队，在突击队后面负责铺桥板，以保证后续部队迅速攻占。

16 时，红四团发起夺桥战斗。彭加仑回忆当时的战斗场景：冲锋号音响了，机关枪声、迫击炮声、手榴弹声、口号声震动山谷，战士们的热血沸腾起来，战斗情绪也紧张到万分。廖连长领导的 22 个英雄，在团政委鼓动的口号声中，冒着浓密的弹雨，一手扶着铁栏，踏着铁索，冲锋

★ 油画：《飞夺泸定桥》（上海大学美院创作组　作）

★《飞夺泸定桥》（沈尧伊　作）

★ 中国工农红军强渡大渡河纪念碑

过去。刚到对岸桥头，敌人放起火来把桥头的亭子烧燃了。火焰冲天，无法过去，英雄们此时有些踌躇起来，徘徊不前了。团政委见此情况，高声大叫："同志们！这是胜利最后关头，拿出你们英勇的精神，冲过去，不怕火呀！迟疑不得呀！快冲呀！敌人垮了，你们是光荣的模范英雄！冲呀！杀呀！"

这一段鼓动词又把英雄们的勇气鼓起来了，他们不顾一切冲进火焰中去，衣服帽子烧了，眉毛头发也烧了：他们一切都不管，只是猛冲，一直冲入街上，和敌人进行长时期的巷战。敌人集合全力反攻，22 个英雄的子弹、手榴弹都打光了，形势是万分紧张，差不多几乎支持不住了。正在这样一个严重关头，团政委领导着援队来了。在这最后的决战中，终于将敌人完全打垮。烟鬼们屁滚尿流地四散逃命，泸定桥就这样胜利地占领了。

★ 泸定县红军飞夺泸定桥纪念碑

英雄的红军突击队勇往直前，胜利抢占泸定桥，迅速歼灭守桥之敌，并掩护后续部队占领泸定城，打开了中央红军北上的道路。这样，就使蒋介石的大渡河会战计划，以及企图使中央红军成为"石达开第二"的美梦彻底破灭。

★ 腊子口天险

7. 突破腊子口——为党中央和陕甘支队北上打开通道

中央红军占领泸定城后，即沿河南下，然后分路向东北方向的天全、芦山进发，以实现同红四方面军会合的部署。1935年6月，中央红军翻越人迹罕至的大雪山夹金山，在懋功地区同张国焘、徐向前领导的红四方面军会师。随后，红一方面军主力和红四方面军一部共同北上，通过渺无人烟的茫茫草地。在与张国焘分裂主义的斗争中，为避免事态升级恶化，中共中央决定率领红一方面军主力和军委纵队先行北上。1935年9月13日，红一方面军主力和军委纵队冒着风雪，从高吉、罗达地区出发，继续北上，向甘南腊子口前进。

腊子口位于甘肃迭部县境东北的岷山山口，是四川通往甘肃的重要隘口，素有天险之称。隘口两边是悬崖峭壁，只有30多米宽，中间是水深流急的腊子河，河上架有一座木桥，桥头筑有碉堡，这是进入腊子口的唯一通道。

夺取腊子口，是突破敌人封锁，进入甘南的关键性一仗。如果红军拿不下腊子口，就要被迫掉头南下，重走雪山草地；或改道西进，绕道青海，路途茫茫；或改道东进四川，取道汉中，进入国民党军重兵布好的口袋。

敌人在腊子口布置了两个营的兵力，从山口往里，直到岷县，纵深配置三个团的兵力，凭险据守，严密封锁红军北上的去路。

9 月 16 日，红一军第四团奉命迅速夺取腊子口。由于地形不利，红军正面进攻未能奏效。团长黄开湘、政委杨成武率领全团营、连干部，到前面察看地形后，发现敌人有两个弱点：一是敌人的炮楼没有顶盖，二是口子上敌人的兵力集中在正面，凭借沟口天险进行防御，两侧因为都是耸入云霄的高山，敌人设防薄弱，山顶上没有发现敌人。敌人石堡旁边有一面石壁，约七八十米高，几乎成仰角八九十度，十分陡峭，连猴子也难爬上去，因为太陡太险，敌人没有在此设防。如果能组织一支部队从这里迂回翻越上去，就能居高临下地用手榴弹轰击敌人的碉堡，配合正面进攻。可是这面绝壁怎么爬得上去呢？

这时，一位外号“云贵川”的苗族小战士毛遂自荐，说自己在家采药、打柴，经常爬大山、攀陡壁，眼下这个悬崖绝壁，只要用一根长竿子，绑上结实的钩子，钩住悬崖上的树根、崖缝、石嘴，一段一段往上爬，就能爬到山顶去。

★ 腊子口战役中的碉堡残迹

大家把希望寄托在这个苗族小战士的身上，决心做一次大胆的尝试。当晚，红军以两个连攀登悬崖陡壁，那个苗族小战士捷足先登爬了上去，将随身携带的长绳从上面放下来，后面的战士一个一个顺着长绳爬了上去。与此同时，担任正面强攻的第六连选出 20 名战士组成突击队，从正面展开猛烈进攻，以掩护迂回部队的行动。到 9 月 17 日凌晨 3 时，红军占领腊子口，攻破最后一道天险，打开北上通路，使蒋介石企图把红军困死、饿死在雪山草地的计划彻底破产。

★ 修复后的腊子口战役中的碉堡

★ 腊子口小桥——红军长征攻打腊子口时曾在此发生激烈战斗

★ 油画：《攻占腊子口》（陈守烈　作）

★ 腊子口战役纪念碑

占领天险腊子口，是长征途中少见的硬仗和出奇制胜的战斗，打出了红军的威风，显示了红军指战员智勇双全，一不怕苦、二不怕死的硬骨头精神，标志着蒋介石妄图围歼红军于川西南地区计划的破产。正如聂荣臻在回忆录中所说的："腊子口一战，北上的通道打开了。如果腊子口打不开，我军往南不好回，往北又出不去，无论军事上政治上，都会处于进退失据的境地。现在好了，腊子口一打开，全盘棋都走活了。"

8. 吴起镇战斗——切尾巴战斗

攻占腊子口后，红一方面军北进越过岷山，在占领哈达铺后，正式改编为陕甘支队。随后继续北上，翻越六盘山。1935 年 10 月 19 日，胜利到达陕甘根据地的吴起镇。

吴起镇，地处洛河两岸，七条大川汇聚之口，地势均向洛河倾斜，谷宽梁长。红军到这里时，这个号称城镇的地方，只有大约10户人家。

然而，中央红军在吴起镇落脚未稳，一场危机紧随而至。就在中央红军进入陕北之前，蒋介石电令宁夏马鸿宾部：“红军长途行军，疲惫不堪，企图进入陕北会合刘志丹，兹令你部骑兵前往堵截，相机包围，予以歼灭。”10月19日，中央红军刚到吴起镇，马鸿宾部5个骑兵团杀奔吴起镇，如同甩不掉的“尾巴”，对红军形成夹击之势。

10月20日，毛泽东主持召开团以上干部会议，他说：“我们打退追敌，不要把敌人带进根据地。”这句话成为红军的动员令。随即，10月21日，红军在吴起镇周边的山岭上和沟道里布下口袋战术，打响对追兵的战斗。彭德怀具体部署和指挥了这场战斗。他利用吴起镇一带有利地形，在塬上的深沟内设伏，经数小时激战，将敌击溃。接着，又乘胜击溃东北军另两个骑兵团，迫使敌追击部队停止“追剿”。

吴起镇战斗，击溃敌骑兵4个团，歼敌数百人，俘敌官兵200余人，缴获战马200匹。此战一举斩断了尾随陕甘支队进入陕甘根据地的“尾巴”。

★吴起镇中央红军长征胜利纪念碑

★ 国画：《吴起镇大捷》（袁鹏飞　作）

★ 油画：《直罗镇大捷》（及云辉　张澎　作）

9. 直罗镇战役——为中共中央把全国革命大本营放在西北举行的奠基礼

中共中央率陕甘支队胜利到达吴起镇后，于 1935 年 11 月初与红十五军团胜利会师，随后恢复红一方面军番号，红十五军团编入红一方面军序列。这对国民党是一个巨大威胁，蒋介石急调重兵“围剿”陕甘根据地，企图乘红军立足未稳，在洛水以西、葫芦河以北地区围歼中共中央机关和红一方面军。

根据敌军进展情况，毛泽东、彭德怀决定红一方面军主力集结等待时机，并把敌人先头部队第一〇九师引进直罗镇，以便歼敌于直罗镇地区。

直罗镇是一个不过百户人家的小镇，三面环山，一条小路穿镇而过。它的地形有如一个口袋，正是打伏击战的好战场。

1935 年 11 月 19 日下午，红一军团进至直罗镇东北地区集结，布设观察哨，直接观察敌人行动；红十五军团在张村驿、东村地区进行战前准备；红一方面军指挥所进至张村驿。

11 月 20 日晨，敌一〇九师在 4 架飞机掩护下，分三路沿葫芦河谷及南北山地向直罗镇推进，16 时进入直罗镇；敌军部率一〇六、一一一师进至黑水寺地区。

11 月 21 日至 24 日，红一方面军利用有利地形，围攻直罗镇之敌，击溃敌人增援部队。最终取得消灭敌一个师又一个团的重大胜利。毙敌 1000 余人，俘虏 5367 人。被俘官兵有些经过教育被释放回去后，对红军以后同东北军建立抗日民族统一战线起了积极作用。

直罗镇战役的胜利，打破了国民党军对陕甘苏区的第三次“围剿”，巩固了陕甘根据地，为中共中央把全国革命大本营放在西北的任务，举行了一个“奠基礼”。

★ 直罗战役烈士纪念碑

★ 红十五军团庆祝直罗镇战役胜利大会一角

★ 参加直罗镇战役的红军机枪连及缴获的武器

（二）红二方面军重要战役战斗

红二方面军在长征中历经大小战役战斗 120 余次，其中重要的战役战斗有乌蒙山回旋战、普渡河与六甲战斗、岷洮西固战役、甘南战役等。

1. 乌蒙山回旋战——绝境中闯出生路的经典战例

1935 年 11 月 19 日，红二、红六军团离开湘鄂川黔根据地开始长征。部队南下湘中，进军黔西，于 1936 年 2 月占领黔西、大定、毕节地区，创建了长征途中的一块根据地。然而，敌人再次逼近，企图将红二、红六军团包围并消灭于黔大毕地区。几次交战后，军分会分析形势，决定主动退出毕节城，再一次做战略转移。

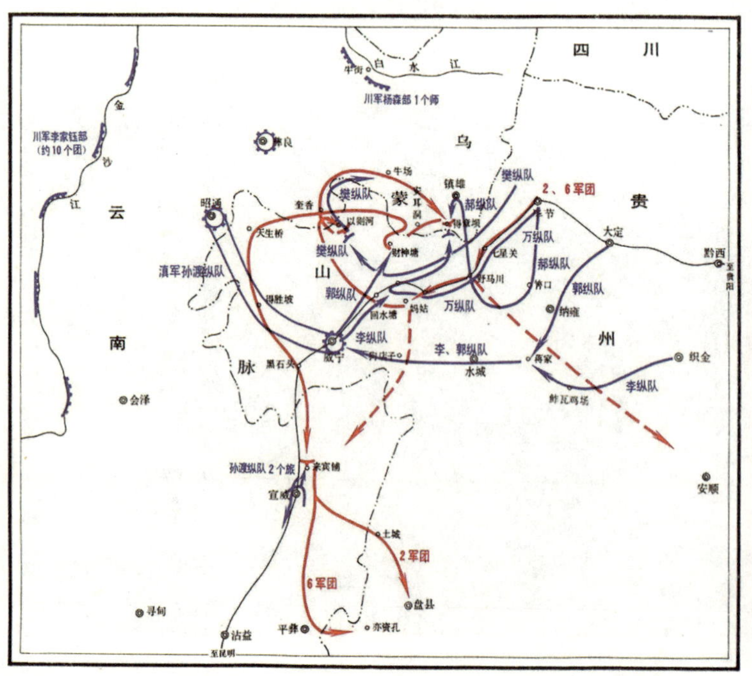

★ 乌蒙山回旋战示意图

1936年2月27日，红二、红六军团从毕节出发，西进向贵阳西南的安顺地区转移。但国民党军队已在通往安顺的道路上布下重兵，红二、红六军团遂放弃去安顺的计划，改向乌蒙山北麓的镇雄、彝良、盐津方向前进。

乌蒙山位于贵州西北和云南东北部地区，海拔2300多米，这里群山连绵，谷深山陡，道路崎岖，气候复杂，常常浓雾迷漫，难见天日。红军指战员忍着饥寒，踏着尚未融化的积雪，绕行在崎岖的山路上，与国民党军追击部队兜圈子，展开回旋战。

乌蒙山回旋战从3月2日至29日历时近1个月。红军采取声东击西的战术，在大踏步的运动战中调动敌人，使敌人疲惫。

★ 乌蒙山

★ 油画：《回旋乌蒙》（沈尧伊 作）

3月6日，红二军团进至彝良县奎香镇的寸田坝和坪地一带；7日，红六军团第十六师进至板底，军团部和红十七师进驻奎香镇。红军突至滇境，使龙云十分惊慌，忙致电顾祝同："现有共匪西窜入滇将成事实，可否请派飞机一队，克日到滇补助协剿"，急迫之情难以掩饰。蒋介石命万耀煌、樊崧甫、郝梦龄各纵队立即转向西北进行堵截，川军第一二三师也南进至川滇边境白水江畔的牛街进行防堵。由于红军的行动打乱了国民党军原有部署，只有樊崧甫纵队的第二十八师紧追红军。

面对这一情况，贺龙等决定，杀个回马枪打击樊崧甫纵队，打掉敌人的嚣张气焰，保障主力行动安全。3月8日，红军在以则河设伏，歼灭国民党军前卫部队。之后，红军迅速回返，二进奎香，而后向北经乌沙寨、放马坝以东前进，直奔滇东北的镇雄，到达牛场后转入深山老林，沿着山间小径日夜兼程向东南方向绕行，准备从镇雄以南寻机前往安顺。

以则河伏击之后，红军在国民党军的追击堵截下，已在乌蒙山区绕了一个大圈。顾祝同认为，红军已走投无路。于是，下令所有部队全部东调，积极寻找红军主力决战，企图将红二、红六军团消灭于镇雄西南的万山丛中。但红二、红六军团出其不意，于3月9、10日两日连续突破敌分水岭、广德关防线，顺利通过镇雄西南的大山，打开了前往镇雄的道路。

★《贺龙在研究作战方案》（沈尧伊　作）

11日，红二军团第四师进抵离镇雄县城30里的以萨沟；先头第十二团进至坝柳（今巴溜）。此时，郝梦龄纵队第四十七、第五十四师和万耀煌纵队的第九十九师从红军前进方向的右侧已先期到达镇雄县城，万耀煌本人率领后梯队第十三师正经哲庄坝向镇雄前进。

★ 哲庄坝战斗遗址

红二、红六军团进至坝柳后，从俘虏口中得知万耀煌纵队的第十三师正向哲庄坝开进。贺龙等决定，在哲庄坝一带设伏，消灭敌第十三师，打开南进之路。

当日午后，敌第十三师进入红军伏

击阵地。红军严阵以待，向敌人猛烈进攻，经过一个多小时的战斗，红军消灭敌人近 300 人，缴获轻重机关枪 7 挺，几乎将万耀煌活捉。这时，敌第九十九师赶到。战斗继续下去，对红军不利，贺龙遂下令撤出战斗。

哲庄坝战斗后，红二、红六军团仍处于敌军四面包围之中，从哲庄坝南进的道路也没有打通，部队只能于当晚向西转移。3 月 13 日，红军在安耳洞一带方圆 30 里的狭窄地域，被国民党军 5 个纵队包围。这一带属于乌蒙山深处，人迹罕至，悬崖峭壁如刀切斧削一般，行军十分困难。上万的大部队被压缩在这一狭小地区内，吃饭、饮水均是大问题。半个多月来，红军在乌蒙山不断行军作战，风餐露宿，体力消耗接近极限，部队机动能力大受影响，情况十分危急。

危境中，军委分会决定，从南面实行秘密突围，向滇东北进军。部队上下紧急动员，果断抛弃一切可以丢弃的

★ 红二、红六军团哲庄坝战斗指挥部旧址

辎重，同时规定：行动中不准点火，不准喧叫，马蹄裹布，不准发出声音，一切以迅速摆脱敌人为先。

3 月 16 日凌晨，红军突破樊崧甫部与郭汝栋部结合部间隙，甩开敌军，向西北疾进，第三次进入奎香。17 日，红军乘势南进，越过孙渡纵队在昭通、威宁之间的防线后兼程南下。至此，红二、红六军团终于跳出国民党 10 多万大军的包围圈，从绝境中闯出了生路。3 月 22 日，部队到达云南宣威县东北的来宾铺、徐屯地区。

★ 哲庄坝红军战斗遗址纪念碑

到达滇东后，红二、红六军团得到侦察员报告：滇军第一旅将于明日扑来，企图阻止红军南下。贺龙、任弼时、关向应等商议后决定：在来宾铺迎击该旅，杀杀滇军气焰。3 月 23 日，当红军进至宣威以北的来宾铺时，踞守在城内和集结在滇黔边一线的敌军约 6 个团的兵力抢先占领了来宾铺南面的虎头山。

虎头山因山形酷似虎头而得名，位于来宾铺与宣威县城之间，与紫灰山相连，恰似一道天然屏障，控制着来宾铺至宣威的通道。滇军刘正富旅依托虎头山的有利地势和精良的装备，构筑防御工事，以逸待劳。上午 9 时，刘正富一部向红十七师驻地高家村发起进攻，另一部沿来宾铺大道推进，袭扰红军主阵地。红十七师四十九团不顾连日行军劳累，发起猛烈反击，红五十二团也从侧翼进攻。敌军遭迎头痛击，纷纷向后溃退，当即被红军俘虏 100 余名，余敌逃回虎头山。敌保安团和个旧独立营进至东山脚的朱街子沟时，遭到红四师第十团的反击，溃退至宣威县城内。

红二、红六军团领导当即决定趁势向敌主阵地发起攻击，扩大战果。上午10时许，红六军团向虎头山发起攻击，红二军团四师和五师十三团向紫灰山发起攻击。午后，驻守在威宁的滇军孙渡纵队鲁道源第五旅和龚顺璧第七旅赶到宣威，从虎头山左右两侧增援刘正富旅，纵队司令孙渡也赶到虎头山督战。敌军发起反攻，妄图一举消灭红军。红军不畏强敌，英勇奋战，给敌人以很大杀伤。为了保存实力，军团领导决定趁夜主动撤出战斗。晚9时，红军突然发起猛攻，迫敌退入战壕。红军趁着月色，向安全地带转移。

虎头山战斗是红二、红六军团入滇后的第一次大规模战斗，敌我双方投入兵力都在万人以上。该役毙伤敌400余人，俘敌400多人，缴获枪支300余支，红军也付出很大的代价，红四师十二团团长钟子廷、十一团政委黄文榜、红十师五十团政委段兴寿等400多名红军指战员牺牲。面对数倍于我的敌人，红军英勇顽强，予敌以重大杀伤。这使红二、红六军团声威大震，滇军气焰受到沉重打击。

虎头山战斗后，红二、红六军团兵分两路，于3月28日、29日先后进占黔西南的盘县、亦资孔地区。至此，乌蒙山回旋战宣告结束。

乌蒙山回旋战是红二、红六军团长征中一次成功的战例。红二、红六军团在乌蒙山区艰苦卓绝的回旋战斗历时近1个月，转战1500余里。在恶劣的地理环境和气候条件下，面对敌人的重重包围，红军采取声东击西的战术，广大指战员经受了体力和意志的严峻考验，多次打破敌人妄图歼灭红军于滇黔边境的计划，终于突出重围，赢得了新的希望和生机。乌蒙回旋战也被称为贺龙在长征中指挥作战的神来之笔。1936年红军三大主力会师时，毛泽东曾赞叹地说："二、六军团在乌蒙山打转转，不要说敌人，连我们也被你们转昏了头。硬是转出来了嘛！出贵州、过乌江，我们一方面军付出了大代价，二、六军团讨了个巧，就没有吃亏。"这是毛泽东对乌蒙山回旋战胜利的高度评价。

★ 昔日红二、红六军团阵亡将士在云南虎头山的烈士墓

★ 今日虎头山红军烈士墓

2. 普渡河与六甲战斗——为北渡金沙江创造了条件

经乌蒙山回旋战后，红军分两路向东转移，相继进入贵州盘县、亦资孔等地。1936年3月30日，在收到红军总司令朱德、总政委张国焘希望红二、红六军团北上会师的电报后，红二、红六军团决定配合全国的抗日反蒋斗争，北上与主力会合。

3月31日，红二、红六军团撤出盘县、亦资孔，向滇中大踏步前进。4月6日，红二军团攻占寻甸；8日，红二军团先头部队四师抢占普渡河铁索桥，红六军团则经马龙、

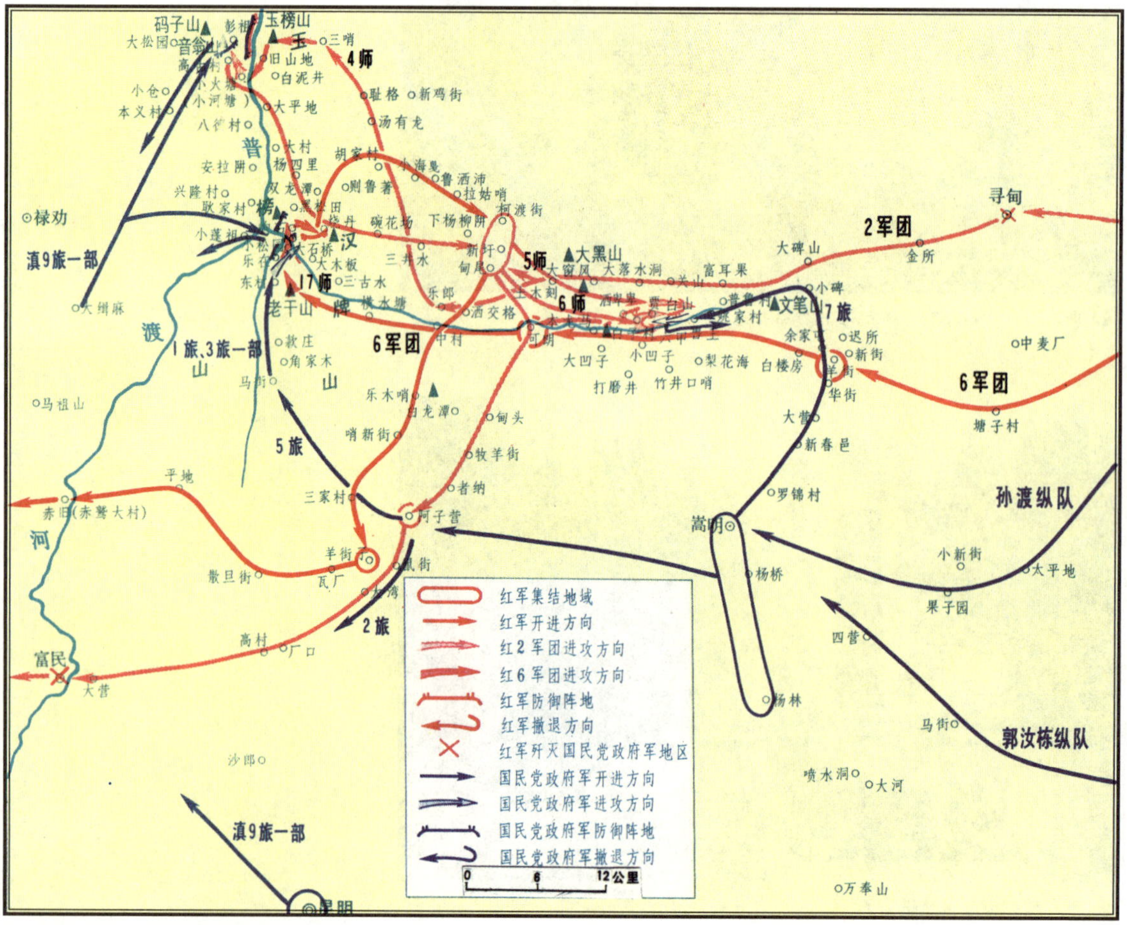

★ 普渡河与六甲战斗示意图

羊街、可郎，向普渡河前进。

红二、红六军团突然疾进滇中，蒋介石觉察出红军的意图是北渡金沙江，急令3个纵队入滇“追剿”。

4月8日，红四师经过激战，主力渡过普渡河，准备对龟缩于普渡河西岸音翁山之敌发起总攻。此时，红六军团第十七师在小松园与增援普渡河的滇军遭遇，双方激战4个小时后，敌人增援部队陆续赶来，红军有被分割在普渡河两岸的危险。贺龙、任弼时等军团领导撤回已经渡过普渡河的红四师，决定停止渡河，争取转移普渡河上游过河，然后挺进滇西，抢渡金沙江。

★ 普渡河铁索桥旧影
普渡河峡谷把从滇池到金沙江的整个滇北一分为二，普渡河铁索桥是此地连通东西交通的唯一通道，自然也是红军长征的必经之地。

普渡河铁索桥战斗是红二、红六军团过云南期间，继宣威虎头山战斗后进行的又一次激烈的攻坚战。在普渡河战斗中，包括第四师政治部主任萧令彬在内，红军共牺牲79人。

红二、红六军团在普渡河转兵后，滇军第七旅一直衔尾追赶。为了掩护部队安全西进，贺龙总指挥命令红二军

★ 普渡河铁索桥

★ 六甲之战纪念碑

团第六师原路返回，在六甲阻击追敌。

六甲地势险要，森林茂密，利于打伏击。4月9日上午，红六师第十八团在六甲石腊它与滇军龚顺璧旅前卫营遭遇。敌人没料到红军会调头返回，毫无戒备，红十八团前卫营先敌开火，接着红六师主力赶来，迅速抢占了可郎河两侧制高点，掌握了战斗的主动权。敌人遭到红军突然袭击，一次次进行疯狂的反扑，企图强夺制高点。红军沉着应战，几次击溃了敌人的反扑。下午4时，贺龙派红五师赶来增援，在敌侧后发起攻击，红六师迅速组织反攻。红军前后夹击，重创滇军第五团，余敌仓皇逃命。

六甲战斗是红二、红六军团长征期间较为激烈、关系全局的一次阻击战。红军歼敌700余名，给滇军重重一击，使其不敢继续追逼。但红六师也付出了巨大代价，全师共牺牲220余人，师长郭鹏负伤。特别是率先投入战斗的红十八团，伤亡惨重：团政委杨秀山、参谋长陈刚负伤，3个营长伤亡2人，9名连长伤亡9人。但是，局部的牺牲，换来了全局的主动。红六师以英勇的战斗，为全军赢得了调整部署必需的时间。贺龙动情地表扬他们说："你们这一仗打得苦啊，打得好啊！没有这场战斗，全军就不可能安全西进。"

六甲战斗后，军分会根据敌人各路纵队尾追的形势和敌人在元谋、龙街一带的兵力部署，决定放弃原定在那里渡江的计划，改由丽江、石鼓一带渡口渡江。于是全军佯攻昆明，实则向西挺进，于4月12日渡过普渡河进入了滇西，为北渡金沙江创造了有利条件。

3. 岷洮西固战役——红二、红四方面军走出草地后，进入甘南地区第一次大规模的作战行动

红二、红六军团过普渡河后，开动“铁脚板”，日夜兼程到达丽江石鼓渡口。并在 1936 年 4 月 25 日至 28 日短短四天内，全军渡过金沙江天险。随后沿江东岸往北走，翻越玉龙雪山，顺利通过中甸藏族区，于 7 月与红四方面军在甘孜会师。

两军会师后，红二、红六军团以及红三十二军组成红二方面军。在克服张国焘分裂主义错误后，红二方面军与红四方面军于 7 月上旬分三路纵队共同北上。北上首先要跨越茫茫草地。红二方面军是第一次过草地，短期筹粮后于 7 月 30 日至 8 月初相继进入大草地，历经各种艰辛，8 月 8 日通过草地到达包座。

蒋介石的重庆行营得知红二、红四方面军由松潘草地北上后，向川、康、甘、青 4 省各部队发布命令，要其凭

★ 四川若尔盖县求吉寺的西北局会议会址遗址

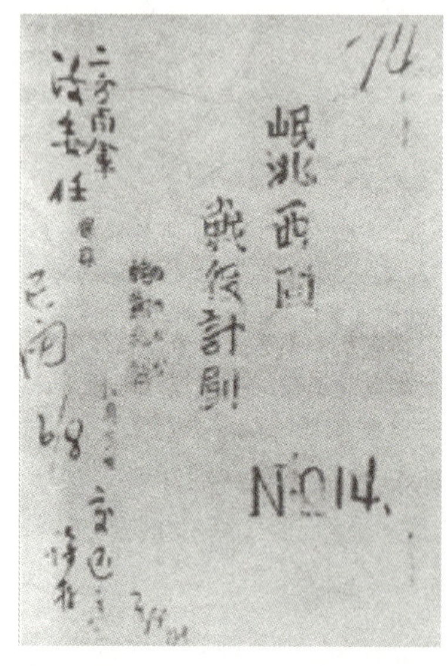
岷洮西固
战役计划
N.014.

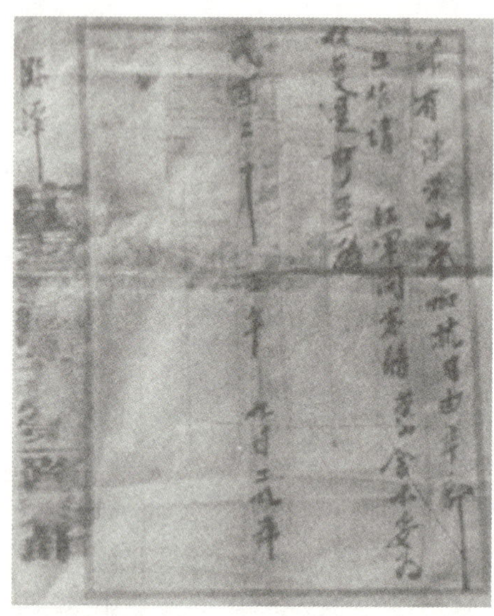

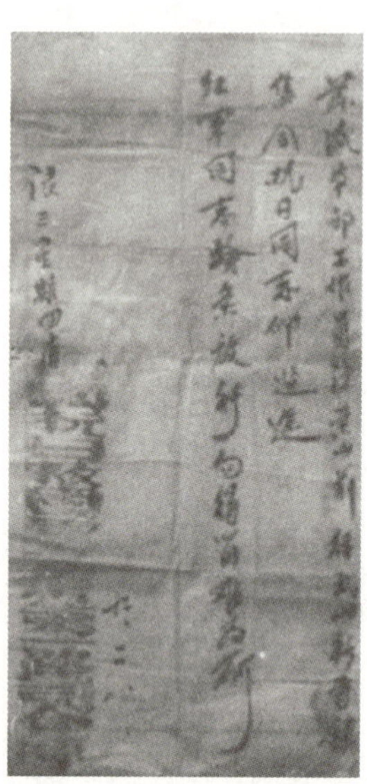

★ 红二方面军政治委员任弼时保存的《岷洮西固战役计划》

借天险及原有碉堡线，采取攻势防御，将红二、红四方面军封锁在草地内，阻止红军三大主力会师。

★ 二郎山革命烈士纪念碑

根据红二、红四方面军走出草地后的敌我形势和中共中央关于速出甘南、抢占腊子口、攻占岷县的指示，1936年8月5日，中共中央西北局在求吉寺召开会议，决定红二、红四方面军共同组织岷（州）、洮（州）、西（固）战役。同日发布《岷洮西固战役计划》，将红二、红四方面军分成三个纵队，先后由包座地区向甘南前进。

红四方面军为第一、第二纵队。8月5日，徐向前、陈昌浩率第一纵队由包座出发，向甘南挺进。8月9日，红四方面军八十八师抢占腊子口天险。8月10日，红八十九师攻占哈达铺等地，歼敌千余人，随即准备攻打岷县。

8月10日深夜，红三十军扫除岷县城外据点，向二郎山国民党守军发起猛攻，11日开始攻城。但因城防严密，

易守难攻，加上红军刚走出草地，体力尚未恢复，且武器装备低劣、弹药不足，因此，直至8月底，红军也未能攻克岷县县城，但毙伤鲁大昌部3000余人，迫使其困守孤城。

在第一纵队围攻岷县的同时，红军第二纵队展开了向洮州的进攻。红十师在妇女独立团配合下，于8月20日迅速攻占洮州旧城。

8月19日，红四方面军攻占漳县县城。8月26日，红四方面军第三十军八十九师攻克渭源城。9月7日，红四方面军第三十一军九十三师攻占通渭县城。

红二方面军为第三纵队，担任策应第一、第二纵队任务。8月中旬，红二方面军在贺龙、萧克、关向应的率领下，由包座出发北进，9月1日到达哈达铺。随后由红六军团攻打礼县。

攻城未克后部队撤至祁家窑一带休整，向成（县）、徽（县）、两（当）、康（县）地区发展。

岷洮西固战役从8月5日开始，至9月7日结束，历时34天，是红二、红四方面军走出草地后，进入甘南地区第一次大规模的作战行动。红军先后进占漳县、临潭、渭源、通渭四座县城及岷县、陇西、临洮、武山等县的广大地区，歼敌7000余人，有力地打击了敌人阻止红二、红四方面军北进的计划，为红军立足甘南和三大主力红军会师创造了条件。

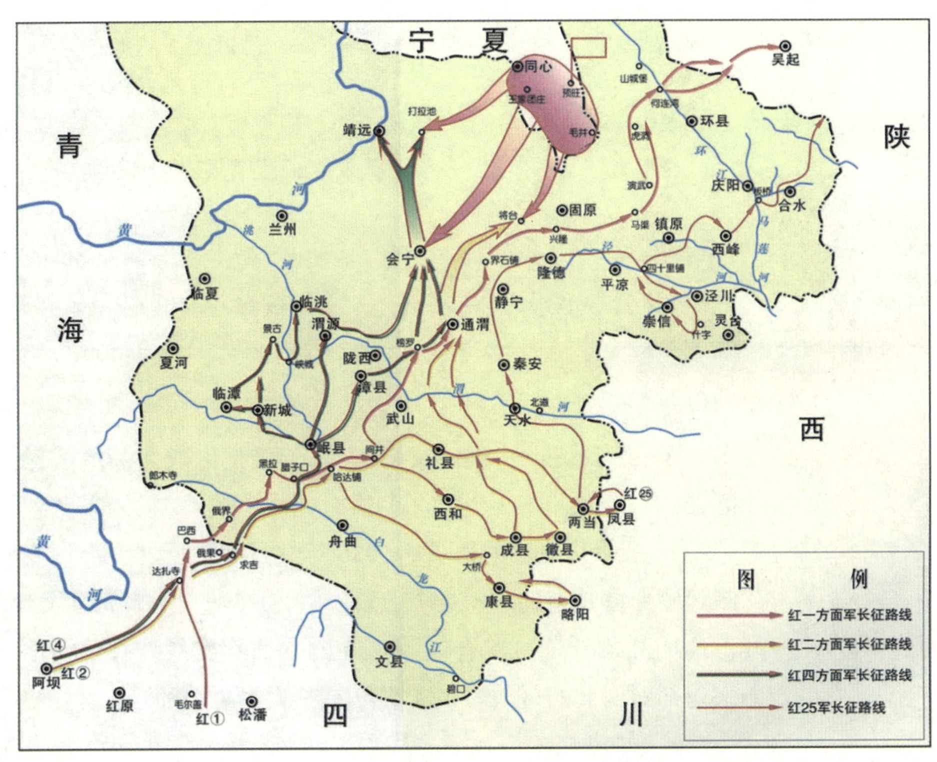

★ 红军过甘肃路线示意图

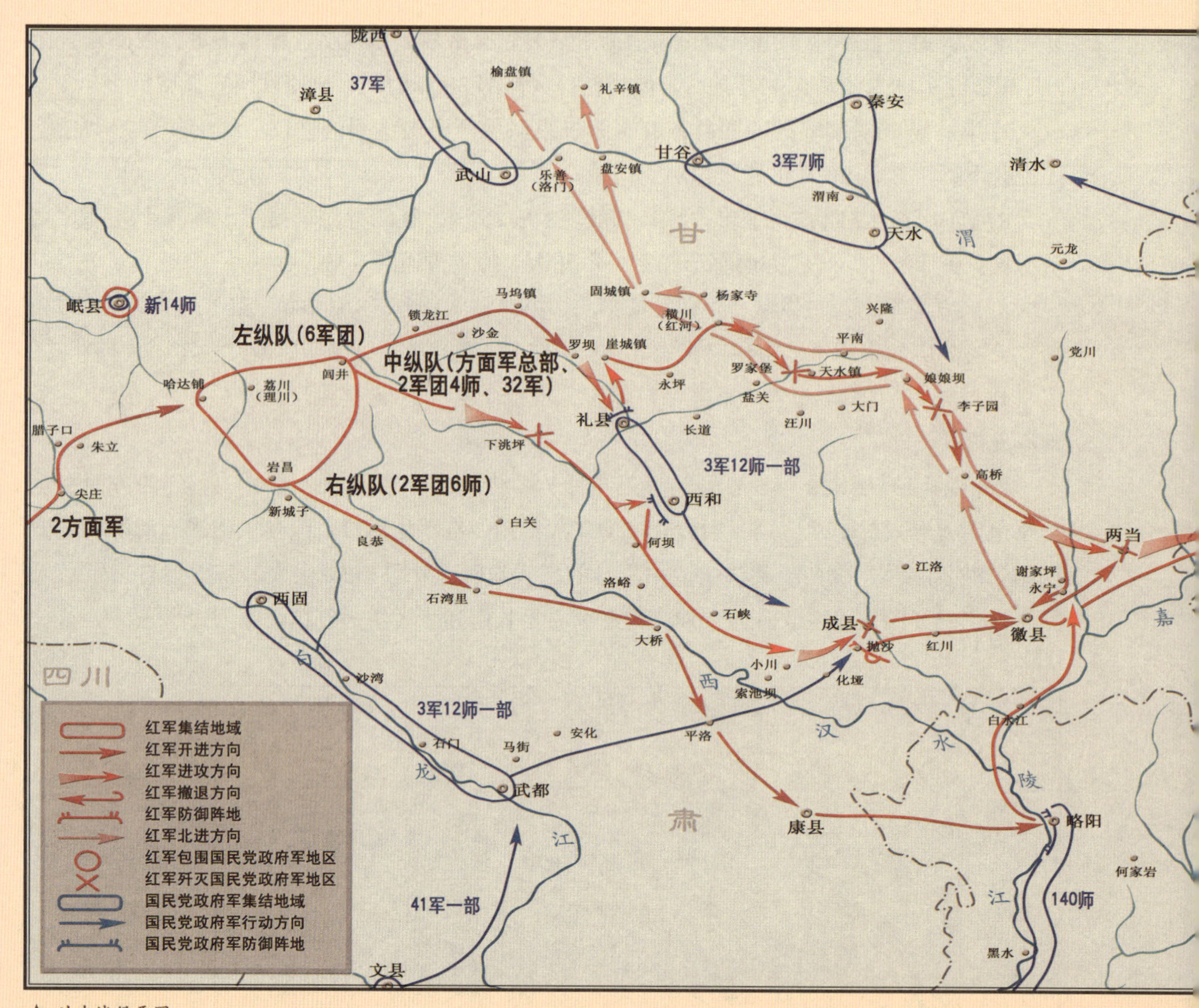

★ 甘南战役要图

4. 甘南战役——使成、徽、两、康地区成为新的战略区域

根据中共中央的部署，1936 年 9 月 7 日，红二方面军制定了夺取甘南的成（县）、徽（县）、两（当）、康（县）等地的战役计划，配合红一、红四方面军作战，并迟滞胡宗南部对西北的进攻，以实现红军三大主力会师。

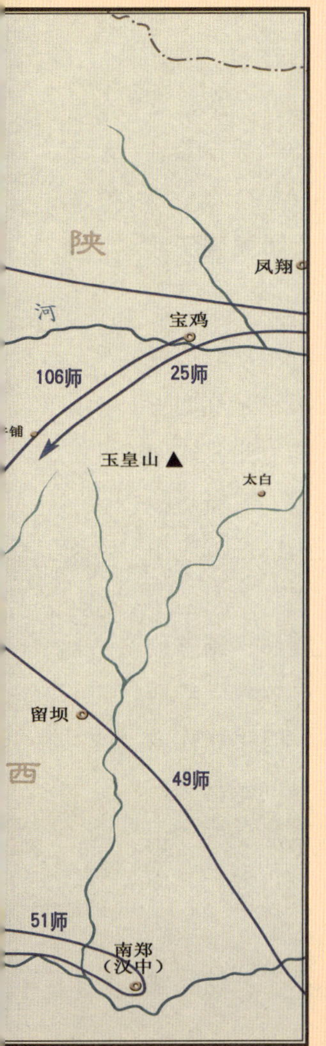

★ 红六军团攻克两当后的政治部旧址

9月11、12日，红二方面军兵分左、中、右三路纵队分路出动。从9月11日至20日，胜利攻占成县、徽县、两当、康县四座县城，并占领陕西略阳、凤县的部分地区，圆满完成战役计划。

战役结束后，为了执行中共中央关于在这一地区建立临时革命根据地的指示，红二方面军一方面以部分兵力继续围攻凤县、略阳，另一方面抽出大批力量开展群众工作，积极帮助建立革命政权，领导群众开展革命斗争，获得了当地百姓的热烈拥护。

9月下旬，国民党军王钧部发起反扑，东北军第一〇六师等也纷纷逼近，企图围歼红二方面军于陇南地区。10月4日，红二方面军经中央军委同意，放弃成、徽、两、康地区，开始渡渭水向北转移。

甘南战役使成、徽、两、康地区成为中国共产党同国民党反动派斗争的新的战略区域，形成了与陕甘宁根据地和红一、红四方面军在西北地区互相呼应的有利局面。

（三）红四方面军重要战役战斗

红四方面军在长征中共进行大小战役战斗 80 余次，重要的有嘉陵江战役、土门战役、包座战役、百丈关战役等。

1. 嘉陵江战役——红四方面军第一次大兵团强渡江河战役，开始长征

中央红军长征后，一直积极寻求与红四方面军取得联系。1935 年 1 月 22 日，中央政治局、中革军委指示红四方面军：西渡嘉陵江，策应中央红军渡江北进。为此，红四方面军发起陕南战役，吸引敌军增兵川陕边境，减弱嘉陵江沿岸江防力量。随后回师川北，准备渡江西进，策应中央红军入川。

然而，因中央红军取得再战遵义的重大胜利，调整创建新根据地的计划，2 月 16 日，中革军委来电解除了红四方面军西渡嘉陵江配合中央红军北上的任务。但正如徐向前所说："红四方面军因受 1 月 22 日作战方针的牵动，已若箭在弦上，非进不可。"于是红四方面军总部决定，仍以强渡嘉陵江，实现原定的川陕甘计划为主要目标，并密切注视中央红军的转战动向，伺机进行策应。

1935 年 3 月 28 日至 4 月 21 日，红四方面军发动强渡嘉陵江战役。

★ 渡江战役总指挥徐向前

★ 位于苍溪县的红四方面军指挥部谭家大院旧址

陕
西
四
川
1师
4050
3231
大草堂
平武
青川
（青溪镇）
89师
川28军（18）团
广元
昭化
预备队
川28军（3）团
31军
剑门关
9、30军（欠89师）
88师
剑阁
青林口
31军
30、9军一部
川28军（1）旅
江油
北川
4军一部
彰明
川29军（25）团
苍溪
塔子山
4军
31军
4军
30军
9军
梓潼
预备队
川29军（7）团
阆中
9、4军各一部
川28军（10）团
川28军（3）旅
川28军军部
绵阳
南部
仪陇
三台
川29军余部
盐亭
射洪
西充
南充
蓬安
红军集结地域
红军开进方向
红军第一阶段进攻方向
红军第二阶段进攻方向
红军阻击阵地
红军包围国民党政府军地区
红军歼灭国民党政府军地区
国民党政府军集结地域
国民党政府军第一阶段增援方向
国民党政府军第二阶段增援方向
国民党政府军撤退方向
国民党政府军防御阵地
1：1390000

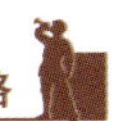

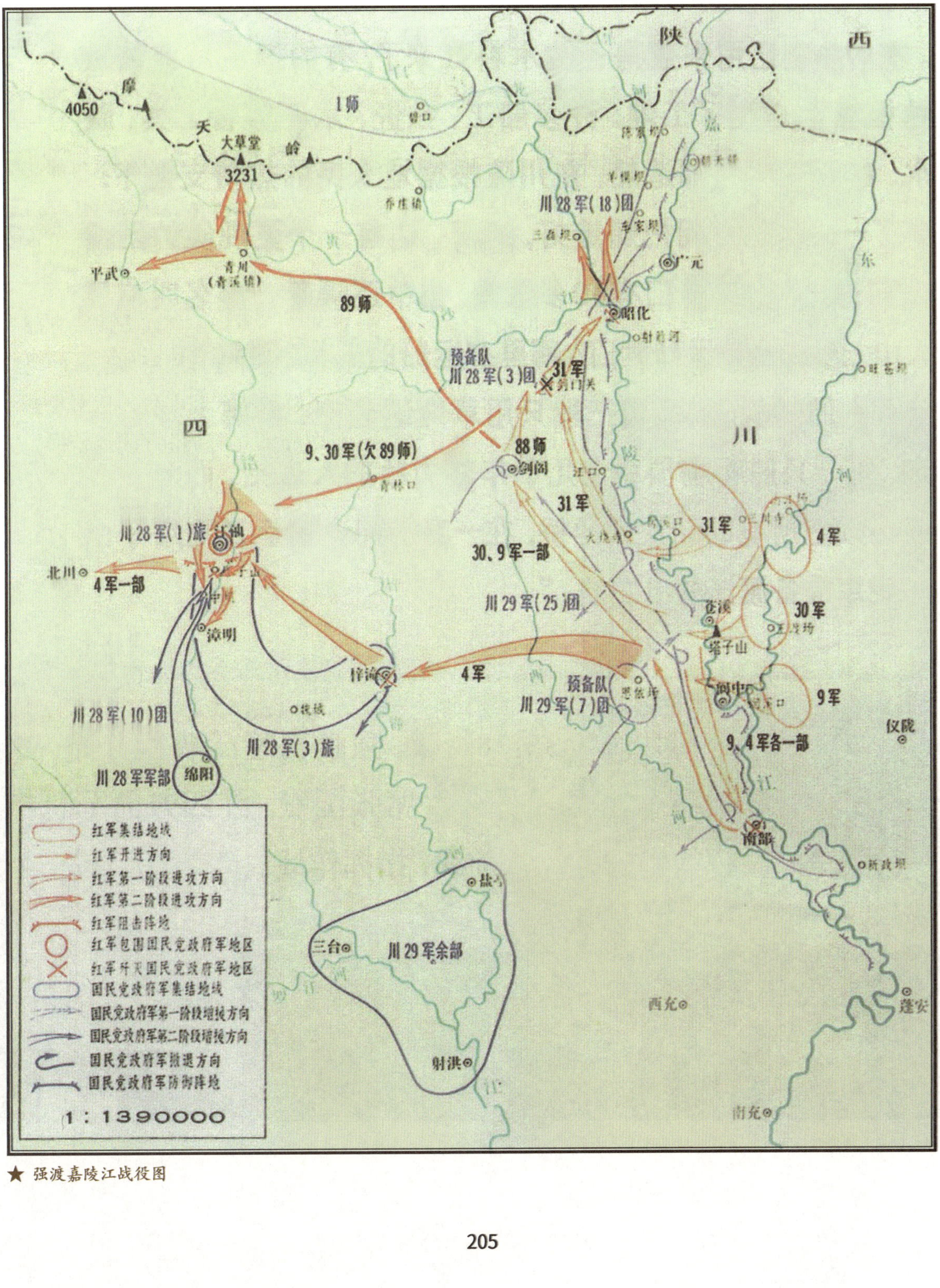

★ 强渡嘉陵江战役图

嘉陵江为巴蜀四大名川之一。两岸山峦耸立，水面宽阔坦荡，难以徒涉，易守难攻，堪称天堑。当时，嘉陵江西岸北起广元、南至南部一线，由邓锡侯、田颂尧两部共52个团重兵把守，邓锡侯统一指挥。川军各部都沿江修筑了坚固的江防工事，提前控制了江中所有船只，渡江困难重重。

为准备渡江战役，1935年二三月间，红四方面军总部和各渡江部队对敌情、道路、地形等进行周密侦察，并通过起义投诚的敌军士兵详细了解敌军江防部署，从而基本掌握了嘉陵江西岸敌军情况，为战役进行提供了重要依据。

★ 长江支流嘉陵江在广元苍溪县城外东南2公里的地方拐了一个大弯，左岸就是著名的“红军渡”

★ 阆中市垭口乡的红军强渡嘉陵江涧溪口渡口新旧照片对比

★ 阆中沙溪场渡口新旧照片对比

★ 红军强渡嘉陵江渡口之一——阆中南津关渡口旧址

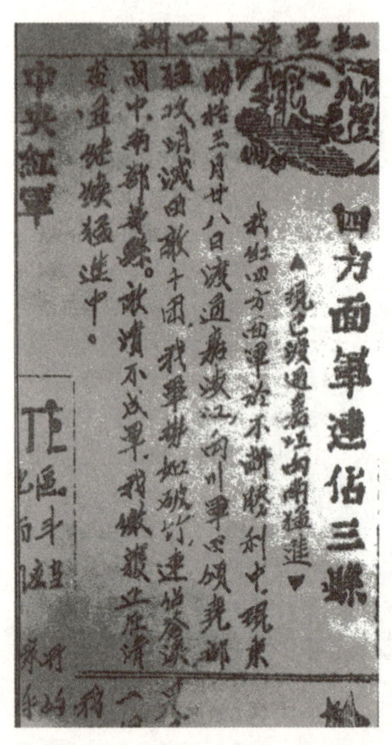

紅星第十四期

四方面軍連佔三縣

▲現已渡過嘉陵江向南猛進▼

我紅四方面軍於不斷勝利中，現集……勝於三月廿八日渡過嘉陵江，向川軍田頌堯部猛攻，消滅田敵十團，我軍勢如破竹，連佔蒼溪、閬中、南部等縣。敵潰不成軍，我鐵騎正在清……並繼續猛進中。

中央紅軍

★《红星》报刊载的嘉陵江战役捷报

红四方面军总指挥徐向前翻山越岭，多方勘察合适的渡江地点。杜义德回忆说：“徐帅在战前的侦察部署非常周密，他不放过任何细节，确保部队万无一失。”

起初将主渡点选在阆中以北，并派一个班偷渡过江，结果被敌发现，仅剩一名会泅水的战士回来，最终才选定苍溪南和阆中之间的塔子山作为强渡嘉陵江的突破口。这一段江面虽宽，正面宽约 30 公里，却是敌整个江防的薄弱部位，仅部署了 3 个团，一线地区只有 4 个营，且装备较差。战后，连敌人也不得不承认：“共军竟乘虚进攻，真可谓善于选择弱点。”

1935 年 3 月 28 日夜，强渡嘉陵江战役开始。

担任主攻的第三十军先头部队，由副军长程世才、师长熊厚发率领。第八十八师第二六三团两个营的战士分乘 50 多只小船，以神速的动作，直驶对岸。

强渡嘉陵江有多个渡口。主要渡口除塔子山外，还有阆中城北 8 公里处的涧溪口，以及苍溪城北 25 公里处的鸳溪口。除主渡口外，红军还选择了阆中境内的沙溪场、南津关、塔子山、河溪关、茄子渡等作为渡口。

嘉陵江西岸防线在数路红军猛攻下，开始全线崩溃。为了巩固阵地，扩大战果，红四方面军随即兵分三路，席卷沿江川军：

★ 剑门栈道

★ 剑门关

左路第九军一部在第四军配合下，经阆中南下，4月2日攻占南部县城。

中路第三十军及第九军另一部于3月31日攻占剑阁后，协同第三十一军进攻剑门关。

右路第三十一军迅速向剑门关推进。

1935年4月2日拂晓，红四方面军第九十三师、第八十八师及第九十一师一个团，分别进抵剑门关下，从东、西、南三面包围了剑门关。

剑门关位于距剑阁北35公里处的大剑山上，是大剑山的隘口，扼川陕大道，由南向北，只有一条羊肠古道逶迤其间，素有“鸟道天险”之称，李白曾有“剑阁峥嵘而崔嵬，一夫当关，万夫莫开”的诗句。

★ 剑门关战斗后，红四方面军在剑阁县讨论行动方案的老房子

★ 中坝战役中红军强渡涪江渡河点——牟家漩渡口旧照

★ 王树声

川军邓锡侯对剑门关这一战略要地极为重视，派3个团驻守，以4万银元为犒赏，企图凭借险要地势，将红军堵截在雄关之下。红军攻下剑阁后，川军依然叫嚣："你红军过得了江，不一定能过得了关。"

红四方面军总指挥部把攻克剑门关的艰巨任务交给了副总指挥、红三十一军军长王树声。鉴于剑门关地形北陡南缓，王树声决定由南往北打，避开正面，打敌侧后，以奇兵突袭。

红军先将关口两侧敌军险要阵地和关口北端主峰攻占，随即插入敌人纵深。战斗中，红军战士与敌人进行多次肉搏，表现英勇。第二七四团第四连一个排长，牺牲后手里还紧握着一柄砍断的大刀，而他身边侧倒着四五个被砍死的敌人。激战历时半日，守敌3个团约3000人全部被歼，红军牺牲仅50余人，一举占领了敌人所谓"插翅难飞"的剑门关要隘。

红军占领剑门关后，川军江防彻底崩溃。红军第三十一军和第三十军各一部直扑昭化，4月3日攻克该城，至此，川军沿江防线悉被摧毁。红军控制了北起广元、南至南部约200公里的嘉陵江西岸地区，渡江战役第一阶段胜利结束。

为取得战役的全胜，红四方面军总部即令第三十一军主力推进至羊模坝、三磊坝地区并围困广元；第三十军第八十九师出青川、平武分割广元、江油国民党军，并阻击胡宗南部南下，以保障右侧安全；第九军、第三十军和第四军主力则分别向江油、梓潼地区实施进攻。

红军势如破竹。1935年4月10日，红四方面军第九军部队渡过涪江，包围江油，前锋直逼中坝。

★ 红军攻克剑门关纪念碑

★ 涪江河防：红军大桥镇布防处防御工事

★ 中坝（今江油市）城中红军胜利纪念碑

红军对中坝、江油的攻势直接威胁邓锡侯的老巢——绵阳。为解江油之围，他亲自率领10个团的兵力，在飞机掩护下经中坝向江油大举增援。

★ 平武古城墙和城门洞旧影

面对邓锡侯的援军，徐向前立即命令第九军第二十七师继续围困江油，第九军第二十五师、第三十军第八十八师和第四军第十、第十二师各一部，撤离中坝、彰明、梓潼等地，分别占领江油以南的塔子山、鲁家梁子山一带有利地形，抢修工事，准备以围点打援战法打击邓锡侯部援兵。

4 月 14—15 日，短短两天时间内，红军将援敌全部击溃，歼敌 4 个团，俘其 3000 余人，并缴获了一大批武器弹药和物资。邓锡侯从绵阳出发时，曾在同僚面前夸口：“本帅率领 10 余团，亲出一阵，你看如何？”牛皮吹过不到两天，被红军打得丢盔弃甲，败回绵阳，一时成为笑话。

红军乘胜追击，18 日攻克中坝，19 日攻克彰明。同时，第三十军第八十九师也向西北推进，10 日克青川，14 日克平武。第四军一部向西，于 21 日克北川。仅剩江油守敌，凭顽据守，难以攻克。

至此，历时 24 天的强渡嘉陵江战役胜利结束。红四方面军渡江西进，横扫涪嘉流域，攻克了阆中、南部、剑阁、昭化、梓潼、青川、平武、彰明、北川等 9 座县城，共歼敌 12 个团，1 万余人，控制了东起嘉陵江、西到北川、南起梓潼、北到川甘边界的广大地区。

强渡嘉陵江战役是红四方面军第一次大兵团强渡江河战役。嘉陵江战役的胜利，为红四方面军实现向甘南发展，创造了有利条件。

从强渡嘉陵江起，红四方面军就开始了长征。

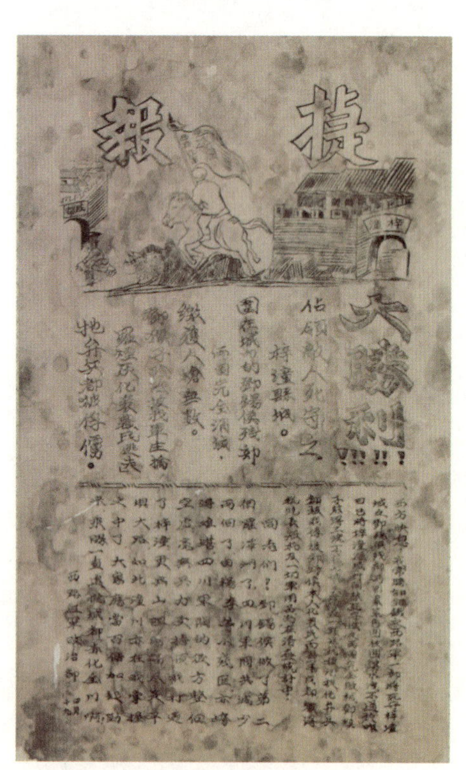

捷报

大胜利!!!

占领敌人死守之梓潼县城。

围在城内的邓锡侯残部两团完全消灭，

缴获人枪无数。

★ 红军占领梓潼捷报

2. 土门战役（千佛山战役）——打通与中央红军会师的进路

嘉陵江战役后，川军以第二十八军7个团，在东起墩上、西至土地岭地段上，设置三道封锁线，阻止红军西进。其中第二道封锁线，设在赤土坡、七星包，过土门河至观音梁子，为主阵地。

为西进岷江流域，策应中央红军北上，红四方面军于1935年5月1日至7月中旬发起土门战役。土门战役共分两步实施：第一步向南夺取千佛山、伏泉山、观音梁子，控制北川河谷，以南攻成都之势吸引国民党军主力。第二步突破土门要隘，红四方面军主力西进。

★ 土门战役示意图

★ 千佛山战役纪念碑

★ 土门战役作战地点之一——四川安县观音梁子

北川河谷是红军西进的唯一通道。河谷南面，耸立着伏泉山、千佛山、大垭口、观音梁子、老君山等高山，绵亘约40公里，是南扼川西平原、北控北川河谷的天然屏障。红军从1935年4月22日占领北川县城后，在北川和北岸、青片河以东地带展开攻势，至5月3日，击溃这一带守敌，将川军逐出北川河谷地带，为强占千佛山创造了有利条件。

千佛山位于四川盆地西北边缘北川、安县、茂县交界处，与伏泉山、帽盒山、东大垭口、观音梁子、横梁子等高山连成一片，东西起伏蜿蜒60余公里，被称为成都平原的“北边城墙”。千佛山南面为安县的茶坪、高川地区，西面为茂县的东兴、土门、干沟地区，北面则是东起漩坪、西至墩上长约40公里的“川北峡谷”。1935年5月2日，红军在千佛山一带与敌展开激战，4日占领千佛山东侧高地伏泉山；10 日攻占千佛山主峰；16 日与反扑川敌展开争夺激战，最后赢得胜利，巩固和发展了这一线阵地。

红四方面军于 1935 年 5 月 1 日攻占川军第一道封锁线指挥所驻地——墩上；5 月 15 日粉碎第二道封锁线；5 月 16 日凌晨，歼灭了川军土地岭要隘守敌。突破三道封锁线的战斗，彻底打开了主力向西进入岷江流域的通道。

土门战役历时 70 余日，共歼灭川军 1 万余

★ 土门战役遗址——茂汶土门区三元桥

★ 在三元桥的石墩、石栏上红军嵌刻了大量标语

人，牵制敌军 89 个团、14 万多人。这是红四方面军继嘉陵江战役后发起的又一次大规模山地进攻作战。国共双方动员兵力之多、作战时间之长、战斗之惨烈，在红四方面军历史上前所未有。这一战役的胜利，对保障红四方面军西进，实现红一、红四方面军会师，具有重要的战略意义。

3. 包座战役——打开红军北上甘南的门户

土门战役后，红四方面军进入松潘、理番、茂县等川西北汉族和少数民族聚居区域。这时，中央红军已经进入川康边，经会理、冕宁，向北进军。红四方面军派部前往懋功迎接中央红军。1935 年 6 月，红一、红四方面军在懋功会师。随后中共中央和中革军委确定了北上在川陕甘建立根据地的战略方针。经与张国焘分裂主义的斗争，8 月初，红一、红四方面军混合编成左、右两路军北上。毛泽东、张闻天、周恩来等率中共中央机关和前敌指挥部随右路军行动。8 月 21 日，右路军从毛儿盖出发，经过六七天的行军，终于穿越渺无人烟的茫茫草地，到达班佑、巴西地区。

红军经过草地北上，出乎敌人的预料。蒋介石料定走出草地的红军已是疲惫之师，远在峨眉的他，亲拟电报致胡宗南："匪当饥疲之余，如我军能犯难疾进，必可以一当十，收效无比。……希勿瞻顾，过惜兵力，失此千载难得之机。"8 月 26 日，胡宗南急令其第四十九师于 8 月 27 日由漳腊向包座疾进，企图会同其已控制包座地区的 1 个团，在上下包座至阿西茸一线堵截红军北上。

班佑以东的上下包座是红军进入甘南的必经之路，为开辟前进道路，徐向前主动向党中央建议，攻打包座的任务由红四方面军部队来承担。

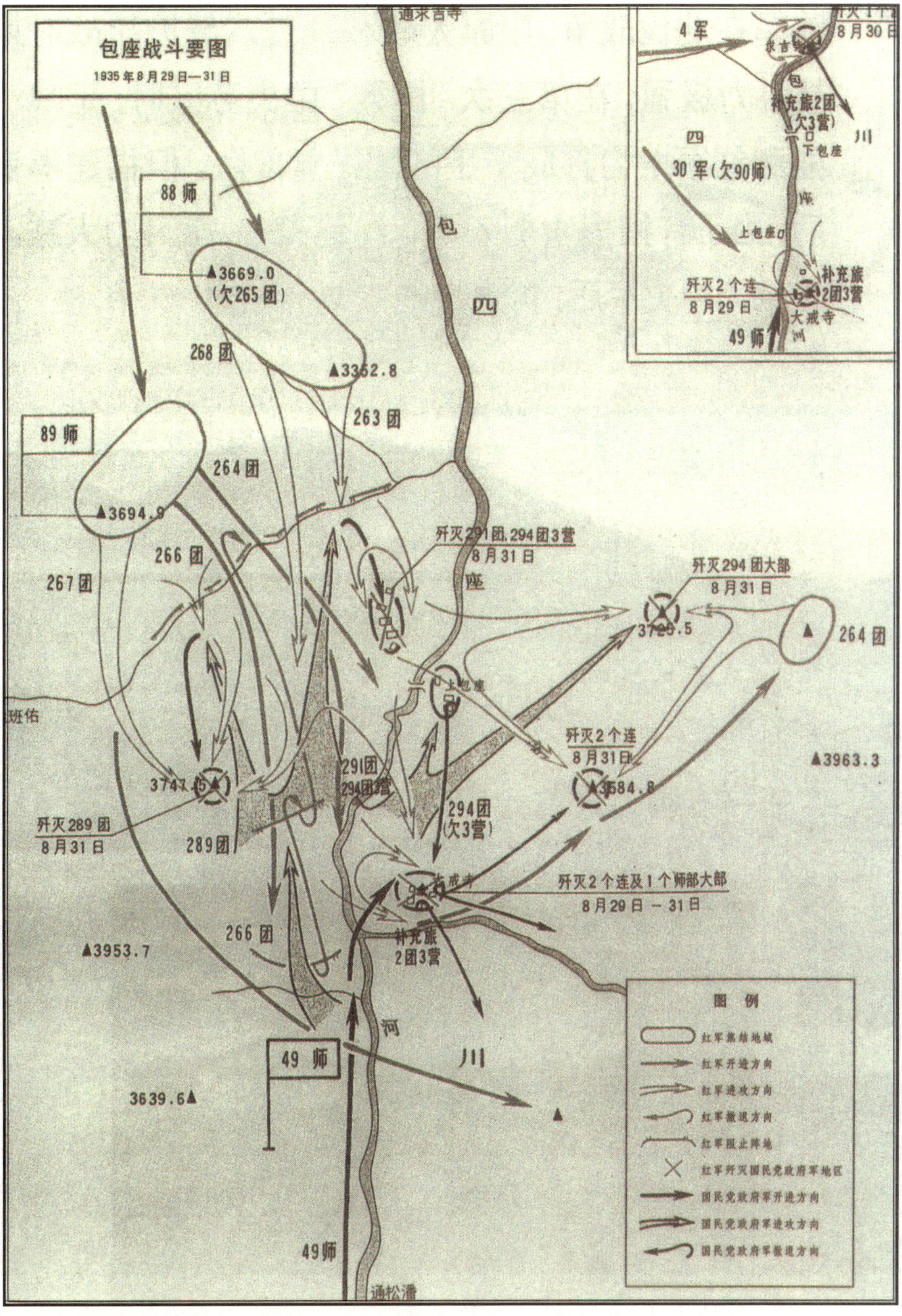

包座战斗要图
1935年8月29日—31日
通求吉寺
88师
89师
▲3669.0
(欠265团)
268团
▲3352.8
263团
264团
▲3694.9
266团
267团
包
四
座
歼灭291团、294团3营
8月31日
歼灭294团大部
8月31日
3725.5
264团
上包座
班佑
歼灭2个连
8月31日
▲3963.3
3747.5
291团
294团3营
294团
(欠3营)
3584.8
歼灭289团
8月31日
289团
歼灭2个连及1个师部大部
8月29日－31日
大戒寺
266团
补充旅
2团3营
▲3953.7
河
川
49师
3639.6▲
49师
通松潘
4军
求吉寺
8月30日
补充旅2团
(欠3营)
下包座
四
川
30军(欠90师)
上包座
歼灭2个连
8月29日
补充旅
2团3营
大戒寺
49师
图例
红军集结地域
红军开进方向
红军进攻方向
红军撤退方向
红军阻止阵地
红军歼灭国民党政府军地区
国民党政府军开进方向
国民党政府军进攻方向
国民党政府军撤退方向

★ 包座战役要图

8月29日，红军右路军第三十军和第四军越过草地后，向川西北松潘、包座地区的国民党第四十九师发动进攻。程世才率领的红三十军，以第八十九师第二六四团攻击大戒寺之敌；以第八十八师两个团和第八十九师另两个团位于上包座西北丛林中，准备歼灭伍诚仁第四十九师。许世友率领红四军以第十师攻击求吉寺之敌，其主力控制各要道，并随时准备出击，消灭来犯之敌。

★ 包座战役后红军在若尔盖包座地区俄若塘召开庆功会场遗址

★ 油画：《包座大捷》（孙浩　作）

刚走出草地的红军采取围点打援的办法，忍着饥饿，经过三天激战，歼灭敌军4800余人，击伤敌师长伍诚仁，缴获长短枪1500多支、轻机枪50余挺、电台1部，以及大批粮食、牦牛和马匹。

战斗中，红四军第十师师长王友均把机枪架在警卫员肩膀上，向敌人猛烈扫射，掩护部队攻击，不幸中弹牺牲，年仅24岁。年轻的红军师长王友均被安葬在求吉寺寺院东侧的山上。包座战役一年后，1936年8月5日，红四方面军再次来到包座，中共西北局会议在求吉寺召开。会前，徐向前等人在王友均墓前献上了一捧野花。

包座战役是红一、红四方面军会师后，在党中央直接领导下取得的一个大胜利，打开了红军北上甘南的门户，为实现中共中央北上战略方针创造了有利条件。

★ 包座战役遗址

★ 红四方面军长征中使用的武器

4. 百丈关战役——南下红军由战略进攻转入战略防御的转折点

包座战役后，由于张国焘坚持错误的南下方针和进行分裂党、分裂红军的活动，红四方面军被迫南下，转战于川康地区。国民党军见红军一部北上，大部突然南下，判断留在川西北的红军或是渡岷江向东攻击，或是袭取懋功、丹巴向南进攻。据此，安排部署在川各军沿大小金川布阵防堵，企图凭借高山峡谷，阻止红军南下。

张国焘为贯彻其南下错误方针，于 1935 年 10 月 7 日发起绥崇丹懋战役，红四方面军先后占领了丹巴、懋功两县城，抚边、绥靖、崇化三屯以及达维、日隆关、绰斯甲等要镇。随后，红四方面军根据敌情，决定趁势南攻，打击川敌，又于 10 月 22 日发布了《天（全）芦（山）名（山）

雅（安）邛（崃）大（邑）战役计划》。10月24日至11月12日，红四方面军连克宝兴、天全、芦山等县，共毙、伤、俘敌1万余人。

红军南下的初步胜利，给蒋介石、刘湘以极大的震动。国民党军队调集80多个团的兵力，阻止红四方面军向成都平原发展。

11月13日，红军集中15个团的兵力，向朱家场、太和场发起猛攻，14日占领该地，击溃敌暂编第二师两个团。接着，乘胜前进，于16日攻占邛崃、名山大路上的重镇百丈。敌军赶忙出动6个旅的兵力，进行反扑，激战半日被击退。

康瀘天芦名雅邛大戰役中戰術上應注意之点

★ 朱德关于《康泸天芦名雅邛大战役中战术上应注意之点》

★ 百丈关镇旧影

★ 位于雅安蒙顶山上的红军百丈关战役纪念馆

★ 四川雅安百丈关战役纪念园，9356 颗“红星”汇聚于此，整个墓园构成一个大的五角星

红军乘胜沿百丈通邛崃的大路进击，势如破竹，相继占领黑竹关、治安场、王店子，随后部队主力向百丈周围靠近。

19 日，国民党军队十几个旅在飞机、大炮的掩护下，从东、北、南三面向突出于百丈地区 5 公里余长的弧形红军阵地发起猛烈进攻。红军指战员虽英勇顽强，与敌浴血奋战七昼夜，毙伤敌 1.5 万人，但自身也伤亡近万人，被迫于 11 月下旬撤出百丈。

百丈关战役，是南下红军由战略进攻转入战略防御的转折点，这也是张国焘南下错误方针碰壁的主要标志。此后，红四方面军处境日益困难。

（四）红二十五军重要战役战斗

红二十五军在长征中面对国民党军队的重兵追堵和各种险境，毫不退缩、英勇杀敌，取得了独树镇、庾家河等一系列生死之战的胜利。

1. 血战独树镇——战略转移途中极为险恶的战斗

1934 年 11 月 16 日，红二十五军由河南省罗山县何家冲出发，向桐柏山进军，踏上了战略转移的征途。19 日，红军进入桐柏山区。蒋介石紧急调兵追堵，企图以 30 多个团的优势兵力，将红二十五军围歼于桐柏山区。红二十五军分析形势，认为桐柏山区距离交通要道太近，回旋范围狭小，又有敌重兵追堵，不易立足发展，果断决定，迅速掉头北上，跳出敌人的合围，向豫西的伏牛山挺进。

独树镇地区战斗要图
1934 年 11 月 25 日—27 日
609▲青山寨
40军骑兵团
河
骑兵团
红石岩寨▲
474.6▲五里坡
581▲
716.8▲
647.9▲大花尖
115旅
红25军
▲456.4
360.6▲双山
▲462.2
40军115旅
红25军
315.0▲西塔山
306.5▲房山
沙
南
223团
▲553.2
711.2▲白龙寨
322▲雾云山
225团、军直属队
583▲
47师
562.9▲
红军集结地域
红军开进方向
红军进攻方向
红军阻击阵地
红军撤退方向
国民党政府军集结地域
国民党政府军开进方向
国民党政府军进攻方向
国民党政府军撤退方向

★ 独树镇地区战斗要图

★ 吴焕先

26日，红二十五军经河南方城县独树镇，准备向伏牛山区挺进时，突然遭到国民党第四十军的堵截。当天，恰遇寒流降临，冷风刺骨，雨雪交加，红军先头部队发现敌人较迟，加之寒冷饥饿，战士们一时拉不开枪栓，以至被迫后撤。敌人乘机发起冲击，并从两翼实施包围，情况十分险恶。

危急时刻，军政委吴焕先赶到军前，指挥部队就地抵抗。他从交通队员身上抽出一把大刀，高声呼喊："同志们，现在是生死存亡的关头，决不能后退！共产党员跟我来！"带领部队冒着敌人的密集火力，奋不顾身地冲上前去，与敌展开白刃搏斗。这时，副军长徐海东带领后卫部队跑步赶到。经过一番恶战，终于打退了敌人的进攻。接着，红军向敌人发起冲击，以图冲过公路，但未能奏效。于是，转入防守，并以反冲击打退敌人的多次进攻。天黑后，全军绕道保安寨以北的沈庄附近，连夜穿过许南公路。翌日拂晓，进抵伏牛山东麓。随后，又在拐河打退敌人的尾追、夹击，得以胜利前进。全军于29日进入伏牛山区。

★ 徐海东

独树镇战斗是红二十五军在战略转移途中一次极为险恶的战斗。在突然遭到敌人围堵的不利情况下，红二十五军顽强奋战，最终突出重围、转危为安。

★ 红二十五军独树镇战斗遗址纪念碑

★ 独树镇城门旧照

★ 油画：《腥风血雨——红二十五军鏖战独树镇》（骆根兴　作）

2. 庚家河反击战——为打开陕南的革命局面奠定了军事和政治基础

进入伏牛山区后，领导红二十五军的中共鄂豫皖省委很快发现这里不适宜创建根据地。经过研究，决定到陕西南部开辟根据地。于是，红二十五军昼夜兼程向西挺进。

从伏牛山进入陕西，必须经过两个隘口：朱阳关和卢氏县的五里川。蒋介石为了防堵红二十五军入陕，早在红军进入桐柏山时，就调兵严密布防，控制了这两个入陕要道。红二十五军到达卢氏县附近后发现敌方工事，紧急改变入陕路线，从卢氏城南与洛河之间的隘路穿过，避开敌人堵击，到达豫陕交界的铁索关，由此进入陕南，并击溃仓促前来堵截的陕军一部。12 月 9 日，红二十五军翻越蟒岭，到达雒南（今属丹凤）庾家河宿营。

★ 庾家河反击战旧址

庾家河地处秦岭山区，地势险峻，是个深山峡谷中的小镇。红军抵达后，中共鄂豫皖省委于 12 月 10 日上午在庾家河召开常委会，研究在鄂豫陕边区创建新苏区的问题。此时，国民党军第六十师（辖 3 个团）突然向庾家河奔袭而来。红二十五军排哨发现时，敌先头部队已夺占有利地形，向红军发起猛烈进攻。

省委当即停止会议，程子华、吴焕先、徐海东等率领指战员进行反击，强攻山头阵地。徐海东率领二二三团冒死冲锋，夺回东山坳口。程子华、吴焕先等率领二二四、二二五团跑步攻占南北两侧高地，协同二二三团将敌军打退。激战中，一颗子弹从徐海东的左眼底下穿过，又从颈后飞出，徐海东负重伤。这时，敌第三五五、三五七两团相继增援，再次向红军发起攻击，战斗进入白热化阶段，程子华也身受重伤。军政委吴焕先继续指挥作战，红军以刺刀、手榴弹与敌人奋力拼搏，战斗场面极为惨烈。经过20多个回合的反复冲杀，终于将敌军击垮。

★ 程子华

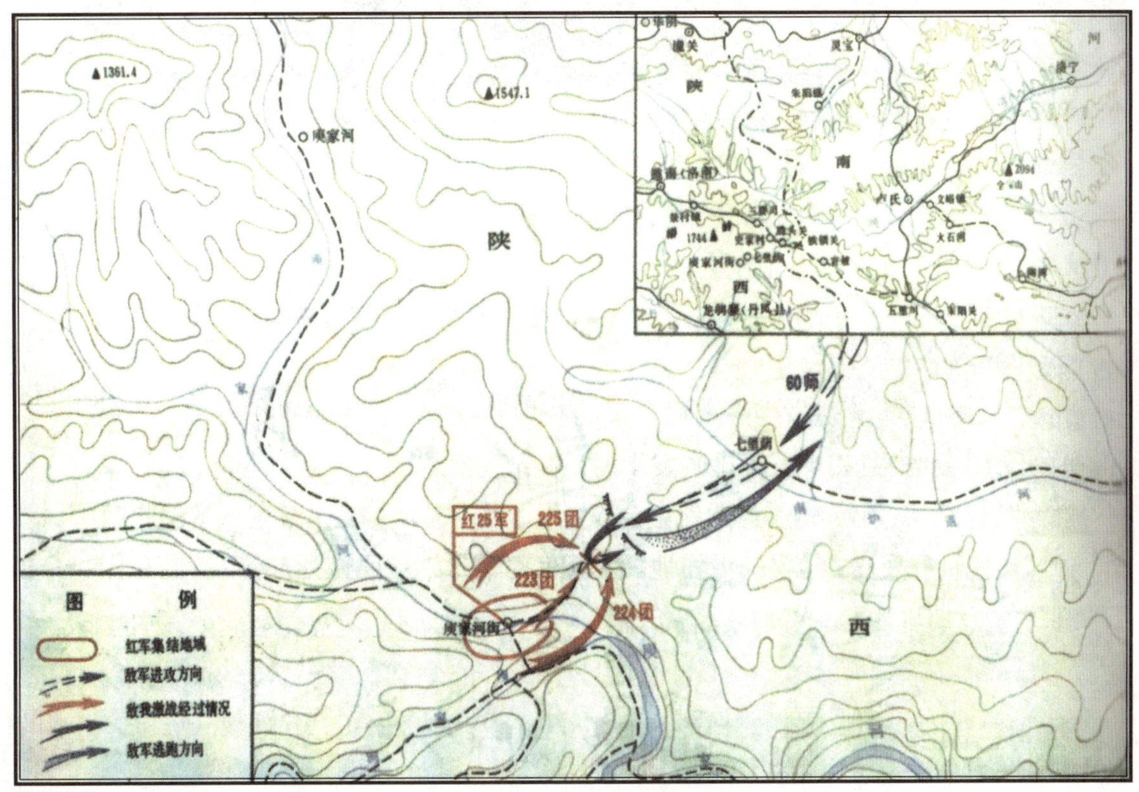

★ 庾家河反击战形势图

★ 油画：《庾家河反击战》（许宝中　作）

★ 庾家河战斗纪念碑

庾家河反击战，共毙伤敌军 300 余人，红二十五军亦伤亡 100 余人。

庾家河反击战，是红二十五军入陕后的一场殊死的反击战。它结束了红二十五军历时 20 余天，长驱 900 公里，挺进陕南的战斗历程，有效地打击了敌人的嚣张气焰，使红二十五军暂时摆脱了困境，粉碎了十倍于己之敌的围追堵截，站住了脚跟，为打开陕南的革命局面奠定了军事和政治基础。此外，还调动了国民党军队“围剿”鄂豫皖根据地的大部分兵力，配合了红二十八军坚持鄂豫皖根据地斗争。从此，红二十五军进入了创建鄂豫陕革命根据地的阶段。

四、万水千山只等闲

红军长征跨越大半个中国，崇山峻岭、巍峨雪山、泥泞草地、奔腾江河，都留下了红军将士坚定、执着、顽强的足迹。这些现在看来可能是令人心旷神怡的自然风光，但对长途转战、疲惫不堪的红军将士来说，却是极为严峻的考验。

然而，“无限风光在险峰”。正如毛泽东回忆指出：“长征途中，在过了大渡河以后，究竟怎么走呢？北面统是高山，人口又很少，我们那个时候提出要千方百计克服困难。什么叫千方百计呢？千方者，就是九百九十九方加一方；百计者，就是九十九计加一计……只要想尽一切办法，困难是可以解决的。”大自然鬼斧神工造就的天险，激发了红军将士大无畏的英雄气概和坚韧不拔的毅力，他们不畏艰险，逢山开路、遇水架桥，将跨越万水千山视为平平常常的事。就在这翻山越岭、纵横江河的漫漫征途中，红军将士淋漓尽致地展现了英勇顽强、不怕牺牲、团结友爱、无私奉献、革命理想高于天的革命乐观主义精神和无坚不摧的英雄风采。

★ 油画：《望断南飞雁》（邢俊勤　作）

（一）毛泽东诗词中的长征

毛泽东是伟大的革命家、战略家、理论家，同时又是独领风骚的诗词巨匠。他的诗词想象丰富、气势恢宏、意境高远，融汇了革命的现实主义和浪漫主义精神，历来深受专家学者的推崇和人民群众的喜爱。

长征时期是毛泽东一生中诗词创作的重要时期，很多家喻户晓的诗句如“不到长城非好汉”“红军不怕远征难”“三军过后尽开颜”　“红旗漫卷西风”等，都出自长征时期。而纵观他一生，毛泽东有时候三四年也无诗词创作问世。周恩来曾说：“我们的领导人中，陈毅同志喜欢写诗，写得很快，是多产作家，是捷才。毛主席则不同，他要孕育得很成熟才写出来，写得较少，而气魄雄伟、诗意盎然。”

在历时一年的长征途中，毛泽东一共创作了6首诗词，包括《十六字令三首》《忆秦娥·娄山关》《七律·长征》《念奴娇·昆仑》《清平乐·六盘山》《六言诗·给彭德怀同志》等。这些诗词，几乎都涉及山水，可见，长征中走过的万水千山，是毛泽东诗词的重要灵感来源。

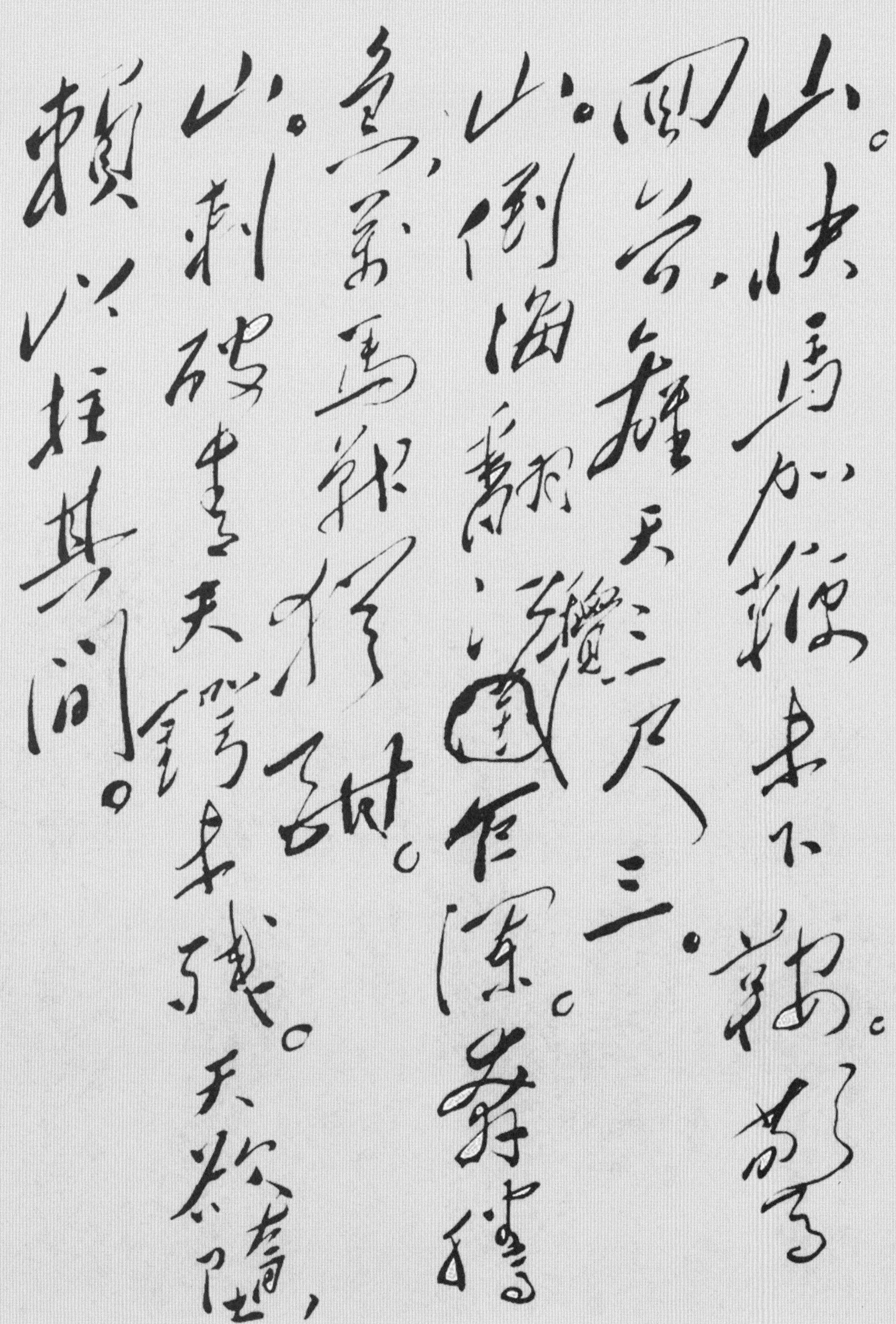

★ 毛泽东诗词《十六字令三首》

毛泽东在踏上战略转移征途后写的第一首诗是《十六字令三首》，创作于1934年到1935年间。

“山。快马加鞭未下鞍。惊回首，离天三尺三。
山。倒海翻江卷巨澜。奔腾急，万马战犹酣。
山。刺破青天锷未残。天欲堕，赖以拄其间。”

★ 油画：《走出泥沼》（沈尧伊　作）

这三首小令都以山为主题，描写了毛泽东对云南、贵州和四川沿途所经过的山脉的整体印象。从江西出发，一路上，总是山连着山，一山更比一山高，一山更比一山雄，一山更比一山险。山，几乎成为红军官兵生活的一部分，也成了毛泽东的灵感源泉。

当时中央红军连续突破敌军的四道封锁线，但在突破第四道封锁线——悲壮的湘江战役中付出了惨重的代价。这样巨大的挫折，使“左”倾教条主义在中央的统治逐步破产，而毛泽东在危急时刻提出中央红军放弃北上、向敌军力量比较薄弱的贵州转移的建议，经过通道、黎平、猴场会议的激烈争论得以通过，毛泽东在军队的话语权逐步恢复，中央的军事路线正向着正确的方向转变。可以想见，此时的毛泽东，充满了征服崇山峻岭的革命乐观主义精神。

“惊回首”“奔腾急”“天欲堕”，寥寥数语，尽显长征中所经山脉的崔嵬险峻、宏大气势，亦凸显出湘江战役后军事形势的紧张危急。而“万马战犹酣”“赖以拄其间”，展现出红军战士迎难而上的战斗激情和坚忍的革命意志。

第二首诗词《忆秦娥·娄山关》，创作于 1935 年 2 月。此前，1935 年 1 月召开的遵义会议纠正了“左”倾教条主义的错误军事领导，确立了毛泽东的领导地位。不久，红军取得娄山关战斗的胜利，毛泽东在傍晚登上娄山关，远眺如血残阳，俯瞰硝烟战场，豪情满怀地写下了《忆秦娥·娄山关》。

“西风烈，长空雁叫霜晨月。
霜晨月，马蹄声碎，喇叭声咽。
雄关漫道真如铁，而今迈步从头越。
从头越，苍山如海，残阳如血。”

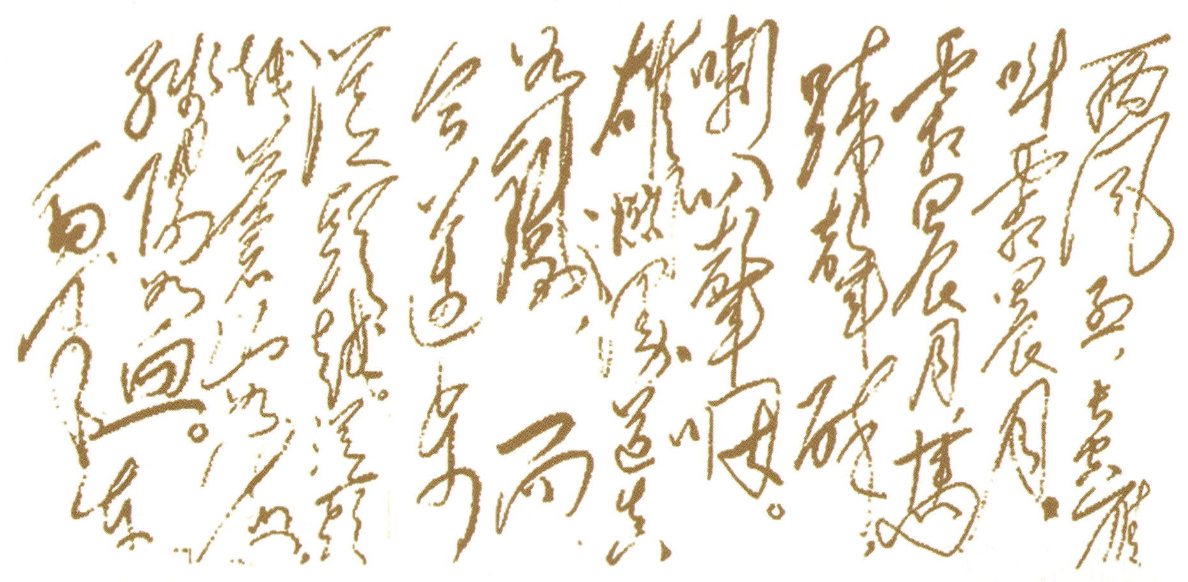

★ 毛泽东诗词《忆秦娥·娄山关》

此时的毛泽东，自觉肩负起带领长征红军摆脱困境、带领中国革命走向胜利的重任。一句“雄关漫道真如铁，而今迈步从头越”，道出了他对中国革命道路的冷静思索，表达了对党和红军历经艰难曲折、跨过生死攸关的转折之后，由此踏上新的征程而充满信心。1958年，毛泽东曾为《忆秦娥·娄山关》批注，指出：“万里长征，千回百折，顺利少于困难不知有多少倍，心情是沉郁的。过了岷山，豁然开朗，转化到了反面，柳暗花明又一村了。以下诸篇，反映了这一种心情。”

1935年9月27日，红军到达甘肃通渭榜罗镇，在这里作出了把红军长征的落脚点放到陕北的重大战略决定，转战已久的红军终于有了明确的发展方向，即将迈入新的历史时期。毛泽东抑制不住心中的喜悦，9月28日，毛泽东在通渭县城东文庙街小学召开的中国工农红军抗日先遣队全军排以上干部会议上讲话时，即兴朗诵了自翻过终年积雪的岷山后就酝酿在心中的诗篇《七律·长征》。

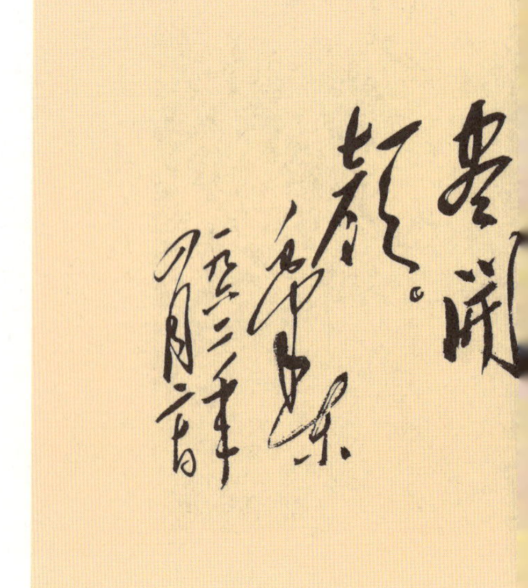

“红军不怕远征难，万水千山只等闲。
五岭逶迤腾细浪，乌蒙磅礴走泥丸。
金沙水拍云崖暖，大渡桥横铁索寒。
更喜岷山千里雪，三军过后尽开颜。”

这是长征时期毛泽东创作的唯一一首律诗，定稿于1935年10月。毛泽东以高度凝练的诗句和生动形象的比喻，把二万五千里的万水千山串在一起，回顾了红军长征的艰难历程，歌颂了红军长征的伟大壮举。这也是毛泽东长征诗词的巅峰之作，既是长征的史诗，也是中国共产党和红军崇高革命精神的赞歌。埃德加·斯诺在《西行漫记》中引用了这首诗，使其成为与世界读者见面最早的毛泽东诗词作品。

随后，中央红军继续北上，即将结束长征，胜利到达陕北。毛泽东灵感迸发，文思泉涌，接连在1935年10月写下三首诗词，这个月也被认为是毛泽东一生中写诗词最多的一个月。

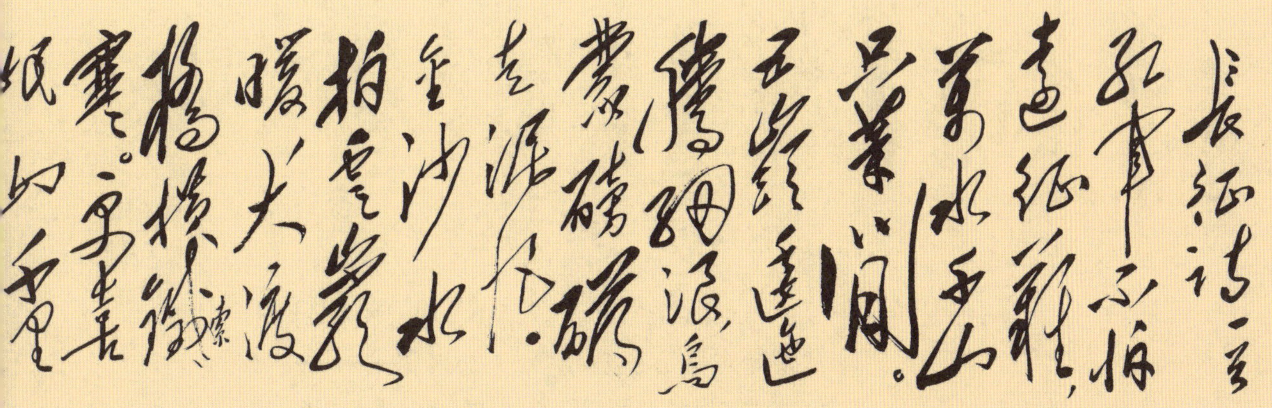

★ 毛泽东诗词《七律·长征》

★ 油画：《沁园春·雪》（沈尧伊　作）

这三首诗词，第一首是《念奴娇·昆仑》。此时，毛泽东显然已经有了一种主宰天地的气魄，才能以巨人的姿态发出“安得倚天抽宝剑，把汝裁为三截”的豪言壮语。

“横空出世，莽昆仑，阅尽人间春色。飞起玉龙三百万，搅得周天寒彻。夏日消溶，江河横溢，人或为鱼鳖。千秋功罪，谁人曾与评说？

而今我谓昆仑，不要这高，不要这多雪。安得倚天抽宝剑，把汝裁为三截？一截遗欧，一截赠美，一截还东国。太平世界，环球同此凉热。”

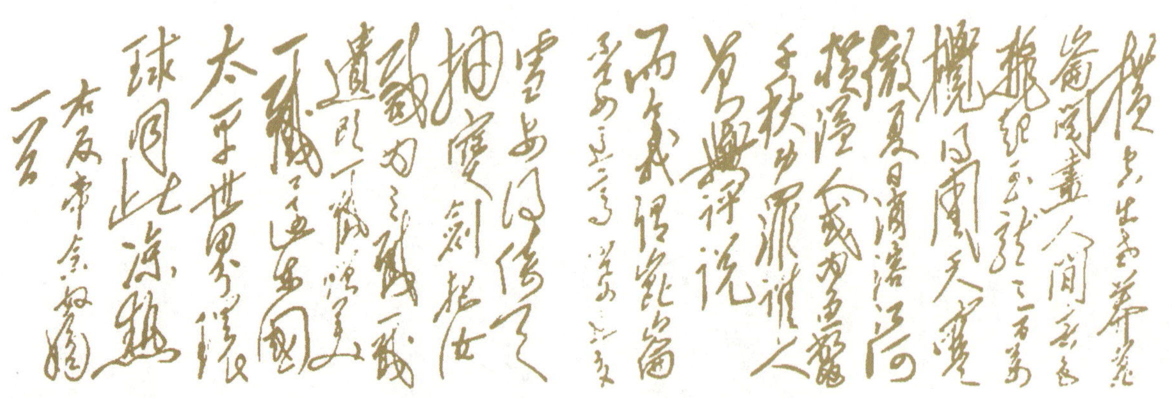

★ 毛泽东诗词《念奴娇·昆仑》

而随后红军翻越六盘山，冲破敌人最后一道防线，毛泽东更是心潮澎湃，写下《清平乐·六盘山》，展望“红旗漫卷西风”的胜利场景，发出“今日长缨在手，何时缚住苍龙？”的惊世之问。

★ 毛泽东诗词《清平乐·六盘山》

“天高云淡，望断南飞雁。
不到长城非好汉，屈指行程二万。
六盘山上高峰，红旗漫卷西风。
今日长缨在手，何时缚住苍龙？”

★ 油画《长征途中彭德怀》（曹新林　作）

此后，中央红军顺利到达陕北，敌军尾随而至。彭德怀指挥先遣队在吴起镇附近进行“切尾巴”战斗，取得了中央红军到达陕北后的第一场胜利。毛泽东异常兴奋，写下《六言诗·给彭德怀同志》，赞扬彭德怀卓越的军事才能和无畏的作战精神——

“山高路远坑深，大军纵横驰奔。

谁敢横刀立马？唯我彭大将军！”

彭德怀看到这首诗后，将末句改为“唯我英勇红军”。这首诗也是对彭德怀一生简洁、鲜明、生动的概括。

毛泽东在长征中写下的这六首诗词，为我们徐徐展开了一幅红军长征万里行军图，真实且生动地展现出红军在极度苦难的长征困境中，在各种恶劣自然条件的险峻考验面前，英勇顽强、不怕牺牲、无坚不摧的英雄气概。展现了伟大革命领袖以天下为己任，以艰难困苦为磨砺，永远向前的革命乐观主义精神和情怀。

★ 六盘山红军长征纪念馆

（二）红一方面军走过的主要山川河流

红一方面军翻越 20 多座大山，主要有大庾岭、骑田岭、萌渚岭、都庞岭、越城岭、岷山、六盘山等高山峻岭，以及夹金山、梦笔山、长板山（又称亚克夏山、马塘梁子）、仓德山（又称昌德山、昌德梁子）、打鼓山（又称达古山、拖罗岗、施罗山、塔鲁岗）等大雪山；渡过 22 条河流，主要有雩都河、湘江、乌江、赤水、金沙江、大渡河、白龙江、腊子河、渭河等。[1]

★ 油画：《走过岷山》（孙立新　作）

[1]　另据埃德加·斯诺统计为：18 座山脉，24 条河流，见《西行漫记》，三联书店 1979 年版，第 179 页。

中央红军长征中翻越的第一座高山是越城岭的老山界，这是五岭（即越城岭、都庞岭、萌渚岭、骑田岭、大庾岭）的最高峰，海拔 2000 多米。由陆定一撰写、收入中学语文课本的《老山界》，描述了红军翻越老山界的情景，全文充满了革命乐观主义精神。但也正如陆定一所说：“老山界是我们长征中所过的第一座难走的山。但是我们走过了金沙江、大渡河、雪山、草地以后，才觉得老山界的困难，比起这些地方来，还是小得很。”然而很多老红军都在回忆长征时谈到了老山界，对翻越老山界刻骨铭心。这不仅仅因为老山界是红军面对的第一座高山，更因为这是红军

★ 广西猫儿山长征老山界纪念碑

因军事失利被迫战略转移、在前途未卜、士气低迷的情形下，依靠自身力量战胜的第一个困难，极大振奋了士气。“惊回首，离天三尺三。”在这样惊险的缝隙中，红军仍然闯了过来，那还有什么不可战胜的呢？

此后，红一方面军征服了许多高山峻岭，包括翻越夹金山等五座“神仙也难攀”的大雪山，直到翻越最后一座大山——六盘山，终于迎来“红旗漫卷西风”的喜悦。

除了高山峻岭，红一方面军走过的江河更留下了不少举世闻名的战役战斗和令人动容的故事。从依依惜别于都河踏上长征路开始，经过壮烈的湘江战役、突破乌江天险，写下四渡赤水的神来之笔，而后巧渡金沙江跳出敌人包围圈，强渡大渡河，飞夺泸定桥，四渡赤水河，红一方面军从最初的被动作战，实现了战略战术的灵活转变，化被动为主动，获得了全新的生命力。可以说，长征中经过的江河，见证了红一方面军军事战略的转变。

★ 夹金山

★ 金沙江

★ 六盘山

★ 油画：《四渡赤水出奇兵》（邵亚川　作）

★ 米拉山

（三）红二方面军走过的主要山川河流

红二方面军翻越的高山主要有乌蒙山、六盘山、玉龙雪山、雅哈雪山、大雪山、小雪山、茨布腊山、扎拉牙卡山、藏巴拉山、东隆山、米拉山等；渡过的河流主要有澧水、沅水、资水、巫水、清水江、鸭池河、普渡河、金沙江、渭河等。

一谈到长征中红二方面军经过的名山，就会想到乌蒙山，乌蒙山回旋战被誉为贺龙在长征中军事指挥艺术的神来之笔。气势磅礴的乌蒙山，人烟稀少，给养困难，红军到时，高山顶上还覆盖着皑皑白雪。在这里行军作战，无疑困难重重。然而在贺龙看来，“乌蒙山并不紧张，埋炮我都不准埋，到黔大毕那面都可以打，封锁线我们一冲就破了。”这主要是因为红二方面军多是湖南、江西、贵州等籍贯的战士，这些地区本身就多深山密林，战士们对于山地行军、作战比较适应。

对红二方面军造成主要困扰的，是前往甘孜与红四方面军会师途中，需要翻越一座一座的雪山。自从进入青藏高原后，海拔都在3000至5000多米，来自平原地区的战士们即便在一般盆地也不容易适应。萧克回忆：“左路二军团要翻两个海拔4000米和两个海拔5000米的雪山。六军团也要翻瓮水、那坡两座大雪山，还要通过4座小雪山。大雪山上，终年积雪，气候严寒，瞬息万变。有时天气晴朗，有时漫天大雪，空气稀薄，呼吸困难。如不奋勇前进，停止或休息，就有死亡的危险。”长征中红二方面军翻越的大小雪山共十几座。这无疑是相当险峻的挑战。很多战士都对翻越玉龙大雪山记忆犹新，空气稀薄、刺骨的寒风、崎岖的道路，还有难以预测的高山反应，不少战士长眠在雪山路上，但“雪山过后尽开颜”，广大将士终是凭着顽强的意志战胜了雪山。

★ 玉龙雪山

盘江三月燧烽飏
铁马西驰调敌忙
炮火横飞普渡水
红旗直指金沙江
后闻鼙鼓诚为虑
前得轻舟喜欲狂
遥望玉龙舒鳞甲
会师康藏北飞缰
一九三六年春夏之交作于金沙江北岸
一九九一年七月书于北京
萧克

★ 萧克《北渡金沙江》

红二方面军长征中的不少恶战都与江河相关。从抢渡澧水、沅水开始，红二、红六军团南下湘中，转战黔西，其间渡过资水、巫水、清水江等，甩掉了追兵。随后，渡过乌江上游的鸭池河，进入黔大毕地区，开始创建根据地，这成为红二方面军“长征途中的黄金时代”。1936 年 4 月，红二方面军决定渡金沙江北上与红四方面军会合，在普渡河渡江受阻，经六甲战斗，改由丽江石鼓一带渡口渡过金沙江。全军 1.8 万余人及数百匹骡马，在短短四天内渡河完毕，创造了一大奇迹。萧克欣然赋诗《北渡金沙江》：“盘江三月燧烽飏，铁马西驰调敌忙。炮火横飞普渡水，红旗直指金沙江。后闻鼙鼓诚为虑，前得轻舟喜欲狂。遥望玉龙舒鳞甲，会师康藏北飞缰。”

★ 红二、红六军团过金沙江渡口之一——士可渡口

★ 红二、红六军团过金沙江渡口之一——巨甸（余化达）渡口

此后，红二、红四方面军会师共同北上。令贺龙印象最深刻的就是过渭河。“过渭河，狼狈极了，遭敌侧击，渭河上游下暴雨，我们徒涉，水越来越大，冲了点人去。张国焘违背中央军委的指示，二方面军几乎遭到全军覆没。这是长征中最危险的一次。”

（四）红四方面军走过的主要山川河流

红四方面军翻越的高山主要有伏泉山、千佛山、巴罗山、皇宫山、大坪山等崇山峻岭，以及虹桥山、鹧鸪山、梦笔山、长板山（又称亚克夏山、马塘梁子）、仓德山（又称昌德山、昌德梁子）、打鼓山（又称拖罗岗、施罗山、塔鲁岗）、夹金山、格达梁子、党岭山、折多山、罗锅梁子（又名洛戈梁子）、剪子湾山（又名海子山）、卡子拉山（又称喜委拉卡山）等雪山，其中有的雪山是两次翻越；渡过的河流主要有嘉陵江、涪江、岷江、大金川、青衣江等。

红四方面军长征在四川活动的时间最长。四川山多，红四方面军的许多战役也在山上展开，伏泉山、千佛山、巴罗山、皇宫山等都留下了红军战斗的身影。红四方面军的战士多是川籍贫苦子弟，山地行军不在话下。但由于张国焘分裂主义的错误，部队在川康边地区往返停留，它既是最早踏入雪山地区的部队，也是在雪线以上区域停留时间最长的部队。

★ 千佛山战役遗址——天门洞

红四方面军的战略转移与江河密切相连。强渡嘉陵江后，红四方面军开始长征。随后集中在涪江地区休整，此后西向岷江，进入川西北与红一方面军会师，后因张国焘的分裂主义错误，红四方面军南下，向大小金川流域一带集结，与国民党军发生激战，初期作战告捷，但百丈关战役后军事受挫，后撤至青衣江以北，转为战略防御。与红二方面军会师后，两军共同北上。

★ 嘉陵江

★ 1935 年 7 月下旬，红四方面军第一次北上时翻越的仓德山

（五）红二十五军走过的主要山川河流

红二十五军翻越的高山主要有桐柏山、伏牛山、秦岭等；渡过的河流主要有渭河、泾河、汭河、葫芦河等。

红二十五军长征之初进入桐柏山区，后发现这一带回旋范围小，迅速掉头北上，进入伏牛山区。在认识到伏牛山区也不适合长期停留之后，红二十五军转向陕西，决定在鄂、豫、陕三省边界建立根据地。

此前红二十五军创建鄂豫皖苏区，依托的是大别山。而这时红二十五军选择鄂豫陕边，依托的就是秦岭—商洛山。秦岭山深林密，便于小股部队活动。红二十五军战士久行山道，早练出了两条“飞毛腿”，他们在山中回旋作战，攻克山中集镇宁陕、佛坪两座县城，逐步创建根据地。

在敌人“围剿”的情况下，红二十五军曾于1935年3月攀越秦岭东去。据陈先瑞回忆：“三月的秦岭顶峰，积雪覆盖，严寒逼人。

★ 伏牛山

★ 1935 年 8 月，红二十五军部分指战员在两当的合影，前排左起分别为吴焕先、郭述申、徐海东、戴季英、赵凌波

我们上秦岭后，敌人便沿山‘围剿’，由日追夜宿改为日夜追击，妄图把我军围困消灭在秦岭之巅。我军攀陡壁、坐‘雪滑梯’，忍饥挨饿，昼夜行进，刚甩开追敌，又遇上堵击，连续四天四夜在秦岭上下翻越几次，在敌人的追逼下，被迫爬上了太白山。太白山是秦岭山脉的主峰之一，山高气冷，终年积雪不断，故有‘太白积雪六月天’之说。我军连续作战，七天七夜没有休息，疲劳已极，部分同志产生了同敌人硬拼的急躁情绪。特委书记郑位三拄着一根棍子，边走边做动员工作，让大家沉住气，定会摆脱险境。”

而红二十五军走过的江河中，最知名的是过渭河与泾河。1935 年 8 月 11 日，为配合中央红军北上作战和陕北红军的行动，红二十五军离开新创建的鄂豫陕根据地，从新阳镇北渡渭河。渭河是陇山峡谷中由西向东的一条混浊的河，水流湍急。当时的过河工具，只有一条刚找到的小木船，每次只能上去二三十人。经试探水情，发现最深处只淹到人的肩头。于是军领导决定让红二十五军的七位女红军（又称“七仙女”）和几个重伤员乘船过河，其余人员都涉水而过。红二十五军全军 4000 多人马，只用了半天时间，就顺利地过了渭河。

当时红二十五军的队伍中，有两位开照相馆的叔侄随军行动，当“七仙女”和几个重伤员乘船过河时，他们拍下了这一历史的瞬间，留下了一幅极为珍贵的历史照片，如今陈列在中国人民革命军事博物馆。

★ 红二十五军“七仙女”渡渭河

★ 红二十五军挥师北上经过的终南山山口

过渭河后，红二十五军驰骋陇南陇东，转战西兰公路。8月20日，红二十五军南渡泾河，遭到国民党军在泾川以西的设防阻拦。在前有堵敌、后有追兵的危难情势下，红二十五军于21日南渡泾河支流汭河。不料渡河途中突遇山洪暴发，指挥部队渡河的吴焕先和部分战士被隔在北岸。此时，国民党军突然发动袭击，红军先头部队已渡过汭河，难以回援，后卫部队在北岸背水作战，形势极为不利。危急时刻，吴焕先带领交通队和学兵连100余人从侧面发起进攻，不幸中弹，英勇牺牲。指战员们无比激愤，与敌人展开激烈的肉搏战，将敌人一举歼灭。

五、雪山草地铸丰碑

“雪皑皑，野茫茫，高原寒，炊断粮。
红军都是钢铁汉，千锤百炼不怕难。
雪山低头迎远客，草毯泥毡扎营盘。
风雨侵衣骨更硬，野菜充饥志越坚。
官兵一致同甘苦，革命理想高于天。”

中国人民解放军最年轻的开国上将萧华创作著名的长征组诗《过雪山草地》时，动情地指出“官兵一致同甘苦，革命理想高于天”一句，“写出了长征时的精神状态，红军正是依靠这种崇高的革命信念才完成了长征的壮举”。

过雪山草地是长征最艰险的一段行军。雪山高寒缺氧，草地气候变化无常、沼泽遍布，夺去的战士生命难以精确统计，粗计在万人以上。这样险恶的自然环境，红军并非只经历一次，而是屡次经受考验。

皑皑雪山、茫茫草地，见证了红军将士们对革命的坚定信念。官兵间团结互助的生死情谊支撑着他们挺过了最艰难的时刻，铸就了长征中最壮丽的丰碑。

（一）雪山低头迎远客

雪山并非简单指山顶有积雪覆盖的山峰，而是要求达到一定的海拔高度。一般把海拔在 4000 米雪线以上的山峰，称为雪山。在主力红军的行军途中，唯有青藏高原东南边缘的川西北有海拔 4000 米以上的雪山。因此，长征中翻越的雪山集中在这一带。

长征中红军翻越的雪山，目前为止并没有权威的精确统计。习近平总书记在 2016 年 10 月 21 日纪念红军长征胜利 80 周年大会上的讲话中提到，红军共翻越海拔 4000 米以上的雪山 20 余座。[1] 主要集中在四个时间段：1935 年 6 月，红一、红四方面军会师前后；1936 年 1 月，红四方面军西进康北期间；1936 年 4 月，红二、红六军团北进甘孜期间；1936 年 7 月，红二、红四方面军会师后北上期间。由于有的雪山红军不止一次翻越，因此实际翻越雪山的次数要更多。

红一方面军主要翻越 5 座雪山。1935 年 6 月，为与红

[1] 据有关人员的勘测和不完全统计，红军翻越海拔 4000 米以上雪山 72 座以上。数据相差如此之大，一是由于统计口径不一致，有的雪山三个方面军都翻越过，重复统计。二是对雪山群的统计方法，以及对一些小雪山是否翻越存在争议。哈达铺红军长征纪念馆展出红军翻越的主要雪山有 21 座（除去重复的）。本文只统计主要雪山。

★ 梦笔山

四方面军会师，红一方面军翻越夹金山，这是红一方面军长征中翻越的第一座雪山。7 月上旬，又相继翻越梦笔山、长板山、仓德山、打鼓山等雪山。雪山地区的行程约 31 天，1350 公里。

红二方面军（红二、红六军团）主要翻越 8 座雪山。1936 年 4 月底，为与红四方面军会师，红二、红六军团渡金沙江北上后翻越了海拔 5300 米的雅哈雪山。随后，陆续翻越了玉龙雪山、小雪山、大雪山、茨布腊山、扎拉牙卡山、藏巴拉山、东隆山（如今又名红军山）等雪山。

红四方面军翻越雪山数量最多，主要有 13 座，包括虹桥山、鹧鸪山、梦笔山、长板山、仓德山、打鼓山、夹金山、格达梁子、党岭山、罗锅梁子、剪子湾山、卡子拉山、折多山等。红四方面军是最早踏入雪线区域的部队，在红一方面军翻越第一座雪山夹金山时，率先进入川西北的红四

★ 红一方面军长征途中翻越的第一座大雪山——川康边界的夹金山

★ 油画：《夹金风雪》（沈尧伊　作）

方面军先头部队已经翻越了4座雪山，其中，1935年5月翻越的第一座雪山红军棚子，是红军长征首次翻越的雪山。红四方面军在雪线停留时间也最长，曾7次翻越虹桥山、梦笔山、夹金山等海拔4100米以上的雪山，全军累计翻越雪山超过20次。

翻越雪山最大的挑战是高寒缺氧。雪山一年有半年都是大雪封山。尤其山顶气候多变，一会儿漫天大雪，一会儿暴雨倾盆。红军翻越雪山大部分在春、夏季，常常山脚是夏季，山腰是春秋季，山顶则是肃杀的冬季，气候差异相当大。红军穿着单薄，没有足够的冬衣御寒，也没有烧

★ 漫画：《下雪山的喜悦》（黄镇　作）

酒取暖，只能嚼着辣椒靠自身运动取暖。而且随着海拔升高，山顶极度缺氧，很容易出现呼吸困难、头昏脑涨等高原反应，每挪动一步都要使出全身的力气，这时即使走得再累也不敢坐下来休息，一坐下就再也起不来了。红军战士多来自湖南、江西、广东、福建等南方地区，没有见过如此高海拔的雪山，也没有经历过如此严寒刺骨的气候，很难适应。周恩来翻越夹金山时患了感冒，下山后不停地咳嗽，这是随后出现险些夺取他生命疾病的第一个症状。健壮的朱德也得了支气管炎，留下的后遗症终生没有治愈。红六军团政治部主任甘泗淇总结过雪山情况说：“在雪山上停顿、休息和吃雪水的致死近百人。由白松到茨乌走错了路，过了一座雪山死亡亦数十。由东南又多过一座雪山，突然天变下大雪，冻死近 40 人。十三团亦因前面队伍走不动停顿被冻死近 30 人……”

然而，面对这样的生死考验，红军毫无惧色，硬是凭着顽强的毅力和团结互助的精神，征服了一座又一座“神仙山”。

1. 毛泽东拄着木棍过夹金山

夹金山是红一方面军翻越的第一座雪山。海拔 4600 多米，终年白雪皑皑，寒气袭人，被人称为“神仙山”。

毛泽东过夹金山时，不要任何特殊照顾。他拄着一根木棍走在前面，坚持不骑马，不坐担架。有时警卫员想搀扶他一下，也都被他谢绝了，说：“这种路，你们自己走得也很吃力啦！”本来他有一匹黄骠马，大家劝他说：“主席，您不骑马，那就拉着马尾巴走吧，这样安全，也省劲多了！”他却微笑着说：“马，首先应该让给伤病员和体

弱的女同志。多有一个同志爬过这雪山，就为革命多保存了一份力量啊！”

毛泽东不但自己不要警卫员照顾，还时时关心照顾周围的同志。虽然他自己衣着单薄，却心疼身边的警卫员每人只穿一套单军衣，穿得太少了。有的同志不小心陷入过膝没腰的深雪里，用力拔着脚，只要是让毛泽东看见了，他总是伸出有力的大手给拉上来，并且提醒大家，紧靠路边走，不要往外偏，那样容易掉进雪里。

快接近山顶时，风小了，风中夹带的雪块也少多了。但是，更大的困难也来了，因为越往上走空气越稀薄，呼吸十分困难，就好像嘴里堵上了一条毛巾，呼气憋得慌，吸气更费劲，心里通通跳。

这时，毛泽东的警卫员吴吉清头晕眼花，只知道拼命往上拉戴天福。戴天福说不出话来了，他大张着嘴，费劲

★ 油画：《翻越夹金山》（沈尧伊　作）

地喘着气，脸色很不好看。后来实在坚持不了了，他说："我想坐一会儿。"一屁股坐在雪地上。

毛泽东看到这情况，走过来着急地说："戴天福同志，你坐在这里是非常危险的。来，我背着你走！"

戴天福想挣扎着爬起来，但刚站起来，又倒了下去。最后吴吉清在毛泽东的协助下，将戴天福背到背上，用尽自己平生最大的力气，慢慢朝山顶上走去。眼看离山顶就差几十步了，这时，吴吉清才发现，毛泽东正用力扶着他们俩向山顶走。

毛泽东还鼓励大家："你们看！红旗插到了山顶呢。大家快上吧！"此刻，红日当空，一幅奇异的景象出现在大家面前，山顶上插着一面迎风飘扬的镰刀、斧头红旗，在漫天皆白的雪山衬托下，显得分外鲜艳夺目，庄严美丽。"红旗！"大家异口同声地喊着，浑身上下陡然增添了许多力量，加快脚步冲向山顶。

★ 宝兴县雪山丰碑主题雕塑及红军长征翻越夹金山纪念馆

毛泽东健步登上雪山，迎着瑟瑟的寒风，站在山顶上，很有兴致地俯瞰着祖国大地的瑰丽景色，展现出伟大的无产阶级革命领袖的广阔胸怀和蓬勃的革命朝气！这对其他年轻的革命战士是多么有力的鼓舞和教育啊！

2. 永远的丰碑

在小学语文课文中，有这样一个故事。

红军队伍在冰天雪地里艰难地前进。严寒把云中山冻成了一个大冰坨。狂风呼啸，大雪纷飞，似乎要吞掉这支装备很差的队伍。将军早把他的马让给了重伤员。他率领战士们向前挺进，在冰雪中为后续部队开辟一条通道。等待他们的是恶劣的环境和残酷的战斗，可能吃不上饭，可能睡雪窝，可能一天要走一百几十里路，可能遭到敌人的突然袭击。这支队伍能不能经受住这样严峻的考验呢？将军思索着。

队伍忽然放慢了速度，前面有许多人围在一起，不知在干什么。将军边走边喊：“不要停下来，快速前进！”将军的警卫员回来告诉他：“前面有一个人被冻死了。”

将军愣了愣，什么话也没说，朝那边走去。

一个冻僵的老战士，倚靠一棵光秃秃的树干坐着，一动也不动，好似一尊塑像。他浑身都落满了雪，可以看出镇定、自然的神情，却一时无法辨认面目。

半截带纸卷的旱烟还夹在右手的中指和食指间，烟火已被风雪打熄。他微微向前伸出手来，好像要向战友借火，单薄破旧的衣服紧紧地贴在他的身上。

将军的脸上顿时阴云密布，嘴角边的肌肉明显地抽动了一下，转过头向身边的人吼道：“叫军需处长来，为什

★ 漫画：《翻越夹金山》（黄镇 作）

★ 油画：《过雪山》（吴作人　作）

么不给他发棉衣？”一阵风雪吞没了他的话。他红着眼睛，像一头发怒的豹子，样子十分可怕。没有人回答他，也没有人走开……

“听见没有？警卫员！快叫军需处长跑步过来！”将军两腮的肌肉大幅度地抖动着，不知是由于冷，还是由于愤怒。

这时候，有人小声告诉将军：“他就是军需处长……”

将军就要发火的手势突然停住了。他怔怔地伫立了足有一分钟。雪花无声地落在他的脸上，溶化成闪烁的泪珠……他深深地呼出了一口气，缓缓地举起了右手，举至齐眉处，向那位与云中山化为一体的军需处长敬了一个庄严的军礼……

雪更大了，风更狂了。大雪很快覆盖了军需处长的身体，他变成了一座晶莹的丰碑。

将军什么话也没说，大步地钻进了弥天的风雪之中，他听见无数沉重而又坚定的脚步声，那声音似乎在告诉人们：如果胜利不属于这样的队伍，还会属于谁呢？

这个故事的原型是长征中的一位军需处长胡军，他1889年出生，1935年过雪山时，他把棉衣分给了别的战士，而自己却穿着单薄破旧的衣服，终因过度寒冷而壮烈牺牲。以他为原型的故事《丰碑》，又名《军需处长》，收录到了小学语文课文，广泛流传开来。

★ 插画：《丰碑》（王惟震　作）

3. 最后的党费

丹巴与道孚之间，横亘着终年积雪的折多山。其主峰党岭雪山海拔 5470 米，有“万年雪山”之称，当地藏族人把它奉为“神山”，这是红军长征中翻越的最大一座雪山。雪山上寒风怒吼，大雪弥漫，气温达零下二十多摄氏度。1935 年 2 月 11 日至 23 日，红四方面军翻越折多山，不少指战员被冻僵在雪堆里，长眠在党岭山上。

红四方面军总兵站部部长吴先恩在回忆录《党岭山上》中记述了这样一个故事。1936 年 2 月，吴先恩率部翻越党岭山。走到前一天前卫营宿营的山崖下，发现有许多冻僵了的战友的遗体，被埋在雪里。有一只胳膊伸出雪堆，拳头紧握，他们掰开这只手一看，里面是一张党证和一块白洋。党证上写着：刘志海，中共正式党员，1933 年 3 月入党。吴先恩取过党证和白洋，默默地低下了头：“志海同志，你的党证和最后一次党费，一定替你转交给党。安息吧，同志！”

★ 雕塑：《雪山忠魂》

4. 炊事班长三过夹金山

长征中任红五军团第十三师第三十七团政治委员的谢良回忆了这样一个故事。

1935 年 6 月的一天傍晚，红一方面军红五军团三十七团好不容易翻过夹金山，来到宿营地。刚要进村，团长就接到军团首长的一封信，信中说：为了保卫党中央，掩护红一、红四方面军休整，你们接到信后，迅速返回夹金山，再至盐井坪一线坚守阵地，继续阻击尾随的敌人。

★ 雕塑：《红军炊事员》（稽信群 作）

任务来得太突然！才过雪山，马上又要返回。战士们虽然很惊愕，但都表示要坚决完成任务。团长和政委经考虑后决定：一些年纪大的、身体不好的红军战士，就留在这里，不要再过雪山了。但是，一连炊事班长老刘却坚持要和大家一块回去。谢良本想劝老刘留下，但看他要求得如此恳切，便没有明确地答复，只说让他们连长、指导员考虑决定。可是，当谢良离开时，却听见老刘在背后大声地对同志说："为了党中央的安全，为了几十万红军的安全，这样光荣的任务我能不参加？再说，我不过去，你们吃什么呀？"

第二天拂晓，在"再过夹金山，守住盐井坪"的响亮口号下，部队又一次向雪山进军。谢良一眼就在队伍里发现了炊事班长老刘，他挑着油盐担子，走得飞快，从谢良身旁经过时，笑嘻嘻地说："政委，我们连长指导员叫我给说服啦！"

部队迅速第二次翻越雪山，回盐井坪，在那里和敌人对峙整整一个星期后，接到上级来电：中央政治局在两河口举行会议，确定集中主力向北进攻。红三十七团接此电后，应立即翻过夹金山，经达维到懋功待命。从第一次过雪山那天算起，红三十七团要第三次翻越夹金山了。

这一次部队仍沿着前两次的路线走，一路很顺利。然而，快到山顶时，暴风雪突然袭来。整个雪山，呼啸着，咆哮着，如千军呐喊，万马奔腾。人往前走，狂风像只无形的巨手把人们挡住；稍抬起头，雪粒便唰唰地迎面射来。为了防止被旋风卷走，战士们五六个人结成一个蘑菇形的人环，低着头，蹲在地上不动。尽管这样，有的同志还是倒下去了，但是大家不退缩，不屈服，同雪山上的风暴英勇顽强地搏斗着！

部队登上山顶的时候，暴风雪逐渐减弱。但每个人都已精疲力竭。

“老班长！老班长！”突然从不远的地方传来一阵惊呼。谢良抬头一看，前面路旁围着一堆人。他心想不好，急忙赶上前去，只见一连炊事班长老刘脸色苍白，躺在雪地上，已经不省人事了。

“赶快叫医生来！”谢良对站在旁边的一连指导员说。

“去叫了。”指导员说：“哎！真想不到，刚才还好好的，起暴风雪那阵，别人要挑他的担子，他还不愿意。快到山

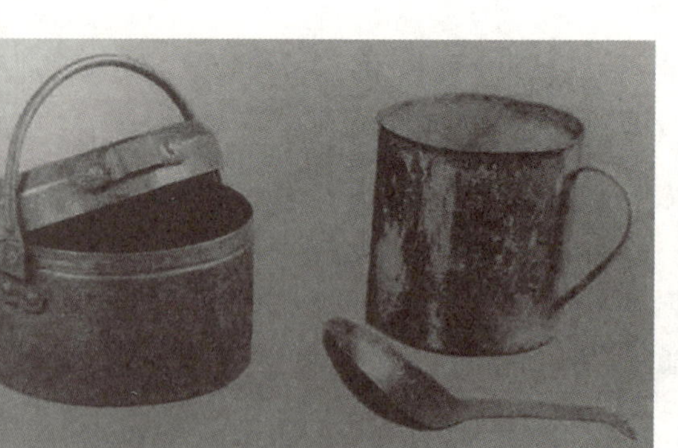

★ 红军长征时使用的茶缸和饭盒

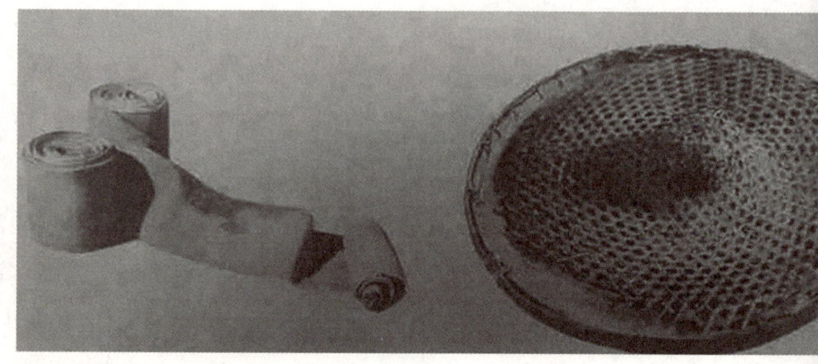

★ 红军战士的裹腿和斗笠

★ 油画：《红军过雪山》（艾中信　作）

顶时，他就气喘得不行，一到山顶就坐下，坐下后就躺倒，昏迷不醒，再也起不来了……”

医生赶来，经过一番抢救，又痛心地摇摇头。一连指导员俯下身子，大声叫道：“老刘！老刘！”开始老刘没有任何反应，后来才微微睁开两眼，牵动了一下嘴唇，小声说道：“指导员，我对不起党，没有能够坚持……”

“老刘，不要紧的，你会好的！”谢良安慰他说。

他强睁着眼，转向谢良，说：“政委，我……不行了，过不去了。”突然，他一只手颤抖着伸进口袋，拿出一个手绢包，塞到指导员的手里，而后微微一笑，断断续续地说：“同志们，跟着毛主席前进，北上抗日！”说完，就紧闭了双眼，虽然同志们大声呼喊，他却再也不吱声了。

打开手绢后，里面有两张用旧了的中央革命根据地的钞票和一块银元，还有一张小纸条，上面有两行模糊的铅笔字：“如果我牺牲了，这是我的最后一次党费。”

5. 长征四老煮马皮

在翻越打鼓大雪山时，徐特立、林伯渠、董必武、谢觉哉结伴而行。

当部队在半山腰的中打鼓村休息时，大家分头去找野菜当干粮。林伯渠发现了一块剥下很久的烂马皮，立刻和警卫员一起拖了回来。大家非常高兴，说："今天可以开荤啦！"经过捡柴、烧火去马毛等一通忙活，把割成一小块一小块的马皮在临时找来的瓦盆里煮起来了。煮着煮着，耐不得高温的瓦盆"咔吧"裂成了几块。马皮也掉在柴火堆里，灰糊糊撒了一地。几位老先生又好气，又好笑。徐特立说："嗨！看来诸位真是没得口福，到了嘴边的'肉'，竟不能入肚，惜哉，惜哉！"引得大家一阵笑。之后，几位老人捡起掉到灰里的马皮洗净，重新捡柴、找锅，又煮了起来。好久之后，马皮终于煮烂了。

★ 油画：《老兵》（天友庄 作）

几位老先生已经很长时间没有尝到肉味了，虽然马皮已经腐烂带了点儿味，可是吃到嘴里，仍然是香喷喷的。尽管没油少盐，大家也你一块我一块地吃开了。不过嚼着嚼着，大家觉得不对劲。原来，马皮上的毛虽然被火燎掉了，可是毛根还在皮里，水一煮都鼓了出来。往下咽时，刺得嗓子又痛又痒。不吃吧，肚子实在叫苦。林伯渠打趣说："革命要紧，咬着牙往肚子里吞吧！留得生命在，全国革命就开花。"大家都笑了。

吃了一会儿，林伯渠说："我们不能吃了上餐不留下餐，要把爬山的干粮留下来啊！"于是，几位老人在干粮袋里装了几块煮熟的马皮，拄着木棍，精神抖擞地上路了。他们和战士们一道，踏着积雪，翻过了最后一座雪山。

后来毛泽东听说了四老吃马皮的故事，十分赞扬他们的革命乐观主义精神。有一次，毛泽东碰到了谢老，还风趣地问："谢胡子，马皮的味道怎么样？"

★《毛泽东与长征中的四老》（沈尧伊　作）

★《长征四老》（沈尧伊　作）

6. 王震过雪山

★ 王震

"百洞寒裘絮如飞，狂雪飘落换银衣；
草鞋连踝陷三尺，飕飕刺骨寒风厉。
弓月西挂茫茫夜，饥冷攻齿发故疾。
义愤天海征万里，壮怀远古今古稀。"

这是红二方面军女将军李贞翻越雅哈雪山（又称中甸雪山）留下的诗句。从中可见红二方面军过雪山的艰险。红六军团政治委员王震总结部队过雪山情况时写道："由中甸而定乡、稻城、理化、瞻化，到达甘孜等县。越过三

★ 红军翻越雪山时穿的鞋

座最大的雪山：一座是从格罗湾到小中甸的大雪山，50多公里，5月2日翻的；一座是从瓮水到易窝的大雪山，约60公里，5月12日翻的；最后是从那坡到德窝的大雪山，75公里，6月1日翻的。此外，还翻了许多小雪山。翻雪山时，虽身穿皮衣，仍感严寒。特别是有的山上大雪纷飞，虽在6月炎天，积雪犹深数尺。更为厉害的是雪山顶上空气稀薄，供给人体需要的氧不够，常头晕、脚无力，几乎不能行走。但是，每个指战员为了争取一、二、四方面军的西北大会合，完成抗日的光荣任务，忍受与克服自然界的困难，互相帮忙与勉励，终于通过了雪山的障碍。这种冲破天然障碍的英勇行为，只有红军才能够做到。”

长征路上，许多指战员目睹了王震爱兵的动人情形：爬雪山，过草地，通过无人区，他很少骑牲口，而是让给伤病员骑。牲口上驮的粮食、牦牛肉干，也大多让警卫员、译电员吃了；还有一部分则分发给沿途的伤病员当救济品了。

★ 红军爬雪山时防滑用的脚马子

据曾任红六军团司令部警卫员的贺劲南回忆，有一次，他和司号员都病倒了，眼看着就要翻雪山，他们两个人急得吃不下，也睡不好，更没有办法照顾首长，内心深感不安。王震发现后，同他俩谈心，安慰鼓励，要他们打消思想顾虑。王震说："明天翻雪山骑骡子嘛！"还鼓励他们，"已翻越过的，那是大雪山，而明天要翻越的，只是小雪山，不要紧的。你们如果胆小害怕，我们就三人一起骑骡子。"贺劲南和司号员说："请首长骑骡子，我们就拉骡子尾巴吧！"王震笑着说："骡子大，我骑中间，老鼠子（司号员绰号）骑前头，你老表骑后头，结成三位一体，请老吴给我们保驾。"

翻雪山那天，天气较好，没有刮风下雨，在王震的亲切关照下，他们接连翻过两座小雪山，平安地到达了宿营地。贺劲南记得，在爬第二座雪山时，还有一个病员拉着骡子尾巴挺了过来。这个骡子的承受能力可真是惊人啊！

★ 油画：《拽着骡子尾巴过雪山》

7. 十二次翻越夹金山的藏族战士

1935 年 5 月底 6 月初，红四方面军长征来到了四川阿坝理番县（今理县）。年仅 15 岁的藏族小伙胡宗林（藏名仁钦索朗）加入了红四方面军第三十一军，被分配在学兵连。

红一、红四方面军懋功会师后，制定了北上抗日的方针。随后，胡宗林跟随红四方面军总部，第一次翻越夹金山，向阿坝挺进。胡宗林被派到先遣队的收容队，负责收容前面部队留下的伤病员和掉队的战士。翻过雪山后，又过草地，走到葛曲河边时，因张国焘不愿北上，部队折回来，开始南下，胡宗林第二次翻越了夹金山。他仍在收容队，帮助许多体弱的战士一起翻过了大雪山。

★ 红军御寒用的破麻布片

★ 藏族老红军胡宗林与爱人张华合影

南下后，红四方面军打了几场胜仗，但百丈关战役后，红军伤亡很大，从战略进攻转为战略防御，张国焘被迫再次回到藏区。这时，红四方面军有五个军，总部命令董振堂率领第五军翻过夹金山，进驻丹巴，准备向炉霍、道孚、甘孜方面发展。丹巴在大渡河边，那里是山区，地广人稀，粮食短缺，红四方面军总部又指示第三十一军组织运粮队，负责向红五军运送粮食。于是胡宗林被调回政治部地方部，到运粮队当通司（翻译）。

★ 红军长征爬雪山穿过的钉子布鞋，鞋子底部为圆形平头铁钉，铁钉主要作用是防滑，和脚马子的作用非常相似。鞋底和鞋帮质地主要为麻、布、棉，通过麻绳缝制起来

夹金山在两个粮站之间，运粮队一来一回，就要翻两次山。这时是1935年底，大雪封山的季节，一般人在这个季节是绝不会过雪山的，更别说夹金山这样高大险峻的雪山。但上级要求运粮队把粮食、腊肉等生活必需品在年前送到，让第五军的战士们过好1936年的春节。于是运粮队就在寒冬季节往返5次，共翻越了10次夹金山。

就这样，胡宗林一共12次翻越了夹金山。由于胜利完成运粮任务，胡宗林等运粮队成员受到军首长表扬。胡宗林本人还在颁奖大会上获得了一块可以遮风避雨、防雨防潮的油布。

★ 油画：《翻越夹金山》（孙立新　作）

8. 海拔最高的红军烈士墓

在四川境内有一座海拔 4800 米的亚克夏山，“亚克夏”在藏语中意为“不可逼近的神山”，这里空气稀薄、气候多变，是红军长征时翻越的雪山之一。

1952 年 7 月，中国人民解放军轻骑师一三七团执行任务，经过亚克夏山时，发现了 12 具遗骸。为了确认遗骸的身份，一三七团找到了长征中曾经 3 次翻越亚克夏山的中国人民解放军一四一团团长唐成海。通过对皮带扣和铜环的分析，唐成海最终认定，这 12 具遗骸，是 1936 年 7 月，红二、红四方面军甘孜会师后共同北上时组成的右路纵队中的最后一支部队。

★ 亚克夏山

这 12 位红军战士牺牲后，一直躺在雪山垭口，这里天气多变，地形复杂，渺无人迹。红军战士的遗体经日晒雨淋 16 年，直到 1952 年才被发现。一三七团就地造坟立碑，敬献花圈，举行了一个庄重而简单的祭奠仪式，让红军烈士入土为安。

1982 年有关部门拨款，由红原县人民政府重建了红军烈士墓。这座位于亚克夏山的红军烈士墓，也成为目前海拔最高的红军烈士墓。安葬在此的 12 位红军战士没有留下姓名、年龄，更不知道他们的家在何处，但是巍峨雪山见证着他们的铮铮铁骨，铭记着他们对党、对革命的无限忠诚。

★ 亚克夏山红军烈士墓

（二）草毯泥毡扎营盘

★ 若尔盖草原湿地

红军长征中穿越的草地实际是一片沼泽地，位于四川西北部的若尔盖高原，现属四川阿坝藏族羌族自治州，沼泽面积达 3000 平方公里。

当年草地茫茫无边，没有石头，没有树木，更没有人烟。草地里找不到一条路，脚下是一片草茎和长年累月腐草形成的“泥潭”，如果用力过猛就会越陷越深，再也爬不出来。草地里的气候更是变化无常，一会儿烈日，一会儿冰雹；一会儿暴雨，一会儿大雾。老红军王纪芝所在的队伍有一次迷了路，走了两天怎么也走不到头，只好折回找当地藏民。可藏民一听惊恐瞪眼：“要过草地？那是魔鬼居住的地方！”

★ 油画：《过草地》（上海大学美院创作组　作）

★ 草地第一村——班佑

红军在长征中一共3次穿越草地。

第一次过草地是1935年8月下旬至9月初。红一、红四方面军会师后，中共中央政治局确定集中主力向北进攻，创建川陕甘根据地的战略计划。但因张国焘借故延宕，敌情发生变化，中共中央、中革军委不得不改经自然条件十分恶劣的草地北上。8月3日，红军总部制定《夏洮战役计划》，将红一、红四方面军混合编组成左、右两路军，穿越草地，北出夏河、洮河流域。

右路军包括红一方面军第一、第三军，红四方面军第四、第三十军，军委纵队的大部分以及新成立的红军大学，由徐向前、陈昌浩、叶剑英率领，集结北上，经草地到班佑。毛泽东、张闻天、周恩来等中央领导人随右路军行动。左路军包括红四方面军第九、第三十一、第三十三军，红一方面军第五、第三十二军，由朱德、张国焘、刘伯承率领集结北上。

8月18日，为北出陕甘，右路军开始陆续出发。进入草地后，几乎无日不雨，雨水不仅淋透了战士们的衣裳，也淹没了部队前进的路线，有的战士也因此偏离部队路线，不幸被沼泽所吞噬。8月，正是草地冰雹肆虐的季节，面对突如其来的冰雹，战士们连藏身之处都没有。而草原气候变化多端，因海拔高，白天最高气温可达三十摄氏度，晚上却有寒冷的高原风夹着雪花袭来，昼夜温差在二十五摄氏度以上。经过7天的艰难跋涉，右路军各部陆续走出草地，但也付出了惨痛代价。据统计，仅红一军，在草地掉队和牺牲的，就在500人以上。二师六团由于减员太多，过草地后改编为五团二营。刘英回忆：过草地的 7 个昼夜是长征中最艰难的日子，走出草地后，“我觉得是从死亡的世界回到了人间”。相比之下，左路军由于未经沼泽地带，因此经草地向阿坝进军较为顺利。左路军从 8 月中旬陆续出发，途中曾与骑兵作战，至8月21日通过草地，占领阿坝。

第二次过草地是1935年9月中旬。在张国焘的强行命令下，红军左路军先头部队第五军和第九、第三十一军各一部，右路军之第四、第三十军等被迫从阿坝、包座南下，向大金川流域的马塘、松冈、党坝一带集结。这时已经是秋季，秋风萧瑟，天气转寒，战士衣单鞋缺。虽然战士们有了第一次过草地的经验，但粮食更缺乏，供给更困难。郑维山回忆：“草地行军的艰苦，本来就是史无前例的。我们二次过草地，更是苦不堪言，特别是又值深秋，无衣无食。部队刚刚经过包座、松潘苦战，掉队的人日益增多，冻死、饿死的同志更是不少。许多人想不通，为什么不跟党中央北上呢？为什么又经过草地向南走呢？”二次过草地，红军牺牲了不少人。仅第三十军就由 8 个团变成了 6 个团。

★ 红原瓦切红军过草地纪念碑

★ 油画：《红军过草地》(张文源　作)

第三次过草地是1936年7月中旬至8月初，红二、红四方面军甘孜会师后，为北出陕甘而穿越草地。红军共分成三个纵队：

中路纵队由红四方面军第九军、第四军第十二师和独立师、第三十一军第九十三师及方面军总部组成，徐向前率领，从炉霍地区出发，经壤塘、查理寺、毛儿盖向包座前进。

左纵队由红四方面军第四军第十师和第十一师、第三十军第八十八师及红二方面军组成，朱德、张国焘率领，从甘孜地区出发，经东谷、西倾寺、阿坝向包座、班佑前进。

右纵队由原红一方面军第五军、红四方面军第三十一军第九十一师组成，董振堂率领，从绥靖、崇化地区出发，经卓克基、马塘向毛儿盖、包座前进。

虽然有了前两次过草地的经验，各部队做了充分的准备工作，物资准备还算充分，但这次路程比以往两次都远。其中，除了右纵队路程与1935年右路军所走里程基本相等外，仅中央纵队从炉霍到上包座，行程即在1500里以上。左纵队行程更远。红二、红四方面军主力从出发到走出草地，历时约一个月。而红军出发前，由于当地物产不丰，最多的部队也只带了15天干粮，少的则只有七八天。因此，这一个月的艰难行程中，粮食极为匮乏。红军不得不沿途筹集牛羊、挖野菜、钓鱼……想尽办法来维持日食。走在后面的红二方面军，缺粮情况更为严重，就连野菜也因为被前面部队采完了而很难找到。部队不得不以牛皮、牛羊骨髓，甚至皮带、皮鞋烤焦煮熟充饥。饥饿、严寒、疾病……日益削弱着部队体力，1936年7月22日一日雨雪，就使得六师死亡140人。

★ 红军经过的沼泽地——阿坝县箭步塘

★ 漫画：《草地行军》（黄镇 作）

苦难，磨砺着红军战士的钢铁意志，更见证着红军战士的高尚情怀和深厚情谊。老红军贺文玳说："过夜时，战士们总是自觉地将干的草地留给年纪大的同志，湿草地则被小青年们抢着睡。"老红军谢元珍说："有次我一脚踩进水草地，水已经没过胸口，一位骑马的干部伸出大手拉了我一把，救了我一命。死里逃生，可现在我都不知那干部名字……"在草地里，有的战士走不动了，别人就扶着他或背着他走。有的战士饿晕了，身边的战友毫不犹豫地把自己仅存的一点儿干粮递过去。有的战士陷入泥潭中，战友们便立即用绑带、木棍进行营救。许多战士为了抢救别人，自己陷入沼泽中，牺牲了生命。老红军钟明说，最难受的，就是在草地里看到东一堆西一堆的遇难战友手手相连，实践着"同生死共患难"的誓言。

杨成武将军回忆起这段历史，感慨地说："草地，茫茫的草地，残酷无情的草地，你夺去我们多少战友宝贵的生命，……他们的心脏虽然停止了跳动，可是他们的英雄事迹、斗争精神，与日月同辉，与山河共存。"

★ 国画：《泥潭救战友》（柴山林　作）

★ 油画：《峥嵘岁月》（林岗　庞涛　作）

1. 一块马肉

进入草地后，由于部队缺粮，不少伤病员病情恶化。毛泽东了解到这一情况后，立刻指示副官处利用中途休息时间，杀掉几匹马，把马肉分送给各连队的伤病员。

副官处的同志考虑到毛泽东日夜操劳，而且每天和大家一样行军八九十里，途中还要坚持工作，想送给他一点儿马肉。可他坚持不要，每天和战士一样吃着青稞野菜汤。

怎么办呢？副官处的同志想来想去，想出了一个办法，他们等毛泽东不在，偷偷把一块巴掌大的马肉送到了警卫班。正巧，警卫班的几个战士粮袋全空了，正发愁怎么做吃的，听到副官处的同志说清来意，也都非常高兴。于是瞒着毛泽东收下了马肉，想着等到了宿营地，做熟了再汇报。

★ 油画：《红军过草地》（刘仑　作）

★ 1934 年毛泽东与警卫员在瑞金，左起：毛泽东、吴光荣、陈昌奉、戴天福

★ 油画：《长征中的毛泽东》（沈尧伊 作）

谁知毛泽东早有打算，他知道大家的粮袋都空了，在到达宿营地之前，就带着警卫班的几个战士，一边走路，一边在草丛中采摘野菜、野葱，准备好了吃的东西。

到宿营地后，几个警卫战士悄悄拿出那块马肉，打算混着野菜、野葱煮汤吃，不料被毛泽东瞧见了。他一见马肉，就说：“你们又打埋伏了！”说罢，一面帮着吹火，一面又吩咐说：“马肉不能完全吃尽，要给戴天福同志留下一些。”戴天福是警卫班中年龄最小的一个战士，毛泽东平日对他非常照顾。长征到达大渡河时，戴天福患了疟疾，由于过雪山劳累，进草地后再次病发，而且病势越来越重。

警卫员们听毛泽东说到戴天福，便宽慰他说：“粮袋虽然都空了，总还能倒出几把米来，给戴天福同志留着。小戴是重病号，他一定能分到一份马肉！”大家还是想让毛泽东吃这块马肉。

毛泽东说：“还是留下一些好，万一他分不到马肉，不就可以补救啦！”

正说着，只见警卫员钟福昌气喘吁吁地走来，身后跟着两个担架员。毛泽东一看担架员空手走来，就有不好的预感，急问："戴天福同志呢？"

钟福昌的嗓子像被堵住似的，悲痛地说："他在中途休息后，刚走了1里多路，就牺牲啦。"说着就掉下了眼泪。他交给毛泽东一个纸包。毛泽东打开一看，是巴掌大的一块马肉。这是副官处分给戴天福的。

钟福昌擦了擦眼泪说："戴天福同志临死的时候，让我把这块马肉，一定要交给主席。他说，他没有什么牵挂的，只盼望革命早日成功。请您多多保重身体。他还让我转告警卫班的同志好好照顾您。"一番话，说得大家都哭出声来了。

毛泽东久久没说出话来，他拿着戴天福转交给他的那块马肉，翻过来，调过去，看了又看，然后把马肉包好，沉痛地说："成千成万的烈士，为了中国人民的解放事业英勇地牺牲了。这种精神一定会感动全国人民，感动全世界人民，来支持我们的正义事业。而这种正义事业是必定要胜利的。"

★ 红军自制的草鞋

2. 半碗青稞面

在荒无人烟的草地上，红军战士只有可怜的一点儿青稞面做干粮。

周恩来和战士们一样，绝不多吃一点儿青稞面，还教育战士们，为了能走出草地，北上抗日，一定要特别爱惜粮食。战士们听了他的话，都把仅有的青稞面装在粮袋里，拴在腰上。

青稞面越来越少，战士们只能用一点儿青稞面掺在野菜里煮汤喝。

战士吴开生的青稞面吃完了，已经饿了两天，周恩来知道后，就让警卫员把自己省下的青稞面给吴开生两碗。他看着吴开生蜡黄的脸，语重心长地说："这是革命呀！"吴开生流着眼泪说："我只要有一口气，就要跟你走出草地，革命到底！"

★ 漫画：《草地宿营》（黄镇　作）

★《风雨交加过草地》（沈尧伊 作）

一天晚上又是狂风暴雨，用被单做成的帐篷自然挡不住风雨的袭击。战士们都淋成了落汤鸡。周恩来命令战士们都到他作为办公室的帐篷里去休息。

大家怕影响他工作，都不肯去。

他冒着大雨亲自来了，说："你们不去，我心不安。"周恩来的话像火，烤暖了战士们的心。

这样走了几天，草原仍然无边无际。青稞面吃完了，野菜吃光了，军马也杀掉吃了。战士们只好烧皮带吃，甚至把随身带的纸张咽下去充饥，红军陷入了极大的困境。

周恩来命令把仅存的半碗青稞面全部分给大家泡水喝。警卫员急了："那您吃什么呢？"

周恩来两只大眼睛放出了严峻的光芒，清瘦的脸上肌肉抖动着，"有同志们活着，就有我。只要多留一个战士的生命，就给革命事业增加一份力量，拿出来分掉！"这掺上一点儿青稞面的热水，分到战士们的手中。战士们流泪了，这不足半碗的青稞面，是周恩来的心意和生命啊！

战士们又上路了，在茫茫的草地上，行进着摧不垮的钢铁红军。

3. 朱德命名"革命菜"

甘孜休整期间，部队粮食严重缺乏。康北海拔平均3500米，土地贫瘠，年产一季青稞、小麦或豌豆，产量很低，红军征集到的物资、粮食非常有限。于是，部队严格控制粮食消耗，不足部分以野菜代替。但战士们大多不认识野菜，食物中毒事件时有发生。

为了尽可能避免指战员因错吃野菜中毒，朱德总司令亲自组织了一个野菜委员会，吸收藏族农民和医务人员参加，由他带队，从漫山遍野的野草中找出二十几种可以食用的野菜，编写了一本《吃野菜须知》的小册子，发到连队。朱德还亲自给大家上课，教大家识别野菜。

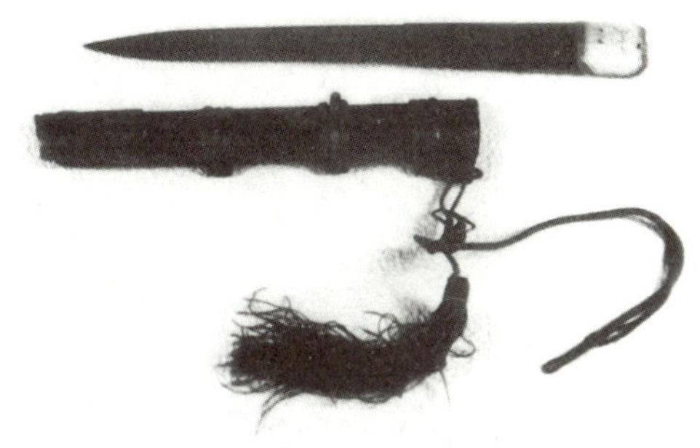

★ 红军长征途中挖野菜用的小刀

为了让战士们更好地辨认野菜，朱德选出60多种野菜，“梳洗打扮”一番，用水滋养起来，办了一个别致的“野菜展览会”。红军指战员们排着长长的队赶来参观，觉得大开眼界、无比新奇。朱德说：“你们看这是什么？是野菜。它们在这荒无人烟的高原上，生长了多少年代？我看谁也说不清。今天，被我们请来参加革命喽！我们就叫它们‘革命菜’吧！”朱德这种不惧艰难、以苦为乐的革命乐观主义精神，感染和鼓励了广大将士们。

★ 红四方面军战士刘毅过草地时采集的野菜

★ 油画：《野菜》（张文源　作）

朱德后来回忆说："逢到极困难的事，在旁人看起来极复杂、十分难解决的事情，对我们好像没有那么回事一样。当过草地的时候，大家都认为是极困难的了。但我认为，草地上有草，有花。红的花，黄的花，都很好看，几十里地都是这样……草又是青青的，河流在草地上弯弯曲曲地、斜斜地像一条条带子一样，往极远处拐了去。远处的牛羊群在草地边缘上无拘无束地、自由自在地到处走动……这些都是极有趣的。"过草地的生活，那可以说是人生极大的、最艰苦的阶段，但我觉得是很有味道的。"

★ 油画：《长征时期的任弼时》（曲湘建　作）

4. 任弼时的半条皮带

1936 年 7 月，红二、红四方面军甘孜会师后共同北上，首先要跨过茫茫草地。第一次过草地的红二方面军做了充分的政治动员，并准备了 10 天的干粮。然而，红二方面军在草地总共行军 20 多天，行程 1000 多公里，携带的干粮吃光了，野菜也找不到了，部队受到严重的饥饿威胁。

一天宿营的时候，警卫员李少清愁眉苦脸地对任弼时说："任政委，今天什么吃的也没有了，怎么办？"任弼时在草地上拔起一把草，笑着说："草儿香，野草香，红军粮食满山冈，这不是吃的吗？"李少清说："这草

★ 红军长征时使用的脸盆，长征中的脸盆是重要的炊事用具

★ 油画：《长征途中的贺龙与任弼时》（崔开玺　作）

不能吃。”任弼时宽慰他：“小鬼不要愁，想想办法。”他沉思了一会儿，忽然看到了李少清身上挎盒子枪的皮带，兴奋地说：“有办法了。看，你身上的皮带可以吃呀！快解下来。”李少清说：“这么好的皮带，怎么能吃掉呢？我还要给你背枪呢！”任弼时说：“现在首先是要解决吃的问题呀！”

任弼时拿着皮带，翻来覆去地看了好几遍，用小刀在皮带上每隔一寸就开一个很长的口子，第一次割下了八块，让李少清找来干树枝，他亲自烧起来。当烧得发焦时，就把皮带上面的黑焦刮下来，再放到水里去煮。煮了一个时辰，差不多就煮烂了。

这时，贺龙、关向应等走了过来。任弼时先吃了一块，风趣地说：“这东西很有味道。”关向应也吃了一块说：“这是好东西，比野菜好。”贺龙看大家吃得津津有味，也吃了一块，一面嚼一面说：“你们真有办法，这个东西嚼嚼也有用。”接着就开始发动部队吃皮带，暂时解决了几天粮荒。

当时，红军战士还新编了一首《牛皮腰带歌》：“牛皮腰带三尺长，草地荒原好干粮。开水煮来别有味，野火烧熟分外香。一段用来煮野菜，一段用来熬鲜汤。有汤有菜花样多，留下一段战友尝。”

当时任弼时有两条皮带，第一条吃了一个星期，又开始吃第二条。任弼时还在这条皮带上刻了一行字：“越吃越健康，将革命进行到底！”

第二条皮带吃到只剩三分之一时，中央发来电报说快到阿坝了。于是，剩下的半条皮带保存至今，成为红军艰苦奋斗的历史见证。

★ 任弼时长征过草地时吃剩的皮带，中国国家博物馆收藏

5. 贺龙分马肉

红二方面军过草地时，为了解决缺粮之苦，贺龙组织大家想尽一切办法寻找吃的东西。

他亲自到小河边钓鱼，把钓到的鱼分给伤员吃。他说："只要是能吃的东西，都要抓来吃，不好吃也要吃。要革命就得吃！"

贺龙有一匹心爱的战马，是一匹高大的骏马，随他转战南北多年，不光救过他的命，而且还救过许多伤病员。贺龙对他的马感情深厚，战士们经常看见他一有工夫，就喜欢去摸摸他的马，理理马鬃，有时候还亲亲马脖子。但是，在过草地极度缺粮的情况下，无处筹粮，事务长只得提议，宰一匹马来改善一下同志们的生活。贺龙批准了。当时部队上的马匹已经很少，同志们对马都有感情，谁也舍不得宰马。事务长动员来动员去，也没有动员出一匹马来。

★ 插画：《贺龙杀马》（柴山林　作）

望着战士因饥饿而浮肿的脸庞，贺龙狠了狠心，让人把他的马拉去杀了，把马肉分给战士们吃。后来战士们发现贺龙的马不见了，才知道他为了大家，把自己的马杀了，于是心里一阵难过。贺龙发现大家情绪不好，问道："同志们，为什么没精打采呀！是不是被困难吓倒啦？""不！不是怕困难，是大家吃了总司令的马，感到……"有人回答。贺龙笑着对大家说："同志们，吃了马肉，应该有精神才对呀！挺起胸膛，让我们一起前进吧！闯过草地，胜利就是我们的！"

★ 贺龙

6. 一袋干粮

一天，红军指战员正在没膝的水草中走着，忽然听到前面有孩子的哭声。走到近前一看，原来是一个面黄肌瘦的妇女，带着两个孩子坐在路旁，哭声是那妇女怀里的孩子发出来的。人们都在这里停了停，有的抓出一把炒麦递给了那个妇女，有的摸摸已干瘪了的粮袋含着眼泪走开了……部队又继续前进，但行列里却看不到谢益先了。大家正在着急，他从后边赶了上来。

★ 油画：《一袋干粮》（白仁海　作）

从那之后，谢益先有了不寻常的变化：以前，一到宿营地，他就忙着帮大家弄水、拾柴、烧水；现在呢，只要放下背包，他就一人走开，等大家吃完东西，他才露面。后来才知道他有意避开大家，去找野菜吃；遇到没有野菜的地方，就干脆喝点儿凉水了事。劝他吃点儿粮食，他就说："日子长着呢，能省就节省点儿。"就这样，谢益先的身体却越来越不顶事，即便这样，他对工作丝毫没有松懈。最终因体力不支，谢益先牺牲了。

走出草地的那天，大家又看到了那个妇女。她带着两个孩子站在路边正东张西望，向大家打招呼。大家这才知道，谢益先把自己的一袋干粮送给了他们。

谢益先把生的希望留给了母子三人，自己却永远长眠在了草地里。

★ 漫画：《背干粮过草地》（黄镇　作）

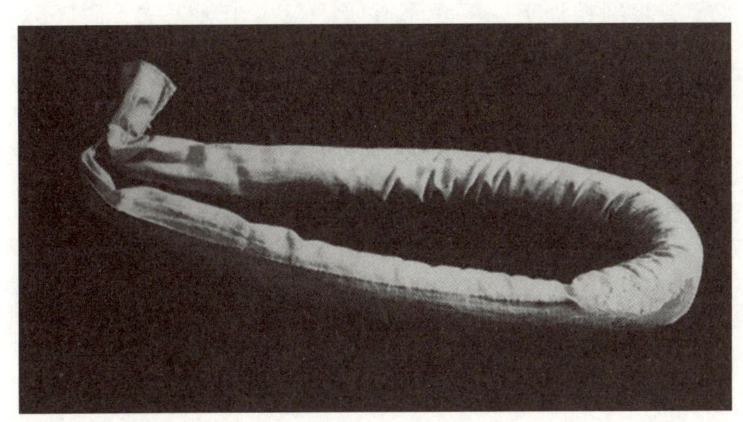

★ 红军长征时使用过的米袋子

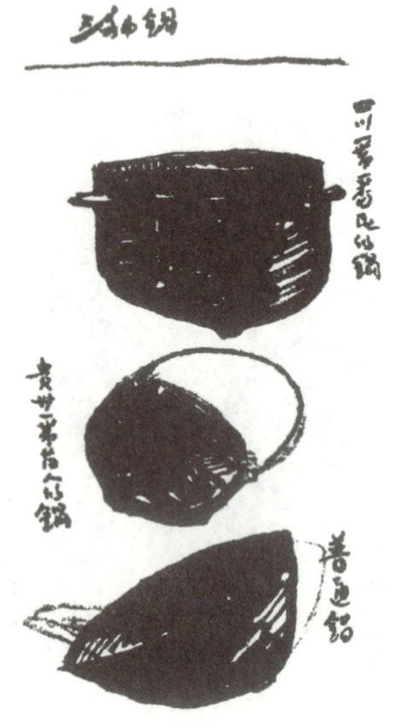

★ 漫画：《三种锅》（黄镇 作）

7. 九个炊事员的故事

长征中，炊事员们为了保证食物与热水的供应，即使在异常艰难的雪山草地行军中，仍必须背负铁锅和食物，因而伤亡也较多。

红三军某连的炊事班长，在进入草地的第二天，就向上级领导提议：给指战员们烧点儿热水烫烫脚。领导觉得草地行军，炊事员比战士更辛苦，担米做饭已经够累的了，怎能再加重负担呢？领导没有同意。可是一到营地，炊事员就已经把洗脚水烧好了。为了使全连同志有热水饮用和烫脚用，炊事员轮流挑着沉重的铜锅。一天，一个炊事员挑着铜锅忽然身子一歪倒下去，一声不响就牺牲了。第二个炊事员跑过去，脸上挂着眼泪，拾起铜锅又挑起走。部队停下休息，炊事班赶忙找地方支起锅，汤烧开了，刚才挑铜锅的炊事员端碗往战士手里送。他刚把汤送给战士，便一头栽倒在地上，停止了呼吸。仅仅半天工夫，眼睁睁地看着牺牲了两个炊事员。

为了保证炊事工作，连长要从战斗班抽人补充炊事班，炊事员们知道后，坚决不同意。第二天，铜锅又被另一个炊事员挑着前进。每天宿营，部队还是照常有开水和洗脚水。部队到达陕北的时候，那口铜锅担在了司务长的肩上。长征路上九个炊事员全牺牲了。可是，在最艰苦的长征中，这个连的战士，除了战斗减员以外，没有因饥饿而牺牲一个人。

★ 雕塑：炊事员的故事

★ 红军长征时使用过的锅

★ 红三十军长征途经四川道孚时送给藏民的铜锅

8. 草地夜行

茫茫的草海，一眼望不到边。大队人马已经过去，留下一条踩得稀烂的路，一直伸向远方。

干粮早就吃光了，皮带也煮着吃了。一名小红军战士空着肚子，拖着两条僵硬的腿，一步一挨地向前走着。背上的枪支和子弹就像一座山似的，压得他喘不过气来。唉！就是在这稀泥地上躺一会儿也好啊！

迎面走来一个老红军战士，冲着他大声嚷："小鬼，你这算什么行军啊？照这样，3 年也走不到陕北！"

他这样小看人，真把小战士气坏了。小战士粗声粗气地回答："别把人看扁了！从大别山走到这儿，少说也走了万八千里路。瞧！枪不是还在我的肩膀上吗？"

他看了看小战士，笑了起来，两人并肩朝前走，边走边聊，原来老红军战士是收容队的，专门负责收容掉队的红军战士。他摘下小战士的枪，连空干粮袋也摘了去。"咱们得快点走呀！你看，太阳快落了。天黑以前咱们必须赶

★《倔强的小红军》（王惟震 作）

上部队。这草地到处是深潭，掉下去可就不能再革命了。”

听了他的话，小战士快走几步，紧紧地跟着他，但是不一会儿，又落下了一大段。

老红军焦急地看看天，又看看小战士，说：“来吧，我背你走！”小战士说什么也不同意。这一下他可火了：“别磨蹭了！你想叫咱们俩都丧命吗？”他不容分说，背起小战士就往前走。

天边的最后一丝光亮也被黑暗吞没了。满天堆起了乌云，不一会儿下起大雨来。小战士一再请求他放下自己，怎么说他也不肯，仍旧一步一滑地背着小战士向前走。

突然，他的身子猛地往下一沉。“小鬼，快离开我！”他急忙说：“我掉进泥潭里了。”小战士心里一惊，不知怎么办好，只觉得自己也随着他往下陷。这时候，他用力把小战士往上一顶，一下子把小战士甩在一边，大声说：“快离开我，咱们两个不能都牺牲！……要……要记住革命！……”小战士使劲伸手去拉他，可是什么也没有抓住。老红军已经陷下去没顶了。

小战士的心疼得像刀绞一样，眼泪不住地往下流。多么坚强的同志！为了我这样的小鬼，为了革命，他被这可恶的草地夺去了生命！

风，呼呼地刮着。雨，哗哗地下着。黑暗笼罩着大地。“要记

★ 油画：《草地夜宿》（孙滋溪　作）

★ 油画：《草地夜行》（秦大虎　姜国新　作）

住革命！”——小战士想起老红军牺牲前说的话。对，要记住革命！他抬起头来，透过无边的风雨，透过无边的黑暗，仿佛看见了一条光明大路，这条大路一直通向遥远的陕北。小战士鼓起勇气，迈开大步，向着部队前进的方向走去。

9. 胜利曙光

1935 年 8 月底，红一方面军过草地时，由于草地海拔高、气候恶劣，加之装备简陋，许多战士因饥饿、疾病而掉队。8 月 28 日，红三军主力走出草地到达阿西牙弄一带休整，彭德怀命令红三军十一团政委王平率一个营的兵力，带着刚刚筹集到的粮食返回草地，接应滞留在班佑热曲河那边的红军战士。

王平后来回忆：“走到河滩上，我用望远镜向河对岸观察，那边河滩上坐着至少有七八百人。我先带通讯员和侦察员涉水过去看情况。一看，哎呀！他们都静静地背靠背坐着，一动不动，我逐个察看，全都没气了。我默默地看着这悲壮的场面，泪水夺眶而出。多好的同志啊，他们一步一摇地爬出了草地，却没能坚持走到班佑，他们带走的是伤病和饥饿，留下的却是曙光和胜利。我们怀着沉痛的心情，一个一个把他们放到，一方面是想让他们走得舒服些，一方面再仔细地检查一遍，不能把一个还没有咽气的同志拉下。最后发现有一个小战士还有点气，我让侦察员把他背上，但过了河他也断气了。由于时间紧迫，我来不及掩埋这许多烈士的遗体。

我们满含泪水，脱下军帽，向烈士们默哀、鞠躬告别，然后急忙返回追赶大部队。

彭军长老远就看见了我们，焦急地迎上来抢先问，带回来多少人？我沉痛地说，一个人也没带回来。他听完详细汇报，脸色低沉下来，愤愤地说：这都是张国焘的罪过，他耽误了战机，没能打开松潘，逼得我们走这条路，如果不走这条路，哪会牺牲这么多人。"

这是长征过草地时有史料记载牺牲人数最多的一次。为纪念这一事件，2011 年 9 月 28 日，“胜利曙光”雕塑在若尔盖县班佑乡班佑村建成。

★ 中国工农红军班佑烈士纪念碑和“胜利曙光”雕塑

六、三军过后尽开颜

长征期间，各路红军主要经历了 7 次会师，包括红二军团（红三军）与红六军团木黄会师，中央红军与红四方面军懋功会师，红二十五军与陕甘红军永坪会师，陕甘支队与红十五军团甘泉会师，红二、红六军团与红四方面军甘孜会师，红一方面军与红四方面军会宁会师，红一方面军与红二方面军将台堡会师。

长征路上的每一次会师，对于长途跋涉的红军将士而言，既是物资和身体上的补充休养，也是战略战术上的学习交流，更是革命精神和兄弟情感上的相互支持。每一次会师，客观上都壮大了红军的力量，鼓舞了红军的斗志，为开辟新的战斗局面奠定了基础。

不可否认，长期在国民党军分隔包围下独立作战的各路红军，有着各自的特点、战斗作风与战术素养，在部队规模与军事实力等方面客观上也存在差距。乍一会合，难免有分歧。这就需要部队领导具备较高的政治站位和高超的处理艺术。因此，在会师中，我们可以看到，有的领导退让自谦，两支部队亲密融合；而有的领导山头主义思想作祟，以致出现了因张国焘分裂主义错误造成的严重情况。

但是，中国共产党所坚持的党指挥枪的原则，以及广大红军将士共同的阶级基础和革命理想，使红军最终克服了张国焘分裂主义错误，形成了维护团结的共识。

长征期间各路红军的7次会师，是各路红军团结奋战夺取长征胜利的具体写照。透过这7次会师，可以窥见长征历程之斑斓。

（一）木黄会师

木黄会师，是指1934年10月24日，由任弼时、萧克、王震率领的红六军团与贺龙、关向应、夏曦领导的中国工农红军第三军即原红二军团在贵州印江木黄会师。

1934年8月，任弼时、萧克、王震率领的红六军团，作为中央红军长征先遣队，奉命从湘赣革命根据地突围西征。历时3个月，冲破敌人的围追堵截和种种艰难险阻，经湘桂边进入黔东。

早在红六军团到达黔东地区之前，1934年5月，贺龙、关向应、夏曦领导的中国工农红军第三军即原红二军团，由洪湖地区转战千里来到黔东，6月组建黔东独立师，7月21日，在沿河县铅厂坝召开黔东特区第一次工农兵苏维埃代表大会，成立黔东特区革命委员会。这是贵州高原上第一块红色革命根据地。

1934年10月24日，红六军团与红三军主力在贵州省印江县木黄会师，部队当晚转移到松桃县的石梁。

★ 木黄会师纪念碑

★ 松桃简家祠堂庆祝红二、红六军团胜利会师的标语

会师后，红六军团 3300 余人，红三军 4400 余人。

10 月 26 日，红三军与红六军团在四川酉阳县南腰界（今属重庆）共同召开了会师庆祝大会。首先由任弼时宣读中共中央发来的贺电，并作关于当时形势和任务的报告。他强调：两支部队要紧密团结，互相学习，以打大胜仗来庆祝会师。

接着由贺龙讲话。贺龙是南昌起义的领导人之一，他“两把菜刀起家”闹革命，在红军中素有威名。他热烈欢迎红六军团的到来，用铜钟一样洪亮的嗓音说：“我们两个军团，经过艰苦卓绝的行军作战，终于胜利会师了！我们今后的任务是同心协力创建和发展我

★ 油画：《木黄会师》

★ 红二、红六军团木黄会师纪念馆

们的革命根据地。实践经验告诉我们：没有巩固的根据地，就不能保证革命的胜利。同志们！现在我们的根据地在哪里呀？”贺龙同志挺身站到讲台的前沿，用右手指着他抬起的右脚，大声地回答说：“我们的根据地在这里！”指战员们听了贺龙同志的讲话都哈哈大笑起来。伴随着笑声，同志们身上的倦意一扫而光。两支部队会师后即进行整编，统一调配干部。根据中共中央和中革军委指示，红三军恢复红二军团番号，贺龙任军团长，任弼时任政治委员，关向应任副政治委员，萧克、王震仍分任红六军团军团长、政治委员。红二军团军团部兼总指挥部，统一指挥两军团的行动。

红二、红六军团木黄会师，是一次胜利的会师，团结的会师，是中国红军史上的一件大事。它把来自不同战略区域的两支红军结成了一个团结战斗的整体，形成了一支强大的战略突击力量。从此以后，两军团再也没有分开过，为完成新的更大的政治、军事任务奠定了可靠的基础，实质上这是红二方面军诞生的开端。

贺龙后来谈到这次会师时说："二、六军团会师是团结的，六千多人，六千多个心，可是大家团结得像一个人，要怎么走就怎么走，要怎么打就怎么打。……总之，二、六军团会师团结得很好，可以说是一些会师的模范。"

★ 1935年9月，红二、红六军团领导人在澧县苏维埃政府（原城北天主教堂）门前合影。左起：贺龙、李达[1]、关向应、任弼时，坐者为王震

（二）懋功会师

懋功会师是指1935年6月18日，中共中央、中革军委率领中央红军主力到达四川省阿坝藏族羌族自治州懋功（今小金县），与前来接应的红四方面军会师。

1935年6月12日，中央红军先头部队红一军团第二师第四团翻过夹金山，到达懋功县城东南的达维镇。在达维的木城沟与前来迎接中央红军的红四方面军先头部队第九军第二十五师第七十四团胜利会师。

[1] 李达（1905–1993），原名李德三，陕西眉县（今属宝鸡）人，曾参加宁都起义、红军长征等。1955年被授予上将军衔。与中共一大代表李达同名。

★ 达维会师桥旧影

★《红一、红四方面军懋功会师》（沈尧伊　作）

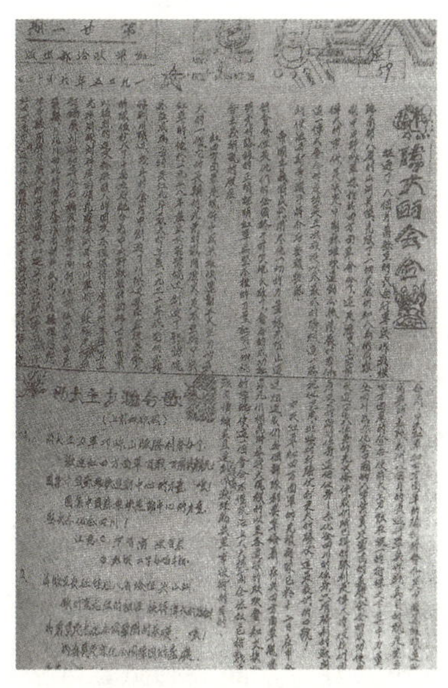

★《红星报》发表的两军会师社论《伟大的会合》

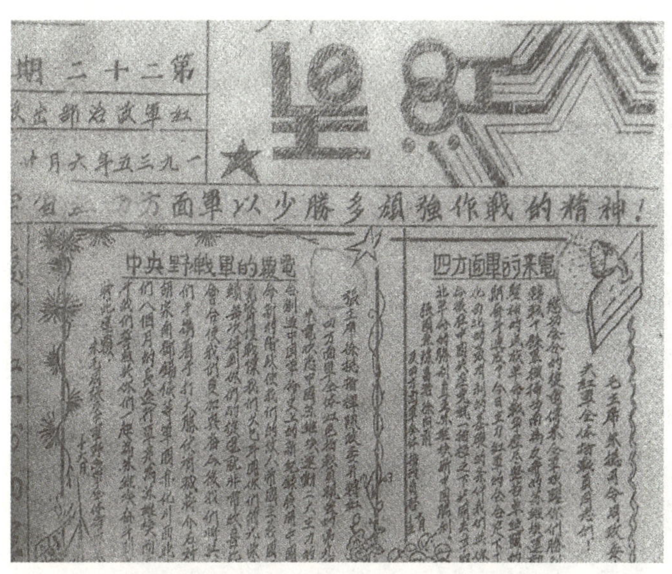

第二十二期

一九三五年六月廿

红星

四方面軍以少勝多頑強作戰的精神!

中央野戰軍的復電

四方面軍的來電

★《红星报》第 22 期登载的张国焘致朱德、毛泽东、周恩来电报，以及中央野战军的复电

两大主力先头部队会师的喜讯迅速通过电台传遍部队。中共中央、中央红军和红四方面军的领导人互相致电，热烈庆祝两军胜利会师。《红星报》1935 年 6 月 15 日刊发社论《伟大的会合》，明确指出：中央红军和红四方面军会合是“历史上空前伟大的事件，是决定中国苏维埃运动今后发展的事件”。

★ 李先念

6 月 17 日，毛泽东、周恩来、朱德等中央领导，在部队和人民群众的欢呼声中到达达维镇。当天晚上，在达维镇喇嘛寺附近的坡地上，举行了两军会师联欢会。

★ 猛固桥，李先念率部迎接毛泽东、朱德、周恩来等领袖及红一、红四方面军进城遗址

6月18日，党中央率领中央机关离开达维，到达懋功。与前来接应的红三十军政治委员李先念所率第八十八师部队胜利会师。

懋功会师，使中央红军和红四方面军的指战员备受鼓舞。两支兄弟部队开展了互相慰问的活动。李先念看到中央红军经长途转战，减员多，衣服被装差，经红四方面军总部和党中央批准，从红三十军抽调1600多名优秀的干部战士补充到红一军团，并送给他们一批衣帽、鞋袜和被褥、食品等物资，充分展现出无私的大局观念。

6月21日，红军总政治部在懋功天主教堂召开了会师联欢庆祝会，庆祝会师的活动达到高潮。

两大红军主力会师，壮大了红军的力量，为日后统一在中共中央和中革军委的直接领导下，开创新的局面，创造了十分有利的条件。遗憾的是，在张国焘分裂主义的错误下，两军在懋功会师的团结友爱氛围未能延续保持。多年后，李先念回顾这段历史，说："历史证明，我们党的团结，军队的团结，是符合革命历史发展潮流的，任何人，任何力量都破坏不了。懋功会师，标志着我们党和我们军队团结胜利的一个新开端。"

★ 达维会师纪念碑

★ 庆祝红一、红四方面军会师大会旧址——四川小金达维镇喇嘛寺

★ 红军会师联欢会旧址——懋功天主教堂

（三）永坪会师

永坪会师是指1935年9月16日，由徐海东、程子华等率领的红二十五军和由刘志丹率领的陕北红军在陕西延川永坪镇会师。

1935年9月，红二十五军在徐海东、程子华的率领下，经过艰苦转战进入陕西保安县（今志丹县）永宁山，与陕甘革命根据地取得了联系。陕甘革命根据地，是刘志丹、谢子长、习仲勋等领导的红军游击队经过艰苦斗争创建起来的，包括陕甘边和陕北两块革命根据地（后经粉碎国民党军队第一次“围剿”，陕甘边、陕北根据地发展为陕甘根据地，又称西北根据地）。这块苏区是第二次国内革命战争后期全国唯一完整保留下来的革命根据地。中共陕甘边特委、军委得悉红二十五军到达的消息后，立即写信报告中共西北工作委员会，并派陕甘边苏维埃政府主席习仲

★ 刘志丹

★ 谢子长

★ 习仲勋

勋、陕甘边军事委员会主席刘景范前往迎接。习仲勋、刘景范与边区政府秘书长张文华一起带保卫分队和交通员去永宁山迎接红二十五军到来。据张文华回忆："陕甘边党和政府向红二十军写了欢迎信。习仲勋主持欢迎大会，并致欢迎词。徐海东、戴季英到会。红二十五军两位代表讲了话，还演出了眉户剧。徐海东看后连声说：'好戏！好戏！'"与此同时，正在安定县王家湾休整的陕北红军立即准备南下与红二十五军会合。

9 月 15 日，红二十五军到达陕西延川县永坪镇，胜利结束长征。16 日，刘志丹率领陕北红军到达永坪镇，两军胜利会师。

部队分别驻扎在永坪附近村庄，驻地群众积极响应各级苏维埃政府号召，纷纷送粮送菜、杀猪宰羊慰劳红

★ 红二十五军与红二十六、红二十七军会师地——陕西延川永坪镇

★ 油画：《永坪会师和红十五军团成立》（沈尧伊　作）

★ 1935 年 9 月 16 日，鄂豫皖红二十五军与陕甘红二十六军、红二十七军在陕西省延川县永坪镇会师的情景

二十五军，青年帮着担柴挑水，妇女洗衣补袜。徐海东感慨地说："来到陕北苏区，我们好像到了家一样。"

会师后，红二十五军与红二十六军、红二十七军合编为红十五军团。徐海东任军团长，刘志丹任副军团长兼参谋长，程子华任政治委员，全军团共 7000 余人。随后两军举行了盛大的军民联欢会。

永坪会师壮大了陕甘地区红军的力量，为迎接中共中央和红军陕甘支队的到来创造了条件。毛泽东致电祝贺，称赞红二十五军与陕甘红军的会合是"中国苏维埃运动的一个伟大胜利，是西北革命大开展的导炮"，为中国的革命立了大功。

（四）甘泉会师

甘泉会师是指 1935 年 11 月初，毛泽东等率领的陕甘支队和徐海东、刘志丹、程子华领导的红十五军团在陕西省延安市甘泉地区的象鼻子湾会师。

1935 年 10 月 19 日，中共中央率领陕甘支队胜利到达陕甘苏区吴起镇，宣告长征胜利结束。

11月初,陕甘支队在甘泉地区的象鼻子湾(一说下寺湾)同红十五军团会师。

11 月 3 日，中华苏维埃共和国中央政府决定成立西北革命军事委员会。同日，西北革命军事委员会宣布恢复红一方面军番号，陕甘支队改为红一军团，红十五军团编入红一方面军建制。红一方面军司令员为彭德怀，政治委员为毛泽东（兼）。

甘泉会师为彻底粉碎国民党的军事“围剿”奠定了基础，标志着中国革命新局面的开始。

★ 陕西省延安市甘泉县象鼻子湾，陕甘支队与红十五军团会师旧址

★ 1935年10月，长征到达陕北的红一方面军一部合影

★ 红一军团和红十五军团部分领导合影。前排左起分别为王首道、杨尚昆、聂荣臻、徐海东，后排左起分别为罗瑞卿、程子华、陈光、邓小平

（五）甘孜会师

甘孜会师是指 1936 年 7 月，红二、红六军团与红四方面军在四川甘孜会师。

1936 年 6 月 3 日，红六军团先头部队第十六师翻越雪山之后，到达理化县（今理塘县）以南甲洼乡，同前来迎接的红四方面军红三十二军会师。

★ 红四方面军与红六军团会师地遗址——甘孜县普玉隆孜苏寺

★ 红三十二军与红六军团会师地——理塘甲洼乡

随后，红六军团沿雅砻江北上。6月22日，红六军团抵达甘孜县普玉隆，受到红四方面军和当地藏族群众的热烈欢迎。朱德、张国焘、刘伯承等立即会见了萧克、王震等红六军团领导人。24日，在普玉隆召开了两军会师大会。

6月30日，红二军团到达绒坝岔，与红四方面军当地驻军会合。

7月1日，红二、红六军团齐集甘孜，同红四方面军胜利会师。同日，在陕北的林育英、张闻天、毛泽东、周恩来、博古等68名党政军领导人也发来贺电，庆祝两大主力红军的会师。

红二、红六军团到来后，张国焘积极活动，企图用他的错误的政治、军事主张影响红二、红六军团领导人，进而控制甚至吞并红二、红六军团。他的活动受到了朱德、任弼时、贺龙、刘伯承等人的抵制。徐向前回忆：任弼时同志异常关心全党全军的团结。他到甘孜后，即与朱德、张国焘、陈昌浩等人交谈，了解张国焘与中央发生分裂的经过，以便找出圆满的解决方案，进一步消除隔阂，促进党和红军的团结。贺龙对付张国焘有他独特的办法。朱德评价说："贺老总对付张国焘很有办法，不争不吵，向他要人要枪要子弹，硬是要过来一个军，尽管人数并不多。张国焘对弼时、贺龙都有些害怕呢！一起北上会合中央，贺老总是有大功的。"

★ 红二、红六军团与红四方面军会师地——甘孜

★ 1936年7月，红四方面军与红二、红六军团在甘孜会师。图为红二、红六军团一部

★ 贺龙（第二排右二）、任弼时（第二排右三）和红二方面军部分人员长征到达陕北后的合影

7月5日，中革军委命令红二、红六军团和红三十二军组成红二方面军，贺龙为总指挥，任弼时为政治委员，萧克为副总指挥，关向应为副政治委员。所属第二、第六军团番号不变，另将第三十二军编入红二方面军建制。红二方面军组建后，在朱德、刘伯承、任弼时、贺龙、关向应等人的力争下，红二、红四方面军决定共同北上，到达陕北和毛泽东、周恩来率领的红一方面军会合。

甘孜会师，维护了全党全军的团结统一，对实现三大主力红军大会师发挥了重要作用。

★ 绒坝岔——红二军团和红四会师地

★ 油画：《回师北上》（何孔德　张文源　作）

★ 红一方面军为欢迎红四方面军在会宁县城巷道搭建的彩门

（六）会宁会师

会宁会师是指 1936 年 10 月 9 日，红一方面军和红四方面军在甘肃会宁会师。

10 月 7 日，红四方面军第四军先头部队在会宁的青江驿，与红一方面军第七十三师会合，揭开了激动人心的三大主力会师的序幕。

10 月 9 日，朱德、张国焘、徐向前、陈昌浩等率领红军总部和红四方面军直属部队进入甘肃会宁城，与红一方面军胜利会师。

10 月 10 日，中共中央、中华苏维埃中央政府、中央革命军事委员会联合发出了《为庆祝一、二、四方面军大会合通电》，向三个方面军的领导人及全体指战员致以热烈的慰问和祝贺，并指出："我们即刻就要进入新阶段了，这就是抗日民族革命战争的新阶段。"为了避开敌机的袭扰，红一、红四方面军于 10 日黄昏在会宁文庙举行了规模盛大的庆祝会师联欢大会。朱德、张国焘、徐向前、陈昌浩、陈赓出席了大会。会上，宣读了党中央的贺电。徐向前、陈昌浩、陈赓分别代表红四方面军和红一方面军致祝词。

★ 朱德（二排左九）与红四方面军一部合影

★ 会宁会师广场

（七）将台堡会师

将台堡会师是指 1936 年 10 月 22 日，红一方面军与红二方面军在甘肃隆德将台堡（今属宁夏回族自治区西吉县）会师。

红一、红四方面军在会宁会师的消息传来，正在北进途中的红二方面军指战员心情十分激动，加快了行军速度，以求早日分享大会师的喜悦。

10 月 22 日，红二方面军总指挥贺龙、政委任弼时率总指挥部到达甘肃隆德将台堡，同红一方面军主力胜利会师。

10 月 24 日，中共中央派邓小平等前来慰问，并传达了瓦窑堡会议精神和毛泽东的《论反对日本帝国主义的策略》的报告。11 月 19 日，中共中央又派周恩来带着人民剧社，在洪德城为红二方面军进行了文艺演出。

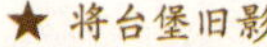

★ 将台堡旧影

★ 1936 年，红一、红二、红四方面军团以上干部在甘肃庆阳宫和镇合影

以三大主力红军在会宁、将台堡会师为标志，红军历时两年的长征，宣告胜利结束。这样，自 1927 年大革命失败后陆续诞生的各支红军，在第五次反“围剿”失败被迫长征的特定历史条件下，一路团结奋战，终于齐聚陕甘，第一次纳于中共中央和中革军委的直接统一指挥之下，成为坚不可摧的钢铁力量。随着全国各主力红军会师西北高原，中国共产党达到空前的团结和统一，这为迎接全面抗战的爆发和中国革命新高潮的到来提供了根本的思想指引与组织保证。中国共产党和中国革命经过长征的痛苦磨难与精神洗礼，浴火重生。

★ 将台堡红军长征会师纪念碑

★ 红军长征到达陕北后毛泽东、朱德、周恩来和博古合影

★ 红四方面军领导人徐向前（左）与叶剑英在陕北

★ 1937年，红二方面军部分干部：（左起）甘泗淇、萧克、王震、关向应、陈伯钧

★ 毛泽东、周恩来在陕北

★ 红二十五军领导在陕西商城的合影，图为郑位三（前左一）、徐海东（前左二）、程子华（后中）

★ 红一、红二、红四方面军会师后，徐海东（左）与红二方面军第六军团军团长陈伯钧（右）、第三十二军军长罗炳辉（中）合影

★ 1936 年，红一方面军部分领导人在吊堡子合影。前排坐者为杨尚昆，后排左起：李博钊、邓小平、罗荣桓、杨奇清、黄克诚、陆定一

★ 油画：《长征大会师》（孙向阳　陈树东　孔平　作）

七、军民鱼水一家人

一部红军长征史，就是一部反映军民鱼水情深的历史。

红军长征途经 14 个省区市（按现在的区划为 15 个）2 亿多人口的地区，大部分是国民党统治下的白色区域，还有瑶、苗、彝、回、藏等少数民族区，所经之地绝大部分没有任何党组织基础。如果没有沿途群众的帮助，在无根据地依托、无后方接济的情况下，20 多万人的红军队伍根本不可能完成这样大规模、长时段的战略大转移。

长征中，由于有了群众的支持，红军长途消耗得到补充；由于有了群众的拥护，红军走到哪儿革命的火种播撒到哪儿；由于有了群众的帮助，红军如同下山猛虎插上翅膀，飞跃了百万大军的包围圈。陈云曾向共产国际汇报："我们随处可以找到帮助我们搬运辎重的脚夫，到处可以把红军战士安置在老百姓的家中。当我们需要粮食时，老百姓会卖给我们……"

然而，群众的支持拥护不是天上掉下来的。谁能真正代表他们的利益，谁能真心维护他们的利益，谁才能得到最深的力量源泉。"江山就是人民，人民就是江山"。党和红军在长征中，始终植根于人民，以自己的模范行动，赢得了人民群众的真心拥护和支持，使得长征不仅是一次军事上的战略转移，更成为一次唤醒民众的政治远征。

（一）人民领袖爱人民

中国共产党自成立之日，就以实现民族独立、人民解放为己任。在长期的革命斗争中，中国共产党更是将密切联系群众视为“共产党人区别于其他任何政党的又一个显著的标志”，并在实践中形成、确立了党的群众路线。而长征中，党和红军领袖如毛泽东、周恩来、朱德、任弼时等，他们身先士卒，以人民利益为先,坚持从人民中来,到人民中去,彰显了为民爱民的政治本色。

1. 毛泽东挥泪送衣给“干人”

红军长征进入贵州后，发现所到之处，满是向他们求乞的“干人”。当地把穷人形象地称作“干人”，因为他们的血汗已被各种苛捐杂税榨得一干二净。这些“干人”一个个衣不蔽体，骨瘦如柴。见到此情此景，许多红军战士不禁掉下了眼泪。

当红军路过乌江南岸剑河县的一个村落时，看到一位60多岁的老婆婆和她的小孙子寒冬里仍穿着补丁摞补丁的单衣，奄奄一息地倒在路旁。行进中的红军指战员立即围上来询问。原来老婆婆是当地农妇，秋收所获的谷米全都交了地租，没有活路，只能和小孙子一起终日乞讨。今天天气突然变冷，从早晨到现在还没有吃一点儿东西，又冻又饿，浑身没有力气，就跌倒在这里了。

这时，毛泽东从后面走来，见前面围着很多人，问发生了什么事。指战员将老婆婆的事告诉毛泽东。他当即脱下身上的衣服，又从行李中取出一条布被单，同时让警卫员拿出一斗白米，一起送给老婆婆。他蹲下来，亲切地对这位绝望的老人说：“老人家，您记住，我们是红军，红军是‘干人’的队伍。”老人感动地直点头，嘴里连声念叨：“红军，红军……”领着她的小孙子，颤巍巍地走了。

★《毛泽东脱衣赠群众》（黄天虎　作）

★ 红军长征经过的剑河

2. 周恩来不拿群众一针一线

1935 年 4 月，中央红军进入云南，在马龙县一个村里宿营。

周恩来整整工作了一个通宵，还没吃上饭。警卫员魏国禄急坏了，一心要给周副主席买点儿东西吃。可是村里的老百姓都让国民党兵连骗带吓赶跑了。魏国禄和另一个战士走遍了全村也没遇上一个老百姓，实在没法子，就走进空荡荡的老百姓的屋子去找食物。终于在一户人家找到了两碗苞米饭和 10 个鸡蛋。可是屋里没人，怎么付钱呢？他们决定，“先拿着这些食物回去煮好，给周副主席吃了再说，然后再给这户人家付钱。”

饭做好了，他们高高兴兴地端到周恩来面前。

周恩来问：“这些东西哪儿来的？”

“买的！”

“对，是买的。”

周恩来看看这两个小战士，不大相信：“买的？给了人家多少钱？”两人不吱声。“没有给钱吧？”

两人你看看我，我看看你，只好说：“老乡屋里没人，把钱放在屋里又怕不保险，只好回来，想让您先吃上饭再说。”

周恩来立即严肃起来：“不行。你们从哪里拿来的，赶快送到哪里去。随便拿老百姓的东西，违反革命纪律，要好好检讨。”

两位小战士难过地低下头。周恩来顿了顿，语重心长地教育他们说：“咱们是党领导的工农红军，是人民的子弟兵，每个同志都应该严格地执行‘三大纪律八项注意’，绝不允许乱拿群众一针一线，在任何时候、任何环境中，都必须牢牢记住，要用我们的实际行动向群众宣传，粉碎敌人的反革命宣传。”

周恩来不拿群众一针一线的故事在长征中还有很多。部队进入甘肃时，正是中秋季节，当地群众在收梨子。每家门前的树上，果实累累，屋里梨子成堆。红军战士经过长途行军，一到驻地，又累又渴又饿，看到金黄的大梨，真想吃几个。战士们请示周恩来：“能不能买点儿梨吃？”周恩来说：“可以，但要买卖公平。我们住家的房东不在，不知道价钱，不能买。”于是有人便到外面去打听。由于当时群众受国民党的欺骗宣传，对红军不了解，问了半天，也没人谈价钱，只是说：“吃吧，吃吧，你们吃吧！”结果，一个梨子也没买成。就这样，在盛产梨子的地方，大家没吃上一个梨子，就离开了。

★ 长征后到达陕北后的周恩来

3. 朱德春耕种藏粮

朱德率红军总部开进甘孜、炉霍一带时，藏民受当地土司和国民党当局的反动宣传和煽动，都躲到深山里去了。

朱德到镇上巡视后，把各部队负责人召集起来，宣布几项规定：一、尊重当地的风俗习惯；二、爱护藏民的一草一木；三、在藏民没有回家之前，不准进他们的屋；四、看管并喂养好藏民留在家中的牛羊。他要求大家加强政治思想工作，严格执行党的民族政策，用实际行动教育藏族同胞。他还派几个同志带着通司（翻译）上山寻找藏族同胞，做宣传解释工作，动员大家回来。

但是，时间一天天过去，转眼就到了4月，而藏族同胞一个也没有回家。朱德一方面担心藏族同胞在山里吃住困难，亲自找通司谈话，组织人员上山喊话宣传，让藏族同胞尽快回来。另一方面，他发现藏族同胞的地里，去年没有收拾干净的青稞麦根桩子东倒西歪地散落着，决定帮他们把地种上。

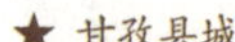

★ 甘孜县城

★ 长征到达陕北后的朱德

★ 朱德和红军战士在一起

于是，红军总部机关召开动员大会，号召同志们全力以赴帮助藏族同胞种好地。朱德亲自做动员，他以激越高亢的声调说："……俗话说，人误地一时，地误人一年。现在，藏族同胞对我们还不了解，暂时不能回来种地。我们能眼看着春播的大好时节从眼皮子底下溜过去吗？不能，这一季种不上，藏胞们吃什么呢？我们和藏胞是兄弟，是一家。我们要像种自己的地一样，帮助藏胞把地种上、种好。这是我们的义务和责任。"他着重指出："今天，我们帮助藏胞种好地，就是一项实际的群众工作。我们虽然不久就要离开这里，但是我们要把党的影响、红军的影响留下，让它像种子一样，在藏族同胞的心中发芽、生根、开花、结果。"

朱德的话深深地感召和激励着在场的每一个人。会后，红军将士个个摩拳擦掌，跃跃欲试，忙活开了。有的去张罗种子，从缴获和筹集到的粮食中抽出一部分作种子。有的去准备工具，把身边带的小铁铲、棍子都用上了，还将树棍子削成木铲用。田间地头，呈现出一幅极为壮观的春耕图。

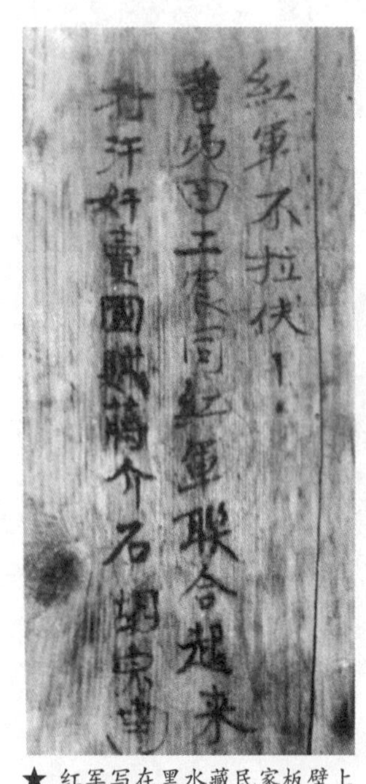

★ 红军写在黑水藏民家板壁上的标语

朱德也跟大家一起下地耕种。他每天把一大堆工作挤到晚上，常常办公到深夜；白天奔走在田间地头，亲自给大家作指导。他一边干活，一边和大家聊天，用趣意横生的话语，激起大家一阵阵欢笑。同志们见他年岁大，工作又多，怕他累着，硬拉着他休息，他才恋恋不舍地放下镢头。可是，不一会儿，他又出现在另一块地里了。从那里，又不时传来一阵阵欢快的笑声。

5月，这一带的地基本都种上了。红军战士亲手撒下的种子，慢慢吐出了嫩芽。这时，有些胆大的藏民在红军的宣传下半信半疑地下了山，他们看到自己的房前屋后被清扫得干干净净，屋里的陈设原封未动，撇在家里的牛羊在安详地吃着干草，而更令人吃惊的是，原本荒着的地变成了一垄垄一块块平展展的田地。他们立即去深山里叫回了其他藏族同胞。

炉霍镇上喧腾起来了。刚刚返回家园的男女老少藏族同胞，被眼前的一切深深打动了。他们没顾得上安置好自己的家，就牵着奶羊，提着茶壶，来到红军的驻地，一个个跷起大拇指说："红军，耶莫！红军，耶莫！"把一碗碗新鲜的酥油茶送到红军将士们的手上。

★ 红军筹粮时付给藏民的铜币

4. 任弼时在清水江

红六军团突围西征后，于 1934 年 9 月中旬，进入苗、侗两族人民聚居的贵州清水江流域地区。任弼时严令部队执行三大纪律八项注意。不入民宅，不侵犯群众一草一木，尊重兄弟民族的风俗习惯，行军所至，沿途张贴布告，散发传单，宣传党的民族政策。

★ 红六军团在贵州黎平潭溪击溃黔敌进入清水江流域

有一天，师部通讯连押送来一个老太太，五十来岁，虽然用绳子捆着手，但毫不示弱，说一口土话，红军战士都听不懂。据通讯连的报告和来人说，她不让红军在村里宿营，还想用刀砍杀红军战士。她手里拿的是一把苗族人砍柴的刀，长柄，钩头，非常锋利，是苗民上山劳动必带的工具。持刀行凶，人证物证俱在。如何处理？

战士去请示任弼时。任弼时了解情况后说：“少数民族人民受了国民党的欺骗宣传，对我们不了解，我们不能简单化处理！”他考虑半晌，说：“把人放了，刀还给她，向她表示红军是保护少数民族的，经过这里是过路，不侵犯他们的利益。”战士照他的意思给老太太松了绑，用手势表示红军和他们是兄弟，并把砍刀交还到她手里，准备送老太太回山寨。苗族老太太脸上表情突然变了，不像押来时那样气势汹汹充满对抗情绪了。

还有一次，有位战士不慎引起失火，任弼时立即追查责任，并在部队离开苗寨时，留下一堆光洋和一封信，给予赔偿并道歉。正是因为红军以实际行动关心、爱护群众，红六军团离开清水江地区时，苗、侗族人民积极协助，找渡口、绑木筏、架浮桥、收集船只，红军得以在清江县（今剑河县）的南家堡渡过了清水江。

★ 漫画：《贵州苗家女》（黄镇　作）

5. 彭德怀还门板

长征途中，彭德怀对群众纪律尤为关注。部队离开驻地时，他常常亲自检查铺草捆好了没有，门板上好了没有，屋里屋外打扫干净了没有，以及有无违犯群众纪律的问题，等等。彭德怀的检查评语简明扼要，或是“好得很！”或是“乱弹琴！”如果他说“好得很！”就表明他是很高兴的，

★ 彭德怀

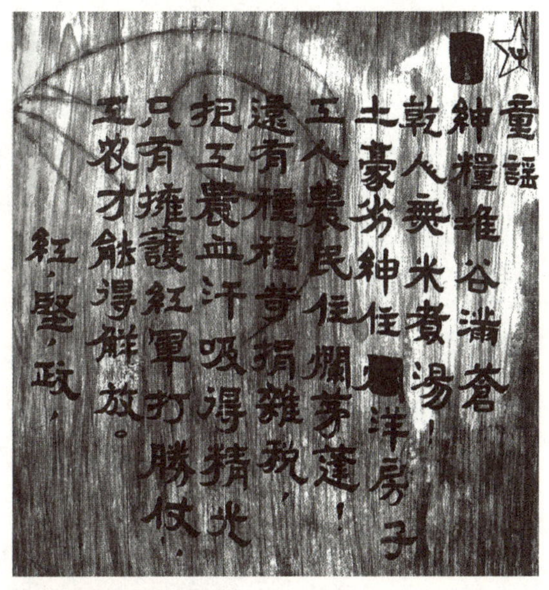

★ 红军编写的革命童谣

也是他对执行群众纪律好的部队的一种热情表扬；如果他说“乱弹琴！”则表明他很生气，也是他对执行群众纪律不好的部队的一种严厉批评。

1935 年 1 月的一天，红三军团来到遵义附近的懒板凳宿营。这里的老百姓由于受反动派的欺骗宣传，对红军的政策不了解，部队还未进村庄的时候，大部分老百姓都跑了。

进了村子，彭德怀虽然和大家一样，走了整整一夜，已经很劳累了，但他没有立刻进屋休息，照例在一个僻静的地方坐下来，叫侦察排的同志找来了几位老乡，亲热地和他们攀谈起来，这已经是他的老习惯了。每到宿营地，他总是要向老百姓做些宣传工作，他常说：“要把革命的种子，撒遍红军走过的地方。”

傍晚，部队照例又要出发了。彭德怀先到了集合地点。当警卫员张华慌忙地洗刷完饭具，赶到集合地点后，发现彭德怀又不见了。原来，他又挨家挨户检查纪律去了。

彭德怀回到自己白天住过的地方，发现搭铺的门板还放在那里，这块门板是从哪家借来的呢？他不知道，于是他就扛起这块笨重的门板，挨家挨户去询问。这家不是，那家也不是，一连跑了许多家，才找到门板的主人。等张华找到彭德怀时，他已经把门板上好，正在和老乡攀谈。张华一方面被军团长遵守群众纪律的实际行动所感动，另一方面对自己的失职内疚不安，默默地等待着批评。可是完全出乎他的意料，彭德怀和老乡谈完话，亲切地对张华说：“这里是新区，老百姓还很不了解我们红军的政策，他们还把我们和国民党军队一样看待，越是在这种情况下，我们越要特别注意遵守群众纪律。老百姓的东西，哪怕是一针一线，是怎么借来的，就要怎么归还，别看这是一块门板，它会直接影响红军的声誉。以后定要养成在任何时候、任何情况下，都能严格遵守群众纪律的好习惯。”

6. 贺龙：政策比生命更重要

红军在长征中，会在经过的部分市镇设立苏币兑换处，以防因战士使用苏币给群众造成损失。

★ 贺龙

有一次，红二、红六军团来到云南昆明东北方的一个比较繁华的小镇附近。由于中央红军长征经过时，曾在这里进行过比较长时间的休整，花费了不少苏票来补充弹药和粮食。中央红军走后，这里又被敌人占领。红二、红六军团要在这个小镇把苏票换回来，必然要进行一场激烈的战斗。这场战斗到底打不打？苏票要不要兑换？战士们议论纷纷。有的主张打，理由是兑换苏票是党规定的政策，要坚决执行。也有的主张不打，理由是为了兑换几张苏票拼命流血，不值得。

贺龙就这个问题作了动员报告，他一针见血地指出：“政策和生命相比之下哪个重要？我看是政策。只要认真执行政策，就能取信于民，得到群众拥护。如果不认真执行政策，就必然失信于民，遭到群众的反对，今后的工作就难以开展。我们工农红军宁可献出生命，也要执行政策。”

★ 红军在邛崃时使用过的货币

贺龙的讲话，提高了大家的认识，鼓舞了大家的斗志。最终，红二、红六军团经过一场激烈的战斗，消灭了敌人，胜利地进入了这个小镇。但是，镇上却家家锁门闭户，街上冷冷清清。

红军在街口安上方桌，摆上银圆，大张旗鼓地宣传兑换苏票，却无人来换。这究竟是什么原因呢？通过调查，红军才明白了事情的真相：敌人占领这个小镇时，曾经围

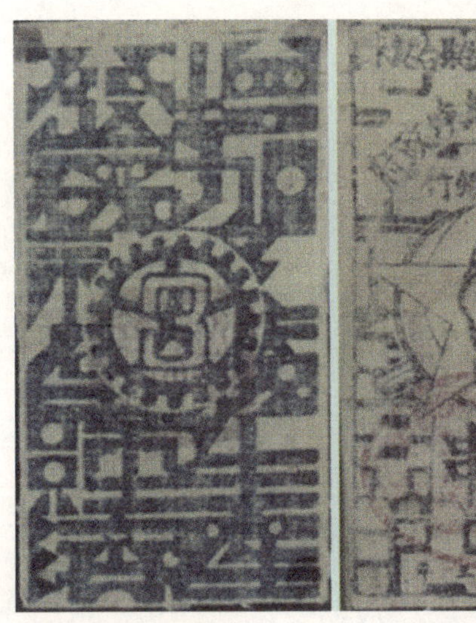

★ 红军使用过的布币

★ 红军使用过的纸币

绕着苏票大做文章，他们把有苏票的人统统宣布为“私通共军”，把这些人的家属宣布为“匪属”，轻则游街罚款，重则被打得皮开肉绽。一位收藏苏票的老大爷，还被吊在树上，被打得奄奄一息。敌人扬言，谁要再和红军接触，就要杀头剜眼。

敌人的恐吓和欺骗宣传，在红军和人民群众之间划上了一道鸿沟。怎么办呢？贺龙要求大家做耐心细致的工作，把群众手里的苏票换回来。于是大家分成许多小组，拿着银圆、钱钞，分别到群众家去，一面宣传革命形势，解除群众的顾虑，一面宣传兑现政策，换取苏票。这些做法打消了群众的顾虑，很快把苏票兑换成了银圆。群众说：“红军和白军一样人两样心：一个爱黎民，一个害百姓。”那位身受重伤的老大爷，一手拿着苏票，一手托着银圆，满眼含泪地说：“苏票比银圆贵重得多，不是用钱能兑换的，我要永远把它藏在心里！”

★ 红军使用过的银币

（二）纪律严明得人心

长征中对纪律问题相当重视。纪律展现的是一个部队的整体政治形象和政治宗旨，而自觉维护群众利益体现的正是红军作为“人民的子弟兵、穷人的队伍”性质宗旨。正如毛泽东和斯诺谈话时所说的：“他们对红军的政治纲领当然并没有多少认识；他们只知道红军是‘穷人的军队’，这就够了。”

长征的四支部队，以出发时人数计算总共20多万人，前后历时两年的流动行军，这样大规模的军事行动，要做到纪律严明实属不易。然而红军在行军途中，严格遵守“三大纪律八项注意”，所到之处，秋毫无犯，展现出新型军队、人民军队、文明之师的昂扬面貌。

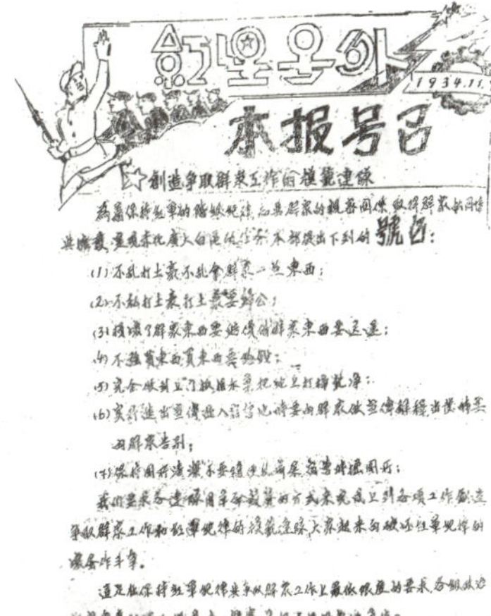

紅星号外 1934.11.7

本报号召

创造争取群众工作的模范连队

(1) 不乱打土豪不乱拿群众一点东西；

(2) 不私打土豪打土豪要归公；

(3) 损坏了群众东西要赔偿借群众东西要送还；

(4) 不强买东西买东西要给钱；

(5) 完全做到上门板捆禾草把地上打扫干净；

(6) 实行进出宣传进入宿营地时要向群众做宣传解释出发时要向群众告别；

(7) 保持厕所清洁不要随便乱屙屎宿营时掘厕所；

★ 1934 年 11 月 7 日《红星》报号外

★ 红军在门板上书写的《中国共产党十大政纲》

1. 长征中的“七条纪律”

长征中，在红军传统的“三大纪律八项注意”之外，红军总政治部曾经出台了极具针对性的“七条纪律”。

据《红星》报1934年11月7日刊出的号外，总政治部号召各连队“创造争取群众工作的模范连队”，要求：

（1）不乱打土豪，不乱拿群众一点儿东西；

（2）不私打土豪，打土豪要归公；

（3）损坏了群众东西要赔偿，借群众东西要送还；

（4）不强买东西，买东西要给钱；

（5）完全做到上门板、捆禾草，把地上打扫干净；

（6）实行进出宣传，进入宿营地时要向群众做宣传解释，出发时要向群众告别；

（7）保持厕所清洁，不要随便乱屙屎，宿营时掘厕所。

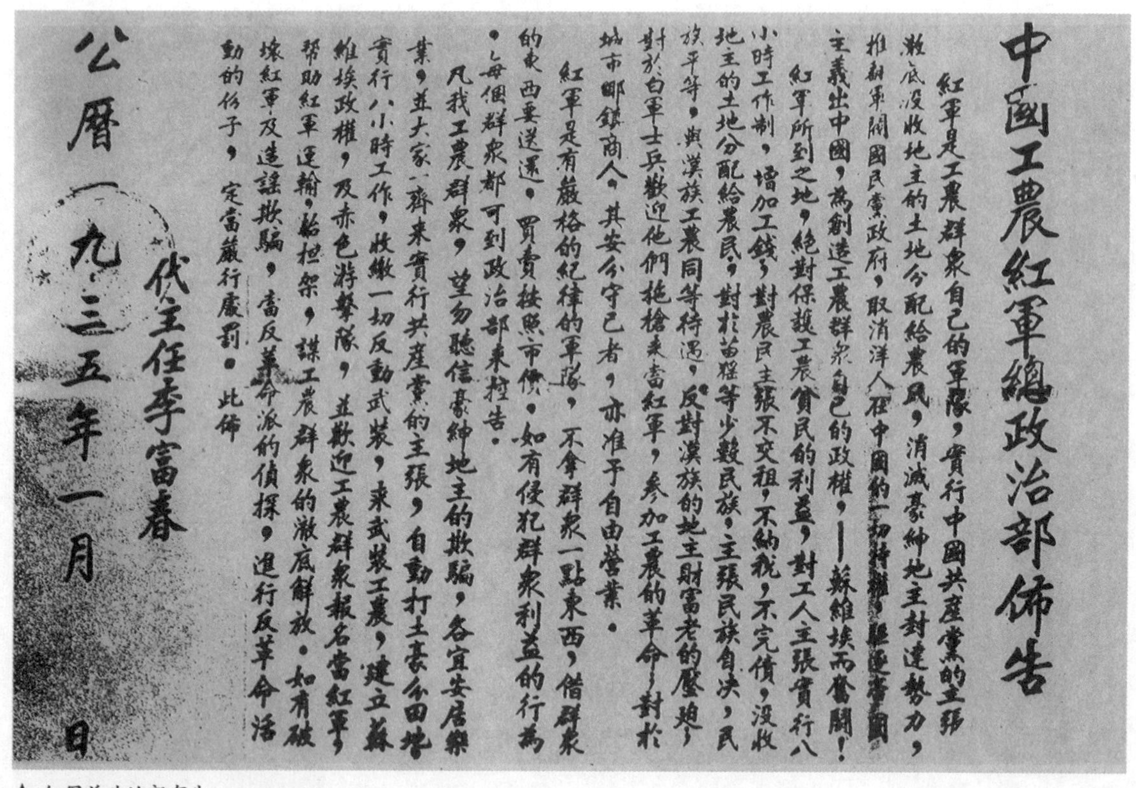

中國工農紅軍總政治部佈告

紅軍是工農群衆自己的軍隊，實行中國共產黨的主張澈底沒收地主的土地分配給農民，消滅豪紳地主封建勢力，推翻軍閥國民黨政府，取消洋人在中國的一切特權，驅逐帝國主義出中國，為創造工農群衆自己的政權，——蘇維埃而奮鬥！

紅軍所到之地，絕對保護工農貧民的利益，對工人主張實行八小時工作制，增加工錢，對農民主張不交租，不納稅，不完債，沒收地主的土地分配給農民，對於苗猺等少數民族，主張民族自決，民族平等，與漢族工農同等待遇，反對漢族的地主財富老的壓迫，對於白軍士兵歡迎他們拖槍來當紅軍，參加工農的革命，對於城市郵鎮商人，其安分守己者，亦准予自由營業。

紅軍是有嚴格的紀律的軍隊，不拿群衆一點東西，借群衆的東西要送還，買賣按照市價，如有侵犯群衆利益的行為，每個群衆都可到政治部來控告。

凡我工農群衆，望勿聽信豪紳地主的欺騙，各宜安居樂業，並大家一齊來實行共產黨的主張，自動打土豪分田地實行八小時工作，收繳一切反動武裝，來武裝工農，建立蘇維埃政權，及赤色游擊隊，並歡迎工農群衆報名當紅軍，幫助紅軍運輸，給担架，謀工農群衆的澈底解放。如有破壞紅軍及造謠欺騙，當反革命派的偵探，進行反革命活動的份子，定當嚴行處罰。此佈

代主任李富春

公曆一九三五年一月　日

★ 红军总政治部布告

这七点要求极为通俗，从具体内容上看，比“三大纪律八项注意”的要求略低，总政治部也指出“这是在保持红军纪律与争取群众工作上最低限度的要求”。但这七点要求考虑到了长征的具体情况和长征中战士的实际素质，具有鲜明的针对性。

如乱屙屎是长征中出现的新情况。长途行军难免有内急的时候，一个两个还没事，但红军数万人过境，如果不加以注意，就会严重影响当地卫生环境，造成群众对红军的不满。

因此，总政治部规定：“每到一处，实行以排或班为单位挖厕所，出发时将厕所用土埋好。对原有的厕所，出发前打扫一次。”后来发现不止是宿营地，行军途中在路边随地屙屎也造成道路臭气熏天，便规定“在行军中一定要做到至少距道旁 50 米以外的地方去屙屎”。正是对这些细节的重视，红军赢得了群众的好感。当地老乡回忆起红二十五军路过上沙窝的情景时，说：“人家随到了就挖了一个厕所，第二天走后，这 1 万多人，住过的房前屋后，没有看到一点儿大粪，到处扫得非常清洁，我觉得很怪，后来才看见地边挖有一个粪坑。”

如此群众纪律，条条制定在实处，处处落在百姓心坎上。

2. 留在遵义的借条

红军二进遵义的时候，红三军团的一个连队驻在遵义市东郊的村子。由于村民听信国民党的宣传，都躲避起来，红军为解决燃眉之急，就把一个老乡的猪给杀了。临走时，为了不让主人家受到损失，红军连长留下了苏维埃币 15 元和一张字据。这位老乡回家后看到字据和苏维埃币，十分感动，就将字据和苏维埃币珍藏了起来。

1949 年 11 月遵义解放，老乡看到当年的红军回来了非常高兴，按字据的说明到人民银行兑换了 15 年前红军买猪留下的苏维埃币。

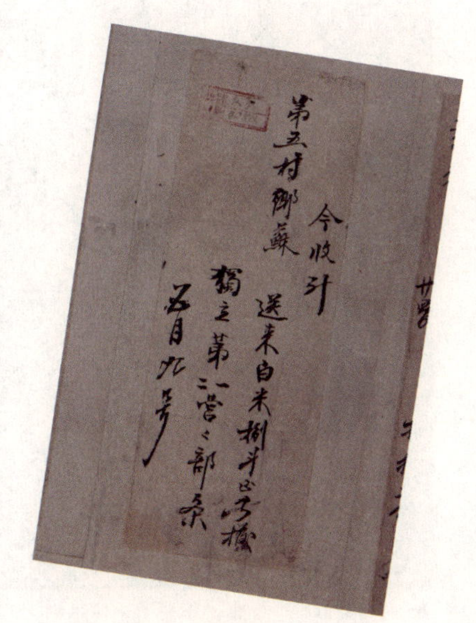
第五村鄉蘇
今收到
送来白米捌斗
獨立第二營々部条
五月廿八号

★ 红军开具的粮食收条

★《红军在写借条》（张正刚　作）

★ 遵义迎红桥（原名丰乐桥）。1935 年 1 月 9 日下午，中央红军在遵义各界人民的“欢迎红军”“欢迎朱毛总司令”的口号声中由此桥进入了遵义城

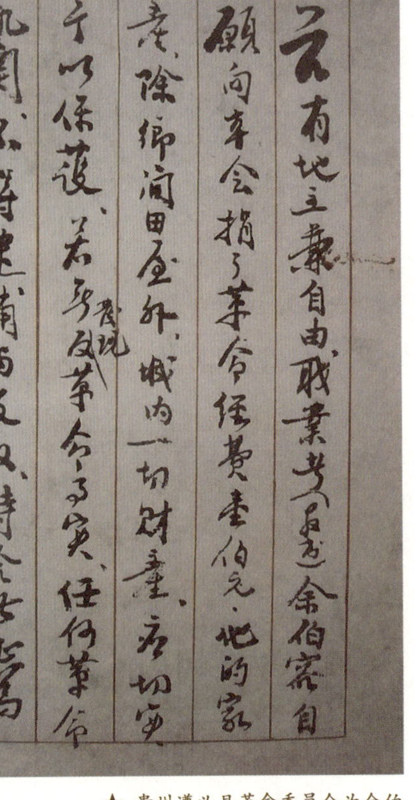

兹有地主兼自由职业者（医生）余伯容自愿向本会捐了革命经费壹佰元，他的家产，除乡间田土外，城内一切财产，应切实予以保护。若无发现反革命事实，任何革命机关不得逮捕与没收，特给此证为

★ 贵州遵义县革命委员会为余伯容开具的财产保护证明

3. 金沙江畔买船自沉

四渡赤水后，留在乌江北岸掩护红军主力南下的红九军团开始独立活动。1935 年 5 月，随着红军主力渡过金沙江，红九军团也开始准备渡江。

5 月 5 日，红九军团军团长罗炳辉来到金沙江南岸，准备渡江。可是派人沿江上下找了 10 里地，却一条船都没有找到。原来敌人听说红军要来，头几天就把沿岸所有的船只强迫集中到北岸的盐场去了。这时，后面敌人追兵将至，情况万分紧急。

★ 1937 年，红九军团团长罗炳辉（后排左五）、政委何长工（前排左三）与该军团部分干部的合影

正在这时，侦察连从盐工那里打听到渡口附近有一只沉船。罗炳辉命令他们马上将它打捞上来，突击抢修，于夜半时分，驾着这只破船偷渡金沙江。

船到对岸，被敌人的哨兵发现，大声喝问："干啥子的？"侦察员机智地回答："会泽保安团运盐巴的。"哨兵一听是自己人，放松了警惕。等侦察员走到跟前，三下五除二，很快就捕获了敌哨兵。然后用这只破船往返两岸 13 趟，把侦察连的人马全都渡过江去了。

过江后，侦察科科长曹达兴带着一个排，沿江寻找船只，却一无所获。晚上 10 点，他们来到盐场，奇袭敌人盐税局

★ 红九军团过金沙江的树桔渡口

保安连的驻地。从税官口中得知，这里有木船 50 多只，都沉在水底了，船工就在附近。

第二天早晨，曹达兴召开盐场群众大会，将缴获的 10 多万斤盐巴分给群众。群众十分高兴，热情主动地帮助红军把 50 多只沉船从江底打捞出来，船工们也都自愿帮助红军把船划到南口的渡口场。于是，当天罗炳辉率领红九军团的 2000 多人，顺利、安全地渡过了金沙江。

为了防止尾追之敌利用渡船过江，红军必须毁船。为了避免给群众造成损失，罗炳辉下令以每只船 40 块银圆的高价向群众购买船只，和船主一道把船凿穿，让船沉入江底，并告诉船主 20 天以后，沉船仍归船主，可以再捞起来使用。船主听后十分高兴。

当尾追之敌赶到金沙江南岸，连一只渡江的船都找不到，只好望江兴叹。

★ 彝族同胞送给红九军团军团长罗炳辉的玛瑙烟壶

4. 打土豪要经群众同意

打土豪是长征红军获得物质补给的一个重要来源。

但是，红军打土豪，并不是随意劫掠。据李坚真回忆，红一方面军打土豪，先由部队向群众进行调查，作出判断，然后在地主土豪家的大门上贴字条，最后再向群众核实。群众核实是一个必要步骤，如有打错的，及时纠正。据谭友林回忆，红二、红六军团在长征途中“打土豪的办法是，先由群众提出应打的名单，经工作队或拥护红军委员会审查批准后，张贴告示，将其压迫群众的罪行公之于众，将其财物没收分给贫苦群众”。群众参与度很高，这就有效避免了乱打土豪、错打土豪的现象。

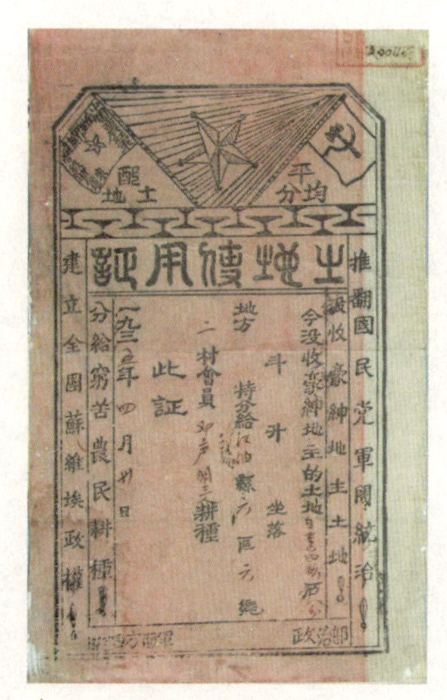

★ 红军没收土地分配证

红六军团十六师四十七团团长覃国翰回忆红六军团到锡矿山时，“有一个班的战士在没收一户土豪的财产时，错把邻居一户农民的农具和一头猪没收了”。经群众反映，调查

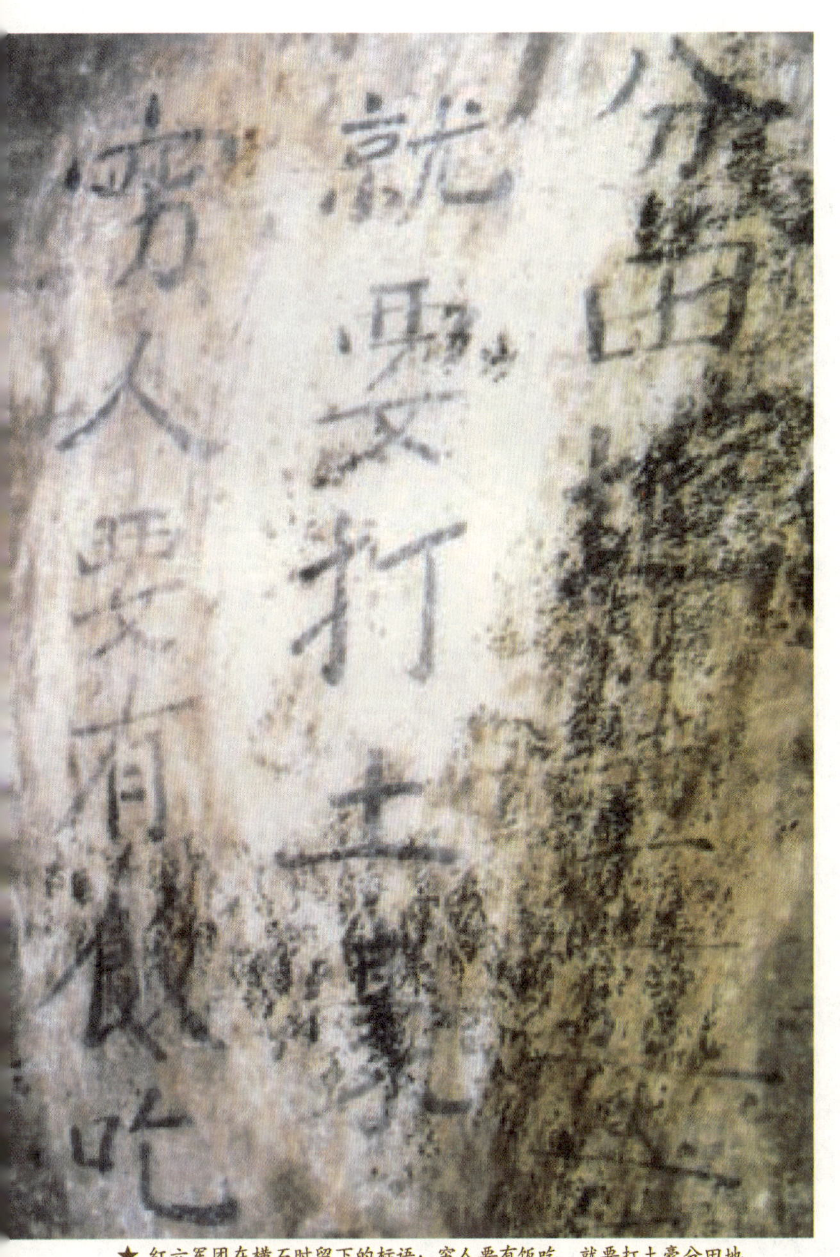

★ 红六军团在横石时留下的标语：穷人要有饭吃，就要打土豪分田地

清楚后，让战士抬上农具登门道歉，并赔了一头大肥猪。

5. 低价卖盐给群众

长征中红军会把打土豪得来的财物分给群众。但很多群众害怕报复不敢要。对此，各路红军想了不少办法。

红六军团在新化没收“官盐”后，卖给人民群众，价格定得非常低，“实际上是通过合法买卖的形式分给广大群众，且不给敌人留下对群众进行报复的借口”。这极大打消了群众的顾虑。到锡矿山后，红六军团如法炮制，将没收的粮食和衣物，低价卖给广大群众。“只要拿出 1 块银圆，就可以担回一担稻谷。实在没有钱的穷苦工人农民，只要说清情况也可以来担”。“名为出卖，实为散发”。打着低价出卖的名义，既是为了消除群众的畏惧，更是为了堵塞日后

★ 贵州沿河红溪红军风雨桥旧址

矿霸和豪绅的毒口。这取得了很好的效果，“仅在矿霸段楚贤德大兴庄，担稻谷的群众就有四五百人”。

6. 来自敌军内部的评价

长征中红军的纪律执行如何？来自敌营内部的评价最为客观。

中央红军进入贵州省沿河县城后，沿河县邮政局局长在给上司的报告中说：共军“纪律之佳，出人意料”“买卖公平，一般小商莫不获其利”“所过之处，专擒军政税收人员及区团富豪教士，而于贫苦工农、失意游民，则给资增产”。

1935 年 2 月 22 日，蒋介石电令各军：“我军除依照规定计划，迅速围剿外，尤须与匪争取民众，使民众不为匪用，则其势亦孤，而歼灭亦易。故我军无论宿营行军，随时随地须严肃纪律，不拉伕、不派款，不强借民房，不强占民物，不征发粮秣，不强买强卖。”如果说这个电报还是在言语间暗指红军纪律严明，与民众关系融洽，那么，随后 1935 年 3 月 6 日，蒋介石在致国民党川军将领刘湘、潘文华的电报中进一步明确承认：“据报，前朱、毛匪部窜川南时，对人民毫无骚扰，有因饿取食土中萝卜者，每取一头，必置铜圆一枚于土中；又到叙永时，捉获团总 4 人，仅就内中贪污者 1 人杀毙，余均释放，借此煽惑民众。”

（三）民族团结一家亲

长征是中国共产党成立以来，第一次广泛、深入地与少数民族接触。长征中红军接触的少数民族近 20 个，经过的少数民族聚居或杂居地区，达红军长征经过地区的 50%以上。以红一方面军第一军团为例，长征时共走了 371 天，其中在少数民族地区 125 天，约占红军长征时间的三分之一。红四方面军长征 19 个月，在少数民族地区停留时间长达 15 个月。

红军在长征中，向各族人民宣传了党和红军的方针政策，特别宣传并贯彻执行党的民族政策，赢得了少数民族的广泛支持，播下了民族团结的种子，谱写了民族团结的赞歌。

1. 禁称“蛮”“夷”

红军从 1934 年 11 月开始进入少数民族区域，11 月 29 日《红星》报即刊出《关于瑶苗民族中工作的原则指示》，过彝族区时，又于 1935 年 4 月 10 日登载《注意争取夷民的工作》，当时在这种关于少数民族政策的正式文件中仍在使用“猺”“夷”等带有歧视性的字眼。而到了 1935 年 5 月 22 日，《红星》报专门刊发文章，指出：“最近我们有些对夷民的标语中，发现有用‘蛮’字的，必须纠正，因为‘蛮’字是汉人骂夷民的，夷民听到是很不高兴的。犭这一狗旁，过去我们也常常沿用起来，加在瑶、侗、倮倮等字上，这同样是少数民族所不愿意的，也应纠正，一律改用人字旁，如‘傜、侗、倮’等。”据陈昌奉回忆，过大凉山彝族区时，毛泽东还纠正大家：“不能叫‘倮倮国’，那是彝族兄弟。”

★ 1936 年 2 月，长征途中的王震（前左一）与苗族群众合影

2. 彝海结盟

1935 年 5 月 20 日，中央红军为迅速摆脱国民党军队的围追堵截，抢渡天险大渡河，决定从泸沽经冕宁，过拖乌到安顺场渡河。这一条路，敌军防守薄弱，却要经过历来被人们视为“畏途”的彝族聚居区。

承担红军先遣队任务的刘伯承、聂荣臻，临行前得到毛泽东指示：先遣队的任务，不是去与彝族群众打仗，而是去宣传党的民族政策，用政策的感召力与彝民达到友好，争取说服他们，用和平的办法借道彝民区。

★ 漫画：《为红军带路的彝族向导》（黄镇　作）

先遣队于 5 月 22 日进入彝区。当红军过额瓦垭口时，树林中有成群结队的彝民出没，并发出呼喊，企图阻止红军前进。部队被迫缩短行军距离，走到彝海子，突然从身后额瓦方向传来枪声，涌出成百上千的彝民，手舞大刀簪矛和棍棒，向红军高声吼叫。接着，后面传来消息：跟在后面的工兵连因掉队和没有武器，所带的工具、器材都被彝民抢光，衣服剥尽，被迫退回出发地。

面对严重局面，先遣队坚决执行民族政策，任何情况下不开枪还击。部队停止前进，由通司（翻译）向彝民喊话、宣传解释，但彝民仍不放行。正在混乱之际，从山谷垭口处有几人骑骡马奔来，为首的是彝族果基支头人果基小叶丹的四叔果基约达。通司上前联系，说红军首长要同他谈话。

果基约达欣然同意。红军群众工作队队长萧华同果基约达就地坐下，进行交谈，说明红军是为受压迫的人打天下的，红军刘司令统率大队人马路过此地，并不打扰彝民同胞，只是借路北上。根据彝民十分重义气的特点，萧华表示：刘司令愿与彝族头人结为兄弟。果基约达以前曾知道一点儿红军的情况，但对红军的来意有些半信半疑。可是，当他环顾四周，看到红军的军纪十分严明，便消除疑虑，接受了结盟意见。

★ 冕宁县彝海子
刘伯承曾在这里与小叶丹歃血结盟

萧华将沟通情况报告刘伯承和聂荣臻，刘伯承立刻骑马来到彝海子边。同时，小叶丹也来了，他见了刘伯承，便要摘牛黑帕子行磕头礼。刘伯承急忙上前扶住，他告诉小叶丹，红军是共产党领导的军队，是为受压迫的人打天

★ 油画：《彝海结盟》（沈尧伊　作）

★ 小叶丹的妻子手执“中国夷（彝）民红军沽鸡（果基）支队”旗帜

★ 漫画：《红军彝族游击队》（黄镇 作）
中央红军先遣队由彝族首领小叶丹带路，再次进入彝族地区，受到了彝族同胞的热烈欢迎。黄镇亲历此盛事，创作了此图，重点表现游击队高举党旗的场景。

下的。共产党实行汉彝平等，同彝族是一家人，自己人不打自己人，要团结起来去打国民党军阀，以后红军回来，大家一块儿过好生活。这样，双方顺利达成协议，两人在彝海子边歃血为盟。按照彝族风俗，先喝血酒的是大哥，小叶丹要刘伯承先喝，表示自己为弟弟，服从大哥。刘伯承将随身带的左轮手枪和几支步枪送给了小叶丹，小叶丹回赠了自己骑的黑骡子。结盟仪式结束后，刘伯承还代表红军将一面书写着“中国夷（彝）民红军沽鸡（果基）支队”的红旗授予了小叶丹。

在小叶丹的帮助和护送下，红军沿着“彝海结盟”这条友谊之路，经过七天七夜顺利通过200里彝地，彝族人民“牵牛送羊欢送红军于道旁”，并欢声笑语高呼“红军卡沙沙（谢谢红军）”。红军迅速通过凉山，为红军主力保存了有生力量，更为抢渡大渡河赢得了宝贵时间。

而刘伯承赠给小叶丹的旗帜一直被精心保存着。西康省解放后，1950年5月21日，小叶丹的妻子遵照丈夫遗嘱，郑重把旗帜亲手献给了政府。今天，这面象征民族团结的旗帜还珍藏在中国人民革命军事博物馆里。

★ 彝海结盟塑像

★ 红军先遣团司令员刘伯承与彝族首领果基小叶丹结盟处结盟石

3. 贺龙赠送归化寺锦幛

1936 年 4 月 30 日，红二军团前卫红四师翻过雪山，进入中甸县城。随后，红二军团直属队和红五师、红六师也先后于 5 月 1 日、3 日翻越雪山，到达中甸县城附近。

中甸地处滇西北的康藏高原，平均海拔 3000 米以上，是藏族聚居的地方。城内有几十家营商的汉人，城外尽是藏民。城周多是荒野，人烟稀少。没有什么东西买的，虽有糖、糌粑、盐，但也要到喇嘛寺才能买到。

中甸县城外的归化寺是藏族著名的十三林之一，是云南最大的喇嘛寺，寺庙由八大老僧执掌，是当时中甸地区的统治中心，掌控着中甸地区的政治、经济、文化。红军进驻中甸县城后，归化寺八大老僧十分惊慌，紧闭寺门，商量对策。由于此前红军在翻越雪山时曾击退僧俗民团，武装力量比较强大，八大老僧打算先派代表夏那古瓦进城与红军谈判，弄清红军的意图。夏那古瓦对红军并不了解，出发前交代家人：大寺请我明天进城去见“共产”，如果回不来，家中老幼的生活由大寺负责到底，你们不必心焦。

★ 归化寺

4 月 30 日，夏那古瓦去见红军。贺龙亲自出门迎接，热情接待，并向夏那古瓦宣传红军“不打人、不骂人”“尊重藏民的宗教信仰”等民族、宗教政策，请他帮助筹备粮草，这很快打消了他的疑虑。贺龙还亲自致信中甸县归化寺（喇嘛寺）八大老僧，承诺“红军允许人民宗教信仰自由，因此，对贵喇嘛寺所有僧侣生命财产绝不加以侵犯，并负责保护”，要求“你们须即回寺，照安生业，并要所有民众，一概回家，切不要轻信谣言，自造恐慌”，并提出“本军粮秣，请帮助操办，决照价支付金办”。

★ 夏那古瓦

夏那古瓦带回信后，八大老僧十分高兴。5 月 1 日，八大老僧派夏那古瓦送了青稞酒、酥油、糌粑、16 头牦牛等物资来慰问红军，转达了愿意帮助筹粮的想法。

在此情形下，红二、红六军团深入进行了党的民族政策和宗教政策的教育，要求红军战士尊重藏区人民的风俗习惯和宗教信仰，严守群众纪律。同时，为了公开说明中国共产党和红军的主张，红二、红六军团以中华苏维埃人民共和国中央革命军事委员会湘鄂川黔滇康分会主席贺龙的名义，张贴《中华苏维埃人民共和国中央革命军事委员会湘鄂川黔滇康分会布告》，向藏族同胞宣示红军宗旨，说明

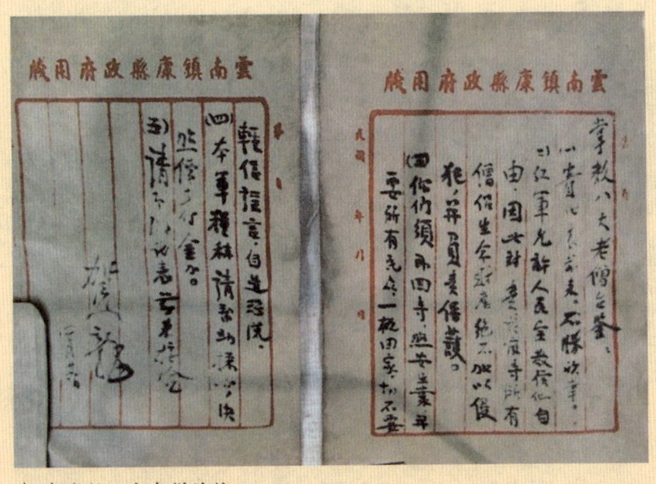
雲南鎮康縣政府用箋

掌教八大老僧台鑒：
[illegible]
紅軍允許人民全教信仰自由，[illegible]所有
僧侶生命財產絕不加以侵犯，并負責保護。
(四)你們須即回寺，照安生業，并要所有民众，一概回家，切不要

雲南鎮康縣政府用箋

輕信謠言，自造恐慌。
(四)本軍糧秣，請幫助操辦，決照價支付金[illegible]
(五)請[illegible]
賀龍

★ 贺龙给八大老僧的信

红军来意：“本军以扶助番民，解除番民痛苦，兴番灭蒋，为民谋利益之目的”“军行所至，纪律严明，秋毫无犯”。

翌日，贺龙、任弼时、关向应亲自拜访大寺，参加归化寺僧侣为红军举行表示祝福的“跳神”活动。在举行“跳神”仪式时，贺龙向归化寺赠送了写有“兴盛番族”四个大字的红绸锦幛。同时，军团总指挥部派出哨兵保护喇嘛寺，并规定红军不准进入寺庙。这些实际行动赢得了八大老僧的信任。

★ 贺龙赠送归化寺写有“兴盛番族”的锦幛

★ 油画：《贺龙赠锦旗》（沈尧伊　作）

5月3日，大寺打开3个仓库，将2000多斗青稞（约6万斤），还有牦牛肉、红糖、粉丝等食物售给红军，部队一一作价付了现金。在归化寺的带动下，大寺门外小街子村的一些商贩也把粮食、红糖、盐等卖给红军，红军在其他村寨又买到青稞数万斤。这大大解决了红军的粮食困境。红军离开时，八大老僧还送去藏压茶两驮、肉三驮、红糖两驮、盐一驮，红军一一作价付了现金。

★ 漫画：《草叶代烟》（黄镇　作）

★ 红二、红六军团在中甸休整期间的总指挥部——香格里拉中心镇公堂

4. 朱德与格达活佛

格达活佛，法名格桑登增·扎巴塔耶。生于甘孜生康乡德西底村，7岁时被选定为白利寺的活佛，17岁去拉萨学习佛经，8年后获得喇嘛的高级学位“格西”。由于他高深的佛法造诣和高尚的品德，在群众中有很高的威望。

长征红军初到甘孜时，格达活佛起初对红军有所疑虑，躲在了白利寺附近的寨子里。当他亲眼看到红军纪律严明、秋毫无犯、保护寺庙、爱护僧俗群众，感动地说：“我作为活佛，是用佛经超度人们的灵魂到极乐世界区，而共产党领导的红军是为穷人打天下的军队，我们的信仰虽然不同，但都是为了穷人。”他发动、组织群众为红军筹备粮草，并亲自给红军送肉送粮送酥油。规模不大的白利寺，前后支援红军青稞 134 石、豌豆 22 石、马 15 匹、牦牛 19 头。

朱德总司令到甘孜后亲自去拜见了格达活佛，在甘孜驻留期间，他与格达活佛分别在白利寺和甘孜县城会面 9 次。两人互赠礼品、秉烛长谈，常常彻夜不眠。朱德总司令给格达活佛讲解党的方针政策及抗日救国的主张，使他进一步认识了红军，懂得了什么叫革命，两人也结下了深厚的友谊。

★ 甘孜县白利寺

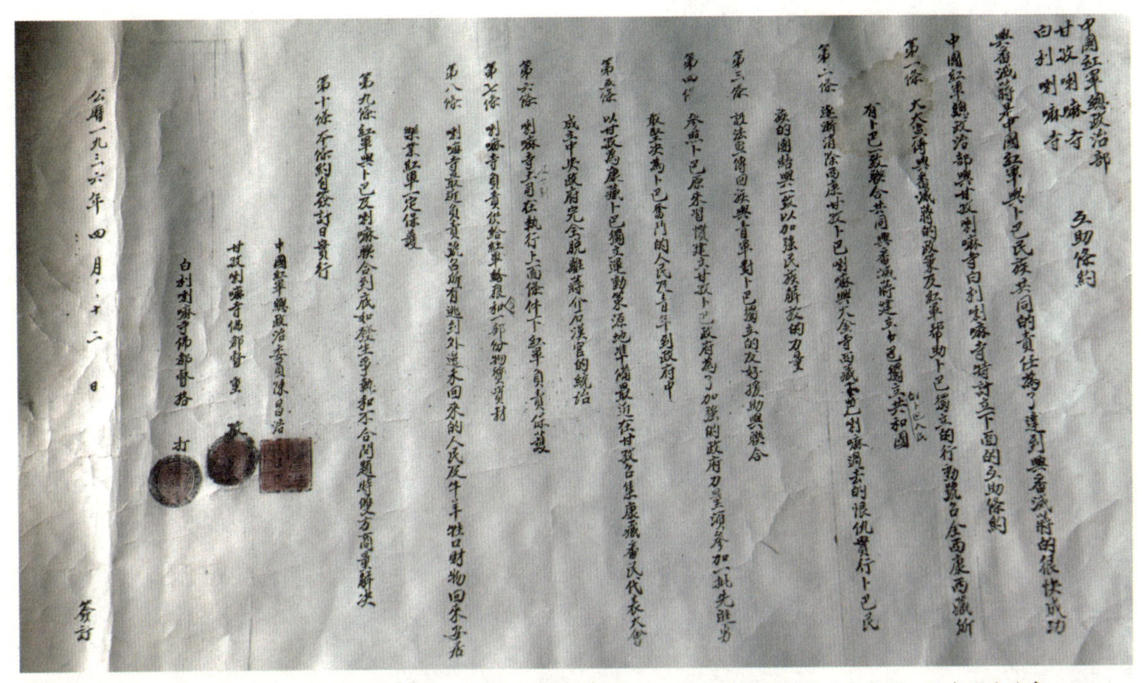

中國紅軍總政治部
甘孜喇嘛寺
白利喇嘛寺
互助條約
與番滅蔣是中國紅軍與卜巴民族共同的責任為了達到與番滅蔣的很快成功
中國紅軍總政治部與甘孜喇嘛寺白利喇嘛寺特訂立下面的互助條約
第一條 大大宣傳與番滅蔣的政策及紅軍帮助卜巴獨立的行動號召全西康西藏所
有卜巴一致聯合共同興番滅蔣建立卜巴獨立共和國
第二條 逐漸消除西康甘孜卜巴喇嘛與大金寺西藏卜巴喇嘛過去的恨仇實行卜巴民
族的團結與一致以加強民族解放的力量
第三條 設法宣傳回族與青軍對卜巴獨立的友好援助與聯合
第四條 參照卜巴原來習慣建立甘孜卜巴政府為了加強的政府力量須參加一批先進勇
敢堅決為卜巴奮鬥的人民及青年到政府中
第五條 以甘孜為康藏卜巴獨立運動策源地準備最近在甘孜召集康藏番民代表大會
成立中央政府完全脫離蔣介石漢官的統治
第六條 喇嘛寺土司在執行上面條件下紅軍負責保護
第七條 喇嘛寺負責供給紅軍糧秣和一部份物資資財
第八條 喇嘛寺負責號召所有逃到外邊未回來的人民及牛羊牲口財物回來安居
樂業紅軍一定保護
第九條 紅軍與卜巴及喇嘛聯合到底如發生爭執和不合問題時雙方商量解決
第十條 本條約自簽訂日實行
中國紅軍總政治部委員陳昌浩
甘孜喇嘛寺佛部督 [illegible]
白利喇嘛寺佛部督 格打
公曆一九三六年四月十二日 簽訂

★ 红军与甘孜寺、白利寺签订的《互助条约》，1985 年在白利寺格达活佛生前使用的枕头内发现，现存于甘孜寺

1936 年 4 月 12 日，红军与甘孜寺、白利寺签订了《互助条约》，这是红军在长征途中最早与藏族寺庙签订的条约。

1936 年 7 月，红二、红四方面军继续北上，临行前，朱德在红缎上为格达活佛写下了“红军朋友，藏人领袖”，并将自己的八角军帽赠送给格达活佛，告诉他：“三五年以后我们一定会回来。”

红军走后，格达活佛救助了两三百名滞留在当地的红军伤病员，亲自安置他们并为他们疗伤。此后，为躲避国民党的纠缠和迫害，他被迫到拉萨住了 10 年。他真诚地思念红军，并为之编写了 40 多首情真意切的诗歌。新中国成立后，格达活佛为和平解放西藏奔走出力，1950 年被英国特务毒死，年仅 48 岁。

★ 朱德总司令和五世格达活佛联谊雕像

★ 油画：《朱德与格达活佛》（沈尧伊　作）

★ 陈锡联

5. 陈锡联赠送益西寺喇嘛银马鞍

红四方面军第四军攻占新龙后，部队驻扎益西寺附近。红四军第十一师政治委员陈锡联，在驻扎期间得了伤寒病，得到益西寺一名喇嘛的细心照顾。

陈锡联回忆：在瞻化期间，我住的地方附近有一个寺庙。该寺庙不大，建在半山腰上。负责管理寺庙的是两个喇嘛，其中一个懂汉话和藏医。……那位懂藏医的喇嘛见我气色不好，关切地询问我是不是身体有病？我告诉他我害过伤寒，又负过伤，还没有完全好。两位喇嘛就主动给我看病、熬药。他们见我吃不惯酥油、糌粑，就教我如何炒面，如何吃酥油，就是先用锅把油熬了，再用纱布过滤，这样就干净些。……通过一段时间的接触，我们结下了深厚的情谊。……当我率部离开瞻化的时候，那位喇嘛特意来看我，送给我一坛子菜籽油，那个时候搞点菜籽油非常不容易，还炒了一些糌粑盐和牛肉，用牛皮口袋装好，送给我说：“牛皮口袋不怕雨，里面的肉坏不了，你背着它路上吃。”我送给他一匹白马、一副马鞍和一件坎肩留作纪念。

★ 陈锡联赠送给益西寺喇嘛的银马鞍

经后人调查访问，两位喇嘛一位叫仁孜喇嘛，为寺庙主持，他吩咐要照顾好红军伤病员；另一位懂藏医的叫四龙赤成喇嘛，他负责具体操办处理。红军走后，国民党借助地方势力要迫害仁孜喇嘛，他不得已举家逃往甘孜县拖坝区也仁达村，四龙赤成喇嘛则不久病故。陈锡联赠送的白马已死，马鞍和坎肩现存益西寺。

★ 新龙县益西寺

（四）人民拥护子弟兵

长征红军以严明的纪律、实际的行动、喜闻乐见的宣传赢得了沿途群众的信任和支持。当群众认同红军是人民的军队，当群众的实际利益与红军紧密联系起来，当群众真正被发动起来，卷入革命行动之后，群众甘愿冒着国民党军阀的高压政策和反动地主的残酷报复，箪食壶浆迎接红军，参军作战，送粮草，捐衣被，救伤员，当向导，不惜毁家舍命，赴汤蹈火。

1. 三个女红军和半条被子

1934 年 11 月 6 日，中央红军先头部队抵达湖南汝城文明司，红军卫生部、干部团驻沙洲村。由于国民党的反动宣传，许多人都上山躲起来了。沙洲村妇女徐解秀因为生孩子坐月子，又是小脚，就留下来带着婴儿在家。

有 3 名女红军来到她家，跟她拉家常，宣传红军是穷人的队伍，叫老乡们不要怕，回到家里来。晚上，她们借宿徐解秀家中，当看到徐解秀床上只有一块烂棉絮和一件破蓑衣，就打开被子，和徐解秀母子挤在一张床上睡。3 天后，她们临走时，便要将被子留给徐解秀。徐解秀不忍心，也不敢要，推来推去，争执不下。这时，一位女红军找来一把剪刀把被子剪成两半，留下半条给徐解秀。3 名女红军

对她说：红军同其他当兵的都不一样，是共产党领导的，是人民的军队，打敌人就是为老百姓过上好生活。

在她们互相推让的时候，红军大部队已开始翻山。徐解秀和丈夫朱兰芳送她们走过泥泞的田埂，到了山边时，天快黑了。她不放心，想再送一程，因为是小脚，走路困难，就让丈夫送她们翻山。她们一步三回头地对徐解秀说："大嫂，天快黑了，你先回家吧，等胜利了，我们会给你送条被子来，说不定还送来垫子呢。"

红军走后，敌人把全村人赶到祠堂里，逼大家说出谁给红军做过事，大家都不说，敌人就搜家。女红军留下的半条被子被搜走了。敌人还把徐解秀拖到祠堂里，让她跪了半天。

徐解秀说："虽然那时为了红军留下的东西吃了点儿苦，不过也让我明白了一个道理。什么是共产党？共产党就是自己有一条被子，也要剪下半条给老百姓的人。"

★ 在湖南汝城县文明瑶族乡沙洲瑶族村，还保留着当年 3 名女红军与徐解秀同住的老屋与小床

★ 半条被子（雕像）

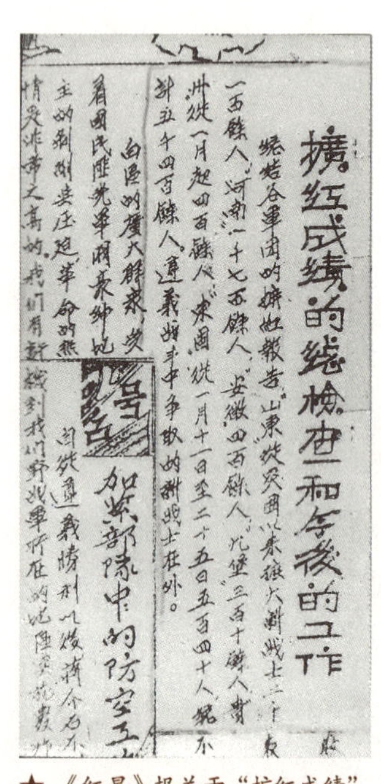

擴紅成績的總檢查和今後的工作

加緊部隊中的防空工作

★《红星》报关于“扩红成绩”的报道

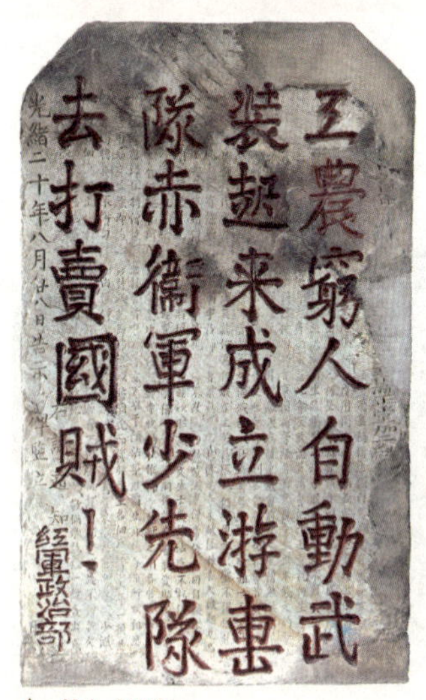

★ 扩红标语

2. 举家八口参加长征

木黄会师后，红二、红六军团出兵湘西北，占领永顺、桑植、大庸等县，建立了湘鄂川黔根据地。随着根据地的巩固和扩大，蒋介石坐卧不安，急忙调集11万兵力，向根据地发动“围剿”。1935年3月上旬，红二、红六军团根据敌我斗争形势，撤离湘鄂川黔省委所在地大庸。

大庸县有一个人叫侯德臣，红军来之前他以乞讨为生，红军来了以后，他积极革命，担任了所在区的土地委员，并把弟弟和两个儿子送去参加红军。听说敌人要卷土重来，他带妻儿一起来到红军驻地，要求参加红军上前线，跟红军一起走。贺龙亲自接见了他，问：“那你的婆娘儿女怎么办？”侯德臣说：“一齐走！”贺龙看了看站在他身边年仅5岁的幼子，问：“这个小崽崽怎么办？”侯德臣说：“我背起走。”贺龙劝他：“你还是不要去，留下来好，红军打仗是要吃苦的，说不定还要流血掉脑壳呀！”侯德臣坚定地说：“贺将军，我一家生是你们的人，死是你们的鬼。说吃苦，什么苦我一家人没吃过？要怕死，就不会带着婆娘儿女一齐来。只要能跟着你们去和敌人拼，脑壳掉了只有碗大个疤！”在他的强烈要求下，贺龙终于同意了。

最终，侯德臣一家8口全都当了红军，被编入二军团。侯德臣和妻子、5岁的小儿子在家属连，弟弟侯贵臣在六师十七团任管理员，大儿子侯清芝在五师十四团二连任班长，二儿子侯清平在警卫连当战士，15岁的女儿侯幺妹和大儿媳刘大梅在卫生队。一家8口踏上了长征的征程。

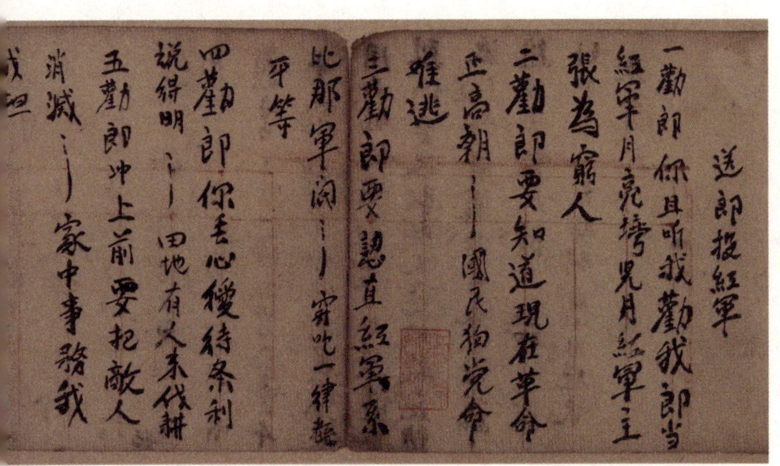

送郎投紅軍

一勸郎你且听我勸我郎当紅軍[illegible]紅軍主張為窮人

二勸郎要知道現在革命正高潮[illegible]國民狗党命難逃

三勸郎要認真紅軍[illegible]比那軍閥[illegible]一律平等

四勸郎你丢心優待条例說得明[illegible]田地有人来代耕

五勸郎冲上前要把敵人消滅[illegible]家中事務我

★ 红军歌谣《送郎投红军》墨迹原件

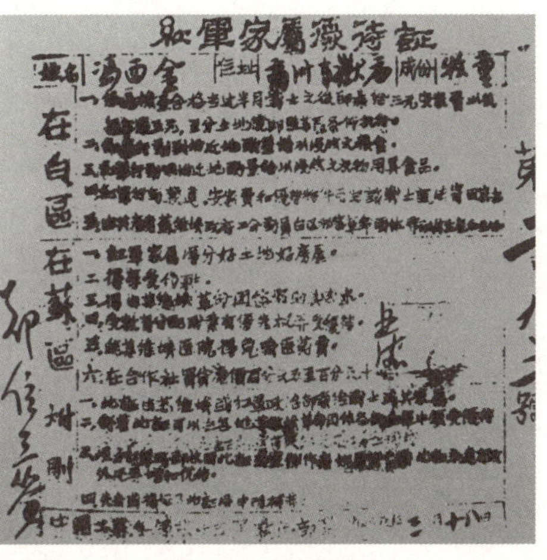

紅軍家屬優待証

[illegible]

★ 郑位三签发的红军家属优待证

长征途中，侯德臣主动报名参加筹粮队，以积极的工作获得了“筹粮能手”的光荣称号，后来在成县反堵截战斗中受伤，不久去世。幼子侯清源托付给了成县的一家农户。弟弟侯贵臣调到担架连当连长，被称为担架连的“铁肩膀”，长征途中不幸染上伤寒，过雪山时壮烈牺牲。大儿媳刘大梅怀着身孕在卫生队工作，长征途中染病，带着未出生的孩子去世。女儿侯么妹在甘南战役中冒着枪林弹雨抢救伤员，不幸被敌人枪弹击中牺牲。妻子殷成福在家属连担任炊事工作，在四川白玉地区因病掉队，后日夜兼程，追赶部队一直到了陕北。大儿子侯清芝、二儿子侯清平，在长征中历尽艰险，最终到了陕北。

一家 8 口参加长征，4 人为革命事业献出生命。他们对革命的忠贞、对党和红军的信仰，令人钦佩和感动。

3. 于都河上架浮桥

江西于都河是中央红军长征过的第一条大河。河宽 600 多米，水深 1 到 3 米，最大流速每秒 1.2 米。

红军在这里集结出发长征，总部决定在于都河面上架桥。根据地的老表非常热情，只要说是红军要用，不管他的材料是准备干什么用的，马上抽出给红军送来。有位姓赵的老表听说红军要木料，就要拆瓜棚。当时南瓜还未完全熟，材料征集组的同志劝阻老表说："瓜还没有熟，瓜棚不能拆。"老表一听，啪的一下就把瓜藤扯断了，并主动把搭瓜棚用的木料扛到了河边，还特地为红军煮了一担南瓜汤。一位老大爷则把棺材板都献出来了。他说："材料差得远呢！要不是红军，要没有苏维埃，别说寿材，我连饭都吃不上哩！"

★ 老表热情送架桥材料

最终，于都人民汇集800多条大小船只架设浮桥，有的送门板木材，有的送茶送饭，仅用4天时间，就在于都30公里的河面上架设了5座浮桥。为保密和避免敌机轰炸，红军总部规定：部队要每天下午6时后至次日晨7时前通过浮桥。为此，红军架桥部队白天把大部分民船从浮桥上撤下来，用几只船渡小部队和零星人员过江；下午四五点重新架通浮桥，供大部队通过。

★ 中央红军渡过于都河时所用的马灯、门板、渡船等物

★ 红军长征时在于都东门渡口搭建的浮桥遗址

4. 红军坟

红军坟，又称红军卫生员墓。

1935 年，红军长征到遵义时，驻城郊桑木垭的前哨连有一位不满 20 岁的卫生员。恰逢当地流行伤寒病，卫生员不分昼夜、风雨无阻地走村串巷，给老百姓看病、送药、打针。

一天傍晚，一名小孩哭着跑来哀求，请他到远离驻地 10 多里的地方为病重的父母看病。卫生员冒着雨到达患者家中，直到天明，患者脱险后才返回驻地。这时，卫生员却发现营地内已是人去楼空。原来连队接到命令连夜赶路去别处执行任务，连长留言让他追赶部队。然而，就在追赶的路上，卫生员不幸落入敌人的手中，被枪杀于桑木垭场口。

老百姓为了报答卫生员生前为民除病的恩情，将其尸体就地掩埋在路旁。因不知其籍贯和名字，群众只得称之为“红军坟”。墓址原在桑木垭，后迁至小龙山。后来经过考证确认墓中的战士是红三军团五师十三团卫生员龙思泉。

红军坟

★ 长征到达陕北的部分彝族红军战士合影

5. 彝族兄弟来参军

红军进入彝族区后，以严明的纪律赢得了沿途群众的支持与拥护，他们踊跃参加红军。仅红三军团十一团就在彝族区扩兵700多人，其中彝族战士100多人。

这些彝族新战士，语言不通，生活习惯、宗教信仰等方面都与普通战士存在较大差异。红一方面军曾专门为新加入的彝族战士成立一个“倮倮连”。但这些彝族战士过去长期过原始散漫的生活，参军以后，开始也不顾红军的组织纪律，行军路上看到小摊贩的东西就拿，十一团政治部就派人跟在后面给人家付钱，赔礼道歉。部分彝族战士觉得生活不习惯，跟着红军走没多远，都陆续回家了。十几个彝族战士历经考验，到达陕北，成长为钢铁战士。

6. 一家四代接力保护红军标语

长征是宣传队，而标语是红军宣传的重要手段。群众自编民谣唱得好：“红军走了留哪样？留下标语指方向。”

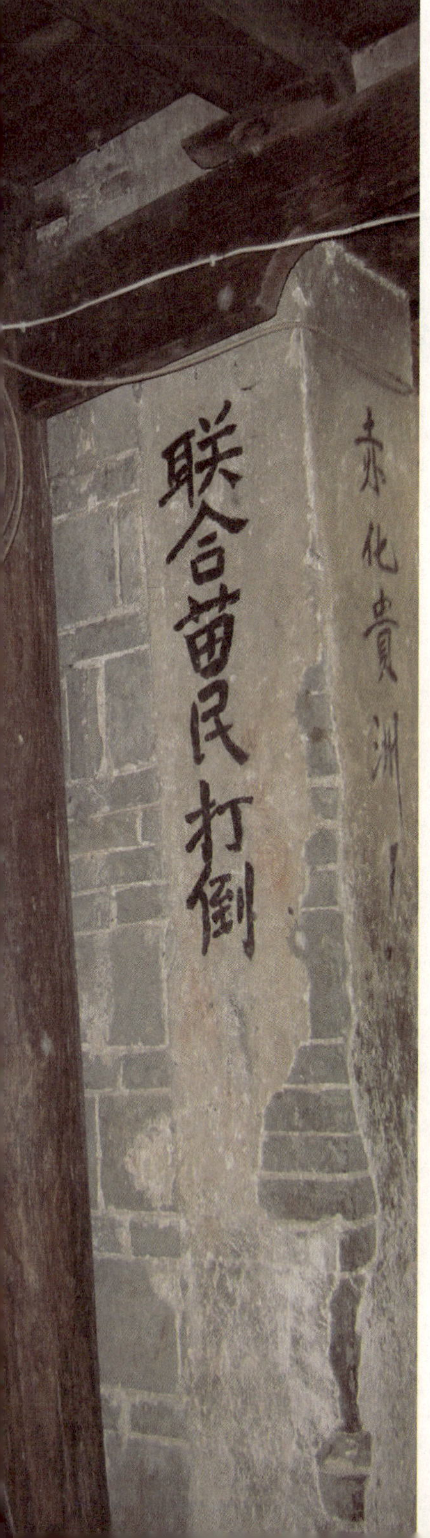

国民党政府却视红军标语如洪水猛兽，为了遏制红军宣传的影响，他们想尽办法破坏、清除红军的标语。云南民政厅长就向红军所过地区发出指令："应速令各县责成乡长派人随处搜寻，发现有此种标语，即予撕去或铲除洗涤，勿稍留痕迹为要。"

但是，人民群众都自觉自发地保护红军标语。在湖南汝城，就有一个一家四代接力保护红军标语的故事。

1934年8月中下旬，红六军团到达湖南汝城濠头村，在全村书写标语100余条。村里的教书先生何大彬也跟着红军一起忙里忙外，书写标语。

红军撤离后，国民党很快就来"清乡"。一天清晨，何大彬隐约听见远处传来吆喝声、打骂声，如狼嚎狗吠，气势汹汹。他马上意识到凶多吉少，赶紧关上写满标语的谷仓门，在谷仓楼板上放上几小堆灭鼠药，支开一个老鼠夹。然后，带上礼帽，夹着课本，掩上大门，大摇大摆地走出家门。

"站住！"一喽啰厉声叫着。

何大彬从容不迫地说："长官，什么好事呀？"

"嘿嘿，你家窝藏红军，听说还有什么标语。快快回去，检查！"

"你看，你看，长官说哪里话。红军主张打土豪，分田地，我何某大小也是个富户。这回保住了性命，保住了房产，也算祖上有德。来来来，拿几个银毫子，叫兄弟们喝碗水酒去。我就去上课……"

"老兄，这样可不行的，胡团长（汝城县保安团团长胡凤璋）的脾气你是知道的，我们空手回去，怎么好交差？"

"嗨，亏了你是聪明人，就随意在墙上刷几下石灰水不就行了。"

就这样，何大彬保住了谷仓里的红军标语。中华人民共和国成立后，何大彬的女婿何孝林牢记岳父“无论如何都要保护红军标语”的遗嘱，保护红军标语，避开了“破四旧、立四新”的破坏。改革开放后，随着生活逐渐富裕，何孝林的两个儿子想拆旧建新，给他盖栋新房子，何孝林左思右想之后，对儿孙们说，红军标语屋不能拆，宁可住旧一点，也不能破坏红军标语。

就这样，满屋子红军标语，有幸得到何大彬一家四代的真诚守护。从 1934 年至今，已经 80 多年。

正是有了广大群众的真心拥护和保护，散落在长征沿线的标语口号，至今被完整保存下来的就有 7000 多条。

★ 红军写在黎平秦溪白塔围墙上的标语

★ 濠头乡“红军楼”

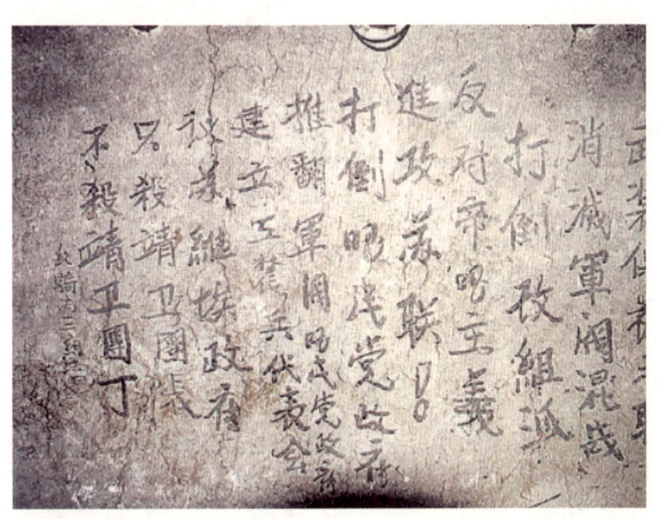

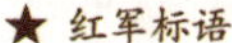
红军标语

★ 1936 年 2 月 20 日，红军伤员疗伤住过的房屋

7. 照顾红军伤员

开国少将吴西回忆长征中令他终生难忘的经历。

那时他跟随红二、红六军团长征。在湖南时，为了摆脱地主武装的纠缠，部队迅速转移。由于刚下过雪，山高路滑，马也很难走。忽然哗啦一声，白马双蹄踏在路边的松土上，一打滑，他滚到山崖下面去了。

为了安全，组织上把他安排到湖南桂东的老百姓家养伤。房东大娘每天给他煮干饭，自己悄悄吃白薯喝南瓜汤。为了给他增加营养，大娘把家里准备换盐的鸡蛋也煮给他吃了。在大娘的精心照顾下，他很快康复，还穿上大娘特意为他编织的草鞋，踏上了寻找部队的征程。

像吴西这样接受老百姓照顾、承受老百姓恩情的红军战士实在是太多了。1936 年 2 月 20 日，红二、红六军团将 47 名伤员，从贵州毕节小坝送到大定六寨。路经新寨时，苗族首领杨以沙率领全寨男女老少赶到路边，硬是把伤员“抢”到寨子里治疗休养，全寨 30 多户人家争着让出自己的床铺安置他们。伤员在新寨住下后，杨以沙把大家组织起来，妇女们负责护理伤员，男人们负责站岗放哨。他又派人上山采药，医治伤员；到街上买棉花、蘸盐水给伤员擦洗伤口。重伤红军大小便时，就由苗族同胞背出门。后来，有几位伤员因伤势恶化光荣牺牲，苗寨百姓用最隆重的仪式进行安葬，并特意为烈士们修建了“红军坟”。

红二、红四方面军会师北上后，有3800名伤病员留在康北藏区。甘孜博巴政府安排可靠的群众，每5户照顾和供养1名重伤员。博巴政府成员赵成武家中收留了5名红军伤病员，自己却被反动派杀害。

正是因为沿途群众甘愿冒着极大的风险照顾、掩护红军伤员，才使流动行军的红军有了可以依托的后方，保存了革命力量。

★ 贵州八堡乡新开红军坟

★ 油画：《女红军》（张大中　作）

八、特殊群体绽风采

在长征中，有这样一个特殊英雄群体，与正值壮年的广大将士不一样，他们存在着天然的生理局限：老红军已经年迈，小红军尚且年幼，女红军需要克服生理期或是怀孕、分娩的折磨。然而他们凭着坚定的意志，克服了生理上的弱势，与广大将士一起，行军、作战，闯过炮火纷飞的战场，经受疾病、饥饿、寒冷、死亡的考验，以不畏艰险的勇气、乐观豁达的革命精神，呈现出长征的另类风景。

在长征中，还有这样一群特殊的人。他们或是来自海外他国，与国人存在着深层次的文化、语言差异；他们或是来自敌方阵营，与红军存在立场、信仰上的根本不同。然而，在长征这个大熔炉里，在广大红军将士的铁骨铮铮和崇高理想面前，他们被感动、感召，跨过层层沟壑，最终架起了理解的桥梁，融入长征的滚滚洪流中……

（一）长征中的女红军

“中华儿女多奇志，不爱红装爱武装。”在艰苦卓绝的长征路上，红一、红二、红四方面军和红二十五军共活跃着2000余名女红军战士，她们有中央根据地党政军领导的妻子，也有普通的女干部、女士兵。女红军的生活旋律跟男兵一样，行军作战、宣传动员、运输看护。而女性天然的生理特点，又使她们承受了比男红军更多的艰辛。她们用女性特有的柔韧与艰苦的环境和命运进行殊死抗争，用浓浓的情与爱谱写了一个个感天动地的故事。

1. 红一方面军的30位女红军

金沙江水急又深，手拉手来心连心。
阶级姐妹团结紧，不怕敌人百万兵。
——李坚真长征中即兴编写的山歌

长征前，中央最初规定女同志一律不得跟着队伍走，孩子更不能带。毛泽东随后到中革军委提意见，认为应带一部分女同志走。中央后来决定带走30名女同志，但不能

★ 1949年，部分参加长征的女红军在北京合影

带孩子。因此，有的女同志一出发就不得不经受与骨肉至亲分离的悲痛。毛泽东与贺子珍的儿子毛毛托付给了留在中央根据地坚持游击战的毛泽覃、贺怡，后来被寄养在当地老乡家，再也没有被找到。

苏区中央局组织部确定了选拔参加长征女同志的三个条件：第一，政治上坚强，最好是共产党员；第二，具有独立开展工作的能力；第三，身体健康。

据此，红一方面军挑选出了30名参加长征的女红军[1]。除了从各省选拔来的6名女干部之外，多数是在党中央、中央政府和红军总部机关工作的女同志。包括王泉媛、邓六金、邓颖超、阚思颖（后名甘棠）、危秀英、危拱之、

★ 1959年，部分参加长征的女红军在北京合影

[1] 红一方面军参加长征的女干部人数有30人、32人、34人、35人等多种说法。因组织批准的人数和正式出发的人数不一样。还有的说法是统计了女战士，不排除长征途中有新扩红的女战士，但资料不详。据目前掌握的资料，女干部人数名单确定的主要有30人。

刘英、刘彩香（后名刘彩霞）、刘群先、杨厚珍、李坚真、李伯钊、李建华、李桂洪（后名李桂英）、吴仲廉、吴富莲、邱一涵、陈慧清、金维映、周越华、钟月林、贺子珍、钱希均、萧月华、康克清、曾玉、谢琼香（后名谢飞）、谢小梅、蔡畅、廖似光等。

★ 邓颖超

这些女同志都比较年轻，最小的钟月林 19 岁，最大的蔡畅也不过 34 岁。在长征中，她们有的留在了沿途坚持斗争，如阚思颖、李桂洪、谢小梅；有的在红一、红四方面军懋功会师后随红四方面军行动，如康克清、李伯钊、周越华、吴仲廉、李建华、王泉媛、吴富莲等，有的牺牲，有的被俘，最后到达陕北的共 24 人。

★ 蔡畅

这批女红军，除了康克清跟随总司令部、刘英在中央直属纵队、周越华跟随卫生部、蔡畅跟随总政治部之外，大部分在中央纵队的干部休养连。不论在什么部门、什么岗位，她们都做了大量工作。

蔡畅是长征中年龄最大、党龄最长的女红军，周恩来、聂荣臻、邓小平等很多领导同志，都习惯尊称她为“蔡大姐”。美国作家哈里森·索尔兹伯里曾说，如果长征有什么圣徒，那么，这个圣徒便是蔡畅。每次宿营，蔡畅都要到驻地附近去做打土豪和发动群众的工作。她虽然身患胃病、身体欠佳，却总是以革命乐观主义的态度感染着大家。她用法语唱的《马赛曲》，铿锵有力、充满激情，是战士们最为期待的曲目之一，让人感到无尽的希望和力量。

★ 康克清

康克清是红军总司令部直属队的政治委员。她也是优秀的射击手，随身带两支手枪和一支毛瑟枪，有时还肩扛三四支步枪，以帮助劳累的战士。她曾亲自指挥红军的一

★ 刘群先

次作战，歼灭敌军 20 余名。

李坚真开始在第二纵队司令部任民运科科长兼工作队队长，后调任干部休养连指导员。沿途走来，她既做思想政治工作、宣传鼓动工作，又和大家一起找粮食、找向导、找挑夫、打土豪、扩红等，到休养连后她还要帮助抬担架、挑药箱、护理伤员。因打土豪经验丰富，她被同志们笑称为“打土豪专家”。

贺子珍在长征途中有孕在身，生产后身体虚弱。部队行至云贵边界的盘县羊场时，遭遇敌人空袭。她不顾个人安危，帮助伤病员隐蔽，并奋不顾身地扑救伤员钟赤兵，自己却被一枚炸弹炸晕过去，身体嵌入 17 枚弹片。浅层的弹片取了出来，深入体内的弹片却跟随了她一生。

★ 1937 年，李坚真（右）和陈慧清在陕北

★ 长征到达陕北后的康克清（右）和贺子珍（左）

★ 贺子珍

杨厚珍是中央红军长征队伍中唯一一个小脚的女红军，而且长征前受过重伤，落下了终身三等残疾。她的长征路尤为艰辛，没走几天，本来就变形的脚肿得无法走路。她痛得直冒汗，但坚持不上担架，硬是拄着两根棍子跨越万水千山，从瑞金走到了陕北。

★ 1934年秋，杨厚珍长征前在瑞金一家照相馆留影

李伯钊是长征中唯一三过草地的女红军。她先随红一方面军长征，红一、红四方面军懋功会师后，她被留在了红四方面军。红四方面军与红二、红六军团甘孜会师后，她随红二方面军行动。她是长征中有名的红色戏剧家，一直从事文艺宣传工作。为了给战士们打气，李伯钊来回穿梭在行进的队伍之间，为战士们唱歌打气，别人每天行军60公里，她要行军120公里，因此，她又被誉为五万里的“长征战士”。

★ 李伯钊在莫斯科中山大学留影

★ 李伯钊在延安

★ 1937年8月，戚元德（左）、危拱之（中）与邓颖超（右）在西安

★ 康克清在中华苏维埃共和国成立之日与战友合影。后排左起为康克清、钱希均、周月林、贺子珍；前排左起为曾碧漪、彭儒

★ 参加长征的部分女同志合影，左起为陈琮英、蔡畅、夏明、刘英

危拱之是背着“政治黑锅”走完的长征。长征前她因“托派嫌疑”而受到了“永远开除出党”的错误处分，长征后才恢复党籍。长征中她被分配在干部休养连，并担任干部团直属总务科四科科长，负责队伍里的吃、住、伤、病工作。缠过足的她有一双“解放脚”，走起路来比起常人来要忍受更多的痛苦。她时常在行军休息时，把自己编词的“凤阳花鼓”唱给战士听。行军途中，常有些活泼的同志风趣地喊着：“快点走啊！唱花鼓戏的同志在前面，去听她唱两段啊！”她的歌声给予了战士们无限鼓舞和力量。

异常艰辛的长途行军，使许多健康的女同志得了妇女病。当时，绝大多数女同志都闭了经，有的人终生不育。带着身孕上路、途中分娩的女同志，为了赶上行进的队伍，只得忍痛把刚刚出生的婴儿送给他人。贺子珍的婴儿送给了一个眼盲的孤老太太，曾玉的婴儿伴着一张写有身世的字条，留在一间没有人的空屋子里，而陈慧清的婴儿则躺在叫不出地名的山脚下……

2. 红二方面军的女红军

★ 长征时期的李贞

红二方面军总共有 20 多名女红军参加了长征。她们是马忆湘、朱国英、伍秋姑、李贞、杜玉珍、张四妹、张吉兰、陈罗英、陈琮英、范庆芳、周雪林、胡越强、秦金美、戚元德、曾林红、蹇先任、蹇先佛，以及殷成福和她的女儿侯幺妹、儿媳刘大梅等。她们没有单独编队，没有统一建制，大都分散在政治机关、宣传队、电台机要部门、医疗卫生单位、随军被服队等。

其中，李贞是红二方面军参加长征的女红军的杰出代表，也是中国人民解放军第一位女将军。她 1908 年出生于湖南浏阳，1926 年投身革命，1927 年 3 月加入中国共产党。1935 年和甘泗淇结婚。她怀着身孕踏上了长征路，跟随红六军团行动，一路跨过金沙江、横渡大渡河，翻雪山过草地。不幸的是，过草地时腹中胎儿早产，最终因条件恶劣而夭折。李贞也大病一场，从此未能生育。

★ 李贞（左）和警卫员

在 1989 年撰写的《难忘的岁月》一文中，李贞这样讲述她的长征路：

“长征开始，我担任红六军团组织部长，既要和部队一起行军打仗，又要做党团工作、干部工作、收容伤病员，每天还要统计伤亡数字。晚上宿营时，同志们都睡着了，我还得给那些小红军缝补破旧的衣服。尽管环境十分艰苦，工作非常劳累，但大家为了实现崇高的理想，仍然是那样坚定、团结、乐观。那时骡马很少，许多领导同志都把马让给伤病员骑，自己坚持步行。记得军团长萧克同志风趣地说：‘李贞同志，你走得动吗？说是给你配备一匹马，可那只是编制上的马、纸上的马。我们不能纸上谈兵，但不得不跟你纸上谈马哟！’我高兴地说：‘大家都一样走路，我保证不会掉队。’后来，部队打胜仗缴获了一批骡马，这才给配备了一匹。为了照顾那些小战士，我和丈夫甘泗淇同志，经常把马让给他们骑。宿营时，把帐篷让给年幼体弱的刘月生、罗洪标、颜金生等小红军住……”

红一、红四方面军将台堡会师后，贺龙曾在一次总结会上称赞甘泗淇、李贞夫妇是“两个模范干部，一对革命夫妻”。

★ 蔡畅（前排右）与李贞（前排左）、邓颖超（前排中）等在延安合影

★ 蹇先任、蹇先佛两姐妹20世纪30年代的合影

3. 红四方面军的妇女独立团

长征中的女红军，以红四方面军人数为最，有2000多人。其他三支长征部队女红军人数加起来也不过百。红四方面军是唯一组建了妇女独立团的部队。1934年3月，红四方面军妇女独立团在原有的妇女独立营基础上

扩建，下辖三个营，1000多人。团长张琴秋，徐向前称她是“文武都行，不怕天，不怕地的女杰”。1935年2月，妇女独立团扩编为2个团，2000余人。3月，妇女独立团随红四方面军强渡嘉陵江，踏上了长征路。

★ 妇女独立团团长张琴秋

在强渡嘉陵江战役中，妇女独立团承担了转运伤员和物资的艰巨任务。当时后方医院有1000余名伤病员，其中500余名需要担架转运渡江。在由旺苍庙二湾向嘉陵江东岸王坝运送伤员时，女战士们抬着伤员翻越一座座大山。为了使担架保持平衡，在前面抬的跪在地上，在后面抬的两臂伸直，将担架高举头顶。女战士们的臂肘、膝盖磨破了，鲜血染红山间石径，加上在泥水中浸泡，有的感染化脓，有的还献出了宝贵的生命。

★ 张琴秋在延安留影

妇女独立团不仅承担运送伤员任务，在驻扎地同样也执行后方警卫、维护交通治安、为部队筹粮等任务。1935年6月，红四方面军总部进驻理县杂谷脑营盘街。这里汉、藏两族杂居，女战士向人民宣传红军的政策，处处遵守当地人民的风俗习惯，还学藏语。

★ 理县杂谷脑喇嘛寺

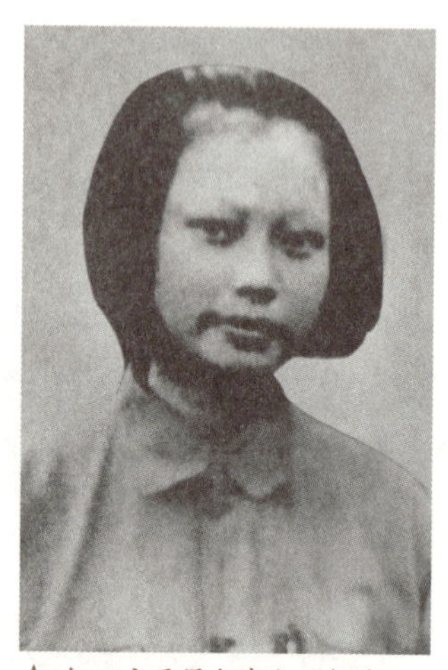

★ 红四方面军女战士王新兰

不久，理县杂谷脑喇嘛寺、四门关、危关等地的反动武装发动暴乱，红四方面军派出妇女独立团、红三十一军一部平息暴乱。

接受任务后，女战士们先去看地形。由于敌人居高临下，不宜从山下仰攻。妇女独立团决定兵分三路，两路在正面佯攻，一路从后面爬上去，从山上往下压。晚上，正面两路发起佯攻。怕被敌人听出她们是女兵，独立团一不喊杀，二不大声说话，只用机枪、手榴弹猛打。敌人起初很沉着，不紧不慢地还击，后来可能看出不是真正的进攻，就从庙里冲了出来。为防止暴露女战士，独立团仍坚守战壕，远的用机枪打，近的用手榴弹炸，将敌人的第一次冲击打退。然而，敌人接着又开始新的猛烈冲锋。这时山顶上响起了枪声，迂回部队从山上压下来了。敌人顿时乱了阵脚。双方展开激战，一直打到第二天中午，妇女独立团冲进了寺庙，缴获了不少粮食和盐巴，分发给了老百姓，以及俘虏的藏兵。

战后，妇女独立团受到了军部的奖励。

★ 王泉媛（前）

★ 红四方面军妇女工兵营营长林月琴

由于张国焘的分裂主义行为，妇女独立团的长征路历尽曲折，她们三过草地，南下转战减员至千余人。后与红二方面军一起北上，三军大会师后，妇女独立团又接受新的任务，整编为妇女抗日先锋团，王泉媛任团长。1936 年 10 月参加西路军，艰苦作战，最终折戟祁连山。

红四方面军的妇女独立团人数之多、坚持时间之长、经历战斗之多、走过道路之曲折，在妇女运动史上是罕见的。由于抗战前夕，我军决定不再建立妇女部队，红四方面军妇女独立团便成为红军时期规模最大的妇女武装。

4. 红二十五军的“七仙女”

★ 红二十五军女战士周东屏

红二十五军的女红军人数最少，只有红军医院里的 7 位女护士，人称“七仙女”：周东屏（原名周少兰）、戴觉敏、余国清、田喜兰、曾纪兰、张桂香、曹宗楷，她们是来自河南、湖北和安徽三省的勤劳勇敢、淳朴憨厚的姑娘，为了革命，她们冲破家庭的阻力，毅然参加了红军。其中，戴觉敏是鄂豫皖根据地创始人之一戴克敏的妹妹，曾纪兰是鄂豫皖根据地重要领导人曾中生的妹妹。

★ 红二十五军女战士戴觉敏

为迅速实施战略转移，红二十五军长征一开始就是急行军，考虑到前有阻敌，后有追兵，军首长担心 7 位女同志在急行军中体弱掉队遇危险，动员她们留在根据地坚持斗争。但是，7 位女战士毫不动摇，亲自找到军首长讲事实、摆道理，毅然决定跟部队走。在她们看来，当红军走革命的路，就是死在前进的道路上，也决不后转，决不当逃兵！于是，军首长同意她们继续随军一同踏上了长征。出发不久，长途跋涉、风餐露宿的艰苦生活，使部分红军女战士体力不支。当红二十五军经过寨下庄时，省委及军领导再次决定将7位女战士留在群众家中休养，不再跟着部队受苦。可她们仍旧坚决表示，无论如何也舍不得离开部队。当部队刚离村庄，她们哭着拜谢了群众，追赶队伍，继续随军转移。后来，“七仙女”中的曾纪兰和曹宗楷在长征途中光荣牺牲了，其他5位女战士则历经磨难，最后随军队主力到达了陕北。

★ 长征中的女红军战士雕像

5. 共同走过长征的革命伉俪

在长征中，有许多革命伉俪，他们在艰难困苦的环境中，互相扶持，相濡以沫，留下了长征中温馨的一幕幕。

红一方面军的革命伉俪有21对：贺子珍和毛泽东、邓颖超和周恩来、康克清和朱德、蔡畅和李富春、刘群先和秦邦宪、李伯钊和杨尚昆、钱希钧和毛泽民、陈慧清和邓发、廖似光和何克全、周越华和贺诚、金维映和李维汉、王泉媛和王首道、李桂英和戴元怀、谢小梅和罗明、吴富莲和刘晓、杨厚珍和罗炳辉、李建华和罗若遐、曾玉和周子昆、刘彩香和毕占云、邱一涵和袁国平、吴仲廉和曾日三等。此外，还有 5 对因长征而结缘，如刘英和张闻天、李坚真和邓振询、谢飞和刘少奇、危秀英和钟赤兵、钟月林和宋任穷等，他们都在到达陕北后不久在瓦窑堡结婚。

★ 毛泽东与贺子珍

★ 邓颖超与周恩来

★ 康克清与朱德

★ 李贞和甘泗淇

红二方面军的革命伉俪主要有任弼时与陈琮英、贺龙与蹇先任、萧克与蹇先佛、李贞与甘泗淇、戚元德与吴德峰等。

红四方面军的革命伉俪主要有刘伯承与汪荣华。红一、红四方面军懋功会师后，19 岁的汪荣华在迎接中央代表团的队伍时，第一次见到了极富传奇色彩的刘伯承，留下了深刻的印象。不久，汪荣华调到总参谋部四局工作，在刘伯承直接领导下工作。两人在工作中不断加深相互了解，爱情之花冲破了一切艰难困苦。1936 年中秋前后，两人在甘南曲子镇举行了极为简朴的婚礼。

红二十五军的周东屏在长征中，悉心照料受伤昏迷的徐海东，在他身边守候了五天五夜，陪伴徐海东度过了生命的危急时刻。1935 年 9 月到达陕北后，35 岁的徐海东与 18 岁的周少兰结为连理。在徐海东的要求下，周少兰将名字改为周东屏，即徐海东的保护屏障。

★ 蔡畅与李富春

★ 任弼时与陈琮英

★ 李伯钊与杨尚昆

★ 汪荣华与刘伯承

★ 周东屏与徐海东

（二）长征中的娃娃兵

长征中，各路红军中都有这样一群活跃的身影，他们因为年龄小被亲切地称呼为“红小鬼”，也被称为娃娃军。胡耀邦、萧华等都是有名的“红小鬼”。他们跟普通战士一样，分散在部队的各个机关、单位，他们或是冲锋在前，或是担任通讯员、宣传员的工作。他们虽然年小体弱，在险恶的环境面前，承担着更大的生存风险和苦难，但他们以自己朝气蓬勃、昂扬向上的精神风貌，构筑了长征的另一道风景线。

其中，红一方面军的少共国际师以及被誉为娃娃军的红二十五军，更让“红小鬼”的群体性身影出现在历史的视野中。

★ 苏区少年先锋队（其中许多人参加了少共国际师）

★ 少共国际师

1. 英雄少年——“少共国际师”

少年有志报神州，一万虎犊带吴钧。
浴血闽赣锐无敌，长征路上显身手。
卷地狂飙不畏死，几战蒋军落旌头。
长忆少共国际师，队队新兵看不休。

——萧华《忆少共国际师》

1933 年 9 月 3 日，在宁都成立了有 1 万多战士的少共国际师，这是当时最年轻的红军部队，战士平均年龄只有 18 岁，最小的 14 岁。师、团指挥员也不超过 30 岁。周恩来对当时只有 17 岁的师政委萧华说：“年轻的干部带年轻的兵，这样，部队更有朝气。”

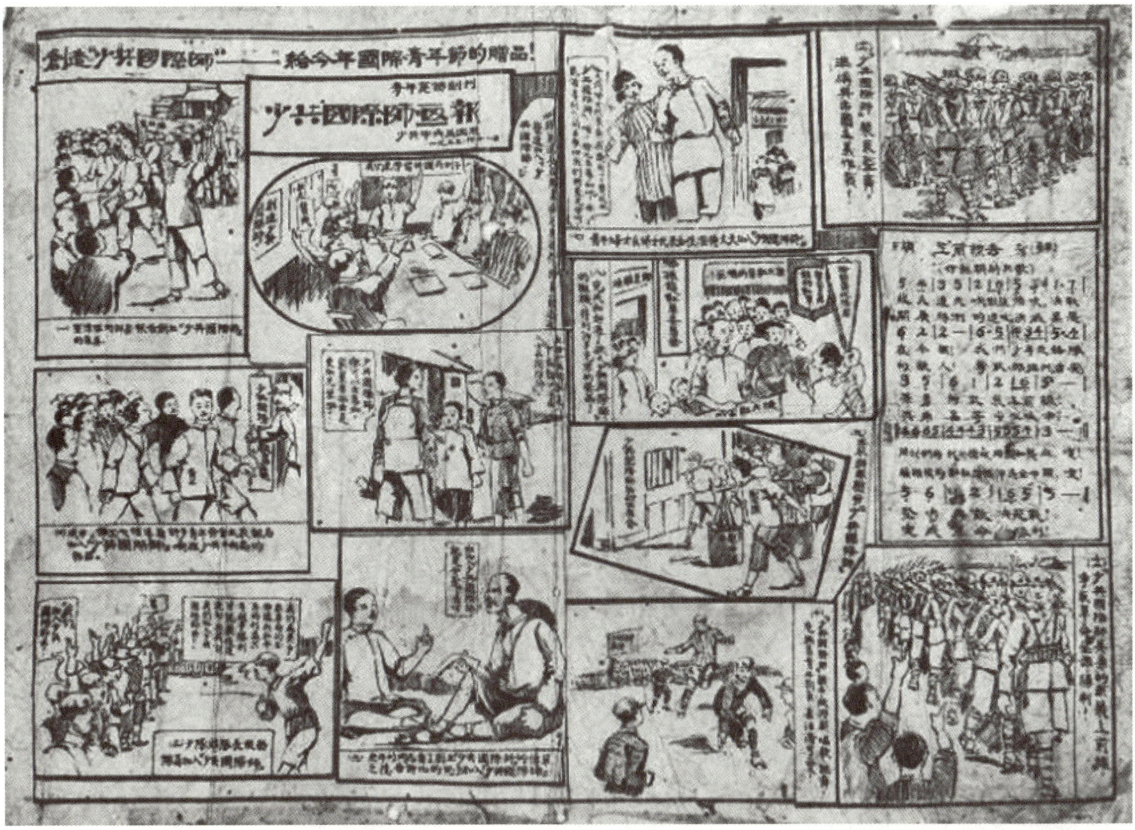

★《少共国际师画报》，黑白石印，长 58 厘米，宽 37 厘米，画报左上角，用隶书自左向右横书：“创造‘少共国际师’——给今年国际青年节的赠品！”该画报是少共中央局机关报《青年实话》创办的副刊画报，是《青年实话》为少共国际师的创建而专门出版的宣传画报，以少共中央局名义出版发行

★《青年实话》中关于少共国际师的漫画

壯偉的少共國際師授旗典禮

閩西地方武裝挺進梅村

★《壮伟的少共国际师授旗典礼》的新闻报道

★ 宣传队向群众报告创立“少共国际师”的意义

少共国际师成立后，他们经过紧张的军事训练和政治学习，很快投入到对敌作战中。娃娃兵虽年小体弱，但作战勇猛，到长征出发时，全师只剩5000人，由28岁的独臂将军彭绍辉任师长，改称十五师，归属红一军团战斗序列，担负掩护军委机关纵队的任务。但人们仍习惯称之为“少共国际师”或“少儿师”。

★ 少共国际师政委萧华

“少年不识愁滋味”。在长征中，少共国际师始终朝气蓬勃，萧华曾回忆：“打仗也罢，行军也罢，战士们总是快活得很。情况稍一缓和，兴国山歌和《上前线》的歌声就在长长的队伍中荡漾起来，加上山间的回声，实在热闹。”

突破敌人三道封锁线后，蒋介石调集25个师数十万大军，在湘江设置了第四道封锁线，企图消灭红军于湘江之侧。这对担任后卫的少共国际师无疑是一个严峻的考验。

★ 1934年，彭绍辉成为最后一任少共国际师师长

为了掩护军委机关纵队和其他主力部队渡过湘江，少共国际师在湘西延寿圩一带抗击湘敌4个团的追击，同时还抽出一个团，配合红五军团牵制全州的湘军。整整5天的阵地防御战，一直坚持到主力部队渡江。12月1日下午，追击敌人逼近，企图强占渡口截断少共国际师。情况十分危急，全师赶快收缩兵力，跑步渡河。红一军团政委聂荣臻回忆：“第二天，我们才知道彭绍辉、萧华带的那个少共国际师还没有过来，于是又派了一个部队，重渡湘江，把少共国际师接了过来。”全师渡江后，发现少了一个团，这时敌人已经封锁全部渡口，再返回营救已无可能。等部队到达资源县油榨坪时，突然又遇到这个团，战友相逢热泪盈眶。原来该团过江时被敌人截断，团首长沉着应战，及时调整部署，从敌人控制薄弱的地段涉水渡江，并连夜

强行军赶上了师主力。

经湘江一役，少共国际师从5000人减员至2700人，是最后过湘江的部队之一。

遵义会议后，红军进行改编，少共国际师被编入红一军团的红一师、红二师，继续北上抗日。这支平均年龄不满20岁的队伍，虽然存在时间短暂，却在中国人民的革命史上写下了光辉的一页。

★ 1945年的刘华清。长征时他18岁，任红二十五军政治部宣传科科长

2. 红二十五军的娃娃军

红二十五军以“娃娃军”著称，是红军长征中最年轻的队伍，战士们的平均年龄在18岁左右。

1936年，《共产国际》第7卷第3期在《中国红军第二十五军的远征》一文中，这样描述红二十五军中的娃娃兵：徐海东的队伍，“差不多没有年逾18岁的战斗员。从前的鄂豫皖苏区里，遭到异常残酷的白色恐怖，那些在战斗中牺牲者的遗孤，那些在1932年随红四方面军远征到四川的红军战斗员的子弟，便在这种恐怖条件之下建立起游击队，从游击队变为现在以‘儿童军’著称的红二十五军。”“他们还是幼弱儿童就如大人一样懂事，他们亲眼看见过白色恐怖的一切惨状，他们在幼年童稚时代就已领略了一切政治常识。这样就产生了新的红二十五军，产生了‘儿童军’。徐海东同志就是这一军的领导者之一。这一军大多数战斗员的年龄在13岁到18岁之间。”

★ 徐海东

长征出发时，红二十五军的军长程子华29岁，军政委吴焕先27岁，副军长徐海东34岁，他们3人在军中年纪较长。在部队里，营团干部大多是20岁出头，连排干部也几乎不到20岁。军部机关的工作人员和警卫人员也只有十七八

★ 1936 年红一军团红二师师长杨得志（右）、政委萧华在西吉平峰镇

岁，队伍中还有数百名十二三岁的少年儿童，甚至还有一些八九岁的小娃娃。

常言道，初生牛犊不怕虎。这一支朝气蓬勃、雄姿英发、风华正茂的“娃娃军”，一路向西，辗转征战，创造了伟大的历史功绩。

而这支娃娃军也产生了众多开国将军。据统计，在人民解放军首次实行军衔制度的 10 年间 (1955—1965 年)，红二十五军包括参加长征、坚持三年游击战和陕南游击战的指战员中，获得将军军衔的近百名。其中，大将 1 人：徐海东，上将 2 人：刘震、韩先楚，中将 6 人：李耀、张天云、张池明、陈先瑞、林维先、梁从学，少将近 90 人。长征时，这些将军们的平均年龄在 20 岁左右：15 岁以下 2 人，15 ~ 20 岁之间 50 余人，21 ~ 25 岁之间 30 余人，26 ~ 34 岁之间近 10 人。

（三）长征中的老红军

长征中以年轻人居多，但也有年龄偏大的同志。比如朱德，长征出发时就已经 48 岁。不过，在中央红军长征队伍中，鼎鼎有名的老同志是被称为“长征四老”的徐特立、谢觉哉、董必武、林伯渠。

“四老”中，徐特立居长，生于 1877 年，长征出发时 57 岁；谢觉哉次之，生于 1884 年，长征出发时 50 岁。董必武和林伯渠同生于 1886 年，董必武稍长，他们长征出发时均 48 岁。

★ 徐特立

★ 谢觉哉

★ 董必武

★ 林伯渠

董必武革命资历最长，是中共一大的正式代表之一，时任中央工作团团长。林伯渠则是"四老"中最忙的人，当时徐特立、谢觉哉、董必武都编在中央红军干部休养连，而林伯渠担任红军没收征发委员会主任和总供给部部长。

长征途中，"四老"一起行军，互相勉励、互相照顾。他们不仅处处以身作则，与官兵同甘共苦，而且苦中作乐，以豪迈的革命乐观主义精神给年轻的红军战士以极大的鼓舞。

徐特立是长征队伍中年龄最大的同志，组织上给他配了马匹，但他很少骑，总是让给体弱生病的同志，自己拄根手杖，步行向前。每到宿营地，他主动打水、做饭、洗衣服，检查布置工作。专门负责徐特立等老同志行军安全的郭德琳回忆，大家把徐特立亲切地称为"怪老头"：看到别人扔掉的破草鞋，他就会捡起来，有空时洗干净、拆掉，把草条捆挂在杆子上挑着走。看到周围谁没有草鞋或者草鞋太破了，他就给人家一捆草条打草鞋。

谢觉哉是中华苏维埃共和国临时中央政府秘书长，随身带着“中华苏维埃共和国内务部”的印章。长征途中，他一直妥善保管这枚象征红色政权的印章。过草地时，他把唯一御寒的毯子也扔掉了，却保存着印章。他回忆长征时说：“当时，看样子是苦，但心里充满希望，坚持走出草地，就是最大的快乐。甘与苦都是比较而言，快乐常常不在艰苦之后，而在艰苦之中。”

林伯渠长征出发时，妻子范乐春刚分娩不久，无法同行，组织上决定把她留在闽西坚持斗争。感情至深的夫妻俩，只好忍痛分离。在长征中，林伯渠自己手提马灯，大步前进，用自己的双脚胜利走完了二万五千里。他在长征中的形象，随着黄镇那幅漫画《夜行军中的老英雄》而深入人心：一位戴着眼镜的老同志，黑夜中左手提着马灯，右手拄着手杖，大步前行。老革命家的生动形象跃然纸上。

★ 林伯渠在长征时用的马灯

董必武在干部休养连任党支部书记。干部休养连共有100多人，有音乐家、戏剧家、文学家，还有20多名女同志。而董必武的妻子陈碧英，因在长征前夕体检不合格，不允许其随队出发，但她跟着部队走了3天，最后不得不与董必武分离。陈碧英送给董必武的手电筒，一直陪伴着董必武走完长征。董必武被称为长征路上“三不停”的人：思考问题脑子不停、手脚忙不停、嘴巴教育不停。他俄语很好，长征战斗间隙经常研读俄文版马列著作，又读又背，中间还用小楷毛笔批注。虽然上了年纪，但他总是身体力行，而且常常反过来照顾别人，过草地时他常把口粮让给年轻的战士，过雪山时，还两次把马让给有困难的同志骑。

★ 漫画：《夜行军中的老英雄——林伯渠》（黄镇　作）

★ 李德

（四）长征中的外国人

在长征的队伍中，有一些来自不同国家的外籍人士。他们有的直接参加了这一悲壮雄奇的战略大转移，如李德、洪水、毕士悌、武亭等，有的则作为旁观者，被动在长征的红军队伍中生活了一段时间，如传教士薄复礼（英文名勃沙特）、阿诺利斯·海曼、埃米·布劳斯、海因里希·凯尔特等。尽管了解长征的方式不同，但这段岁月都成为他们毕生难忘的回忆。

李德是参加长征的外国人中最著名的一位。作为共产国际派往中国的情报员，博古让他作军事顾问，李德对第五次反"围剿"失利负有不可推卸的责任。遵义会议后，他被撤销最高军事指挥权。之后，李德随红一军团行动，到红军学校任教，参加红军参谋部的工作。1939 年秋，李德奉命回到莫斯科。20 世纪 60 年代，李德开始发表反华文章，并于 1973 年出版了回忆录《中国纪事 1932—1939》。李德对长征有较为客观的评价，他在回忆录中说"长征仍然是中国红军的一次胜利"，"这是一个不可磨灭的功绩，是中国红军——共产党领导下的农民军队的全体战士伟大的勇敢、坚韧的毅力和革命的热情的明证"。

★ 洪水

洪水是新中国开国将领中唯一的外籍将军和世界上少有的"两国将军"。他原名武元博，1908 年生于越南，1924 年追随胡志明来到中国，投身中国革命。长征中，他担任红军干部团直属队党支部委员，负责部队在长征途中的宣传工作。红一、红四方面军懋功会师后，他跟随朱德、张国焘率领的主力部队行至葛曲河。张国焘借口葛曲河水上涨，要率部南下。洪水坚决支持朱德、刘伯承北上的正确主张，并与张国焘当面顶撞。恼羞成怒的张国焘以"国际间谍”之名，将他开除党籍，甚至想秘密枪决。幸亏朱德、刘伯承从中营救，他才幸免于难，被安排在一支小分队中“戴罪立功”。他也不得不再次跟随部队又一次爬雪山、过草地。1936年初，洪水所在的部队被敌人打散，但他凭着坚定的信念和顽强的毅力，第三次穿过草地，孤身一人向党中央所在地奔去，最后到达陕北。他回顾长征时说：“没有党籍，照样参加长征；没有党籍，照样完成长征！只是张国焘胡闹，让我三次爬雪山、过草地，多了一些折腾和曲折！”

抗战胜利后，在胡志明要求下，洪水回到越南参加抗法战争，并被授予越南人民军少将军衔。1950年洪水再次回到中国工作，1955年被授予中国人民解放军少将军衔。

★ 毕士悌

毕士悌，原名金勋，又名杨林，朝鲜人。他1919年来到中国，1925年加入中国共产党，参加过南昌起义。长征时，毕士悌随中央红军军委干部团出发，后任干部团参谋长。在红军抢渡金沙江的战斗中，他带军委干部团奇袭并占领了金沙江上的皎平渡，受到中央军委嘉奖。到达陕北后，毕士悌任十五军团第七十五师参谋长，并率部参与直罗镇大捷。然而，1936年2月22日在东征战斗中，毕士悌指挥强渡黄河时壮烈牺牲，年仅38岁。

武亭也是朝鲜人。他1923年来到中国，1925年加入中国共产党。1929年参加中国工农红军，在彭德怀领导的第三军团工作，他和彭德怀是红三军团中仅有的两个会使大炮的人。1934年他随中央红军长征，任军委第一野战纵队第三梯队司令员兼政治委员。部队整编后，调任红三军团炮兵营营长。炮兵部队在长征的恶劣环境中，行动十分

★ 武亭

困难。为了行军轻便，武亭手中除迫击炮以外的所有平射炮，都被销毁或隐藏起来。炮兵部队是战斗中的救火队员。在四渡赤水、巧渡金沙江、激战娄山关、突破腊子口等战役中，武亭率领炮兵营浴血奋战，有力配合与掩护了部队挺进。到达陕北后，武亭曾任红军大学特科营营长兼炮兵科教官。并于 1938 年 1 月，成为红军第一支炮兵团的团长。

有一种说法，长征开始时队伍中约有 30 余名朝鲜志士。但到达陕北的只有毕士悌和武亭。毕士悌牺牲后，彭德怀说："太多的外国革命者为了中国的革命事业牺牲了。如果我们继续让他们在中国死去，还会剩下谁来为他们祖国的革命事业战斗呢？我们无法为那些已经死去的同志做些什么，但是我们不应该再浪费外国同志的生命了。"在彭德怀的呼吁下，军委下令武亭休息，进行学习研究。这时，武亭正被胃肠病的恶化所折磨，彭德怀的呼吁使他脱离了战场，也救了他的命，两人成为终生的朋友和同志。

与上述四位主动参加长征的外国人不同，四位被迫跟着长征的外国传教士薄复礼（又名勃沙特）、阿诺利斯·海曼、埃米·布劳斯、海因里希·凯尔特等，他们是中国革命的"局外人"。

薄复礼是瑞士籍英国传教士。他与加拿大籍英国传教士阿诺利斯·海曼、新西兰籍英国传教士埃米·布劳斯、德国传教士海因里希·凯尔特等，都是红六军团在长征中发现并抓起来的“身份不明”的外国人。

薄复礼 1934 年 10 月被“裹挟”长征，随红军生活长达 560 天，转战黔、湘、鄂、川、滇 5 省，直至 1936 年 4 月在昆明附近被释放。在迫不得已的长征中，他日渐看到红军的实情，并为红军的热情、信仰和追求所感染，逐渐放弃抱怨和偏见，积极为红军做一些力所能及的事情。他曾多次写信到上海、南京等地为红军采购药品、筹集经费。在旧州，他还曾帮助红六军团翻译了法文版的贵州地图，从而与萧克结下特殊的友谊。

★ 薄复礼

★ 薄复礼自述（英文版）封面

薄复礼曾于1936年底写作出版《神灵之手——一位基督徒在中国被俘》，回忆了亲历红军长征的见闻，这比埃德加·斯诺的《红星照耀中国》还要早一年出版。在书中，他饱含深情地写道：“感谢‘被捕’，我的心得到了基督教的爱。友谊和血的联结，超过世间的一切……我们患难与共，我们共勉负责。为那珍贵的互助，我洒下深情的泪珠！”

萧克对薄复礼的帮助也是念念不忘，中华人民共和国成立后还托人寻找薄复礼，并重新建立了联系。

★《萧克与薄复礼》（沈尧伊　作）

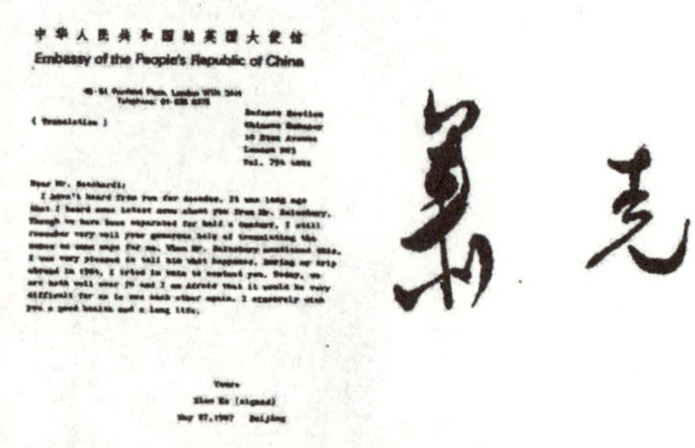

薄复礼先生：

久违了！从索尔兹伯里先生处知道了你的近况。虽然我们已分别半个世纪，但五十年前你帮我翻译地图事久难忘怀。所以，当索尔兹伯里先生问及此情时，我欣然命笔告之。一九八四年我在出国访问途中，还打听你的下落，以期相晤。如今我们都早过古稀，彼此恐难再见。谨祝健康长寿。

萧克

一九八七年五月廿七日于北京

中华人民共和国驻英国大使馆
Embassy of the People's Republic of China

★ 1987年，萧克写给薄复礼的复信

（五）长征中的国民党军战俘

红军对俘虏一贯优待，“合则留，不合则去”，放回去的俘虏还给发路费。长征中大小战役不少，自然也少不了战俘。

长征初期俘虏工作相对薄弱。不过，当党和红军开始着手建立新根据地的时候，俘虏工作的重要性迅速凸显。黎平会议、猴场会议决定在川黔边地区建立根据地，总政治部随即于1935年元旦发布瓦解白军的指示，强调：“俘虏到时，各级工作人员必须全体动员到俘虏中进行各种形式的宣传鼓动与解释工作，完全消除他们对红军的怀疑与误会。在他们了解与相信红军主张的基础上争取他们当红军。”这一趋势在遵义会议后更为突出。红军总政治部接连于1935年2月21日、2月27日发布指示，强调要重视争取战俘当红军。

★ 漫画：《遵义大捷（红军在遵义时对俘虏讲政策）》（黄镇 作）

★ 张振汉

在正确政策的指引下，长征中不少俘虏加入了红军的队伍。如红一军团一师三团在余庆俘敌 300 多，争取 230 多人参加红军。遵义战斗后，朱德总司令亲自做俘虏动员工作，“3000 多俘虏，有 2400 多人报名参加了红军。”包座战役俘虏白军七八百余人，参军的十分之七，回家的十分之三，“有 500 多人当了红军”。红二、红六军团整个长征中捉俘虏 1145 名，争取加入红军的 889 名。

在这众多战俘中，最有名的是张振汉。

张振汉原是国民党第四十一师中将师长兼纵队司令，他曾扬言要活捉贺龙，却在 1935 年忠堡战役中被俘。见到贺龙前，他自认必死无疑，但令他万万没有想到的是，红军不但没有杀他，还给他高规格的优待。红军将领贺龙、任弼时、萧克、关向应亲自接见他，向他解释中共的革命

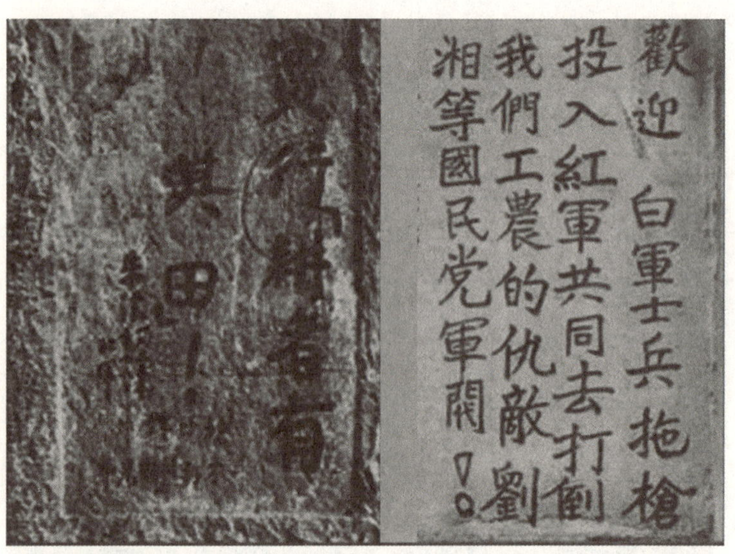

★ 长征途中的标语

主张，启发他觉悟，对他进行耐心的教育和挽救。由于张振汉毕业于保定军校，军事知识丰富，贺龙与萧克请他留下担任新扩大的红军学校的战术教员，为学校的红军干部学员讲授军事技术课程。为了使张振汉安心在红军队伍里教学，红军给他以军团级干部的待遇，不仅给他配了骡子作为坐骑，还专门配备勤务人员照料他的生活。

通过长征途中的相处，张振汉逐步被红军所打动，他不仅成为红军大学教官，还为红军出谋划策，比如为红军提供沿线驻扎国军的情报、渡金沙江时提出扎竹排渡江、攻打龙山县城时亲自操炮端掉两个碉堡，还让其妻子送了好几大担药品和各种物资给红军。后来，张振汉随红军长征到延安，受到毛泽东、周恩来的接见和礼遇。全民族抗日战争爆发后，周恩来安排人将张振汉秘密送回汉口。他在国民党统治区的武汉、重庆、长沙等地从事大量统战工作，并冒险营救了一些被反动派追捕、扣押的进步人士和革命青年，为抗日救国做了许多有益的工作。新中国成立后，他担任了湖南省政协常委、全国政协委员等。

长征中，像张振汉这样被红军打动和感召的人并不少见。这无疑对国民党军造成了威胁，迫使其相应调整俘虏政策。1935 年 2 月 22 日，蒋介石电令各军，要求“对于俘虏，不准任意杀害——致使有心向顺之匪，裹足不前。以后凡有俘虏或投诚者，均应解至后方，按照南昌行营颁布之处置俘虏投诚办法处理；并多散优待投诚俘虏标语传单，庶几可以招匪来归，使其解体。”敌方优待俘虏政策的转变，恰从反面印证了中共和红军俘虏政策的成效。

★ 贺龙（左）与张振汉（右）在一起

九、勇士万代留英名

“天地英雄气，千秋尚凛然。”英雄是民族最闪亮的坐标，更是中华民族的脊梁。而长征，正是崇尚英雄、造就英雄、见证英雄的特殊时期。

长征中，红军以惊人的意志战胜了国民党军的围追堵截，征服了残酷恶劣的自然环境，最终取得了战略转移的伟大胜利。这一胜利，来自红军将士们不怕牺牲、顽强斗争的崇高精神。他们有的将英名刻在了史书上，但更多的是没有留下姓名的无名英雄。“寸土千滴热士血，一步一尊英雄躯”。四路红军出发时总人数 20.6 万人，沿途补充兵力 4.8 万人以上，然而最后到达陕甘的只有 5.7 万人。红军至少有 16 万名将士战死或牺牲在长征路上。牺牲的将士中，有数名军以上干部，仅师职级干部就达 80 余人。营以上干部 430 人，平均年龄不到 30 岁。习近平总书记在纪念红军长征胜利 80 周年大会的讲话中提到，在红一方面军二万五千里的征途上，平均每三百米就有一名红军牺牲。是鲜血染就了长征这条红飘带，是英雄书写了长征的伟大传奇！

1. 洪超：长征路上牺牲的第一位师长

洪超，1909 年生于湖北黄梅一个农民家庭。1926 年参加革命，1927 年进入武汉中央军事政治学校学习。广州起义失败后，他随朱德率领的南昌起义余部进入湘南，任朱德的警卫员。1927 年加入中国共产党。1928 年 4 月，随朱德到达井冈山。1932 年，出任红五军第一师师长，时年 22 岁。1934 年 1 月，被调任红三军团第四师师长。他指挥部队英勇作战，攻克沙县县城，这是第五次反“围剿”以来，红军攻克的第一座县城。之后，洪超奉命率部返回江西，参加了广昌保卫战、驿前保卫战。

★ 洪超画像

1934 年 10 月，中央红军开始战略转移。国民党军在信丰、古陂、安远设置了第一道封锁线。洪超率领红三军团第四师为前卫，同守卫在新田、古陂的国民党军开展激战，首先突破了国民党军第一道封锁线，得到上级的嘉奖。接着又率领前锋第十一团向百室挺进，遭到国民党军的突然侧击。洪超在指挥第十一团将敌军击退后，继续前进，遭到敌军的左侧射击，不幸中弹牺牲，年仅 25 岁。

洪超是红军开始长征后牺牲的第一位师长。红三军团军团长彭德怀听到消息后，十分悲痛，此后一直对洪超念念不忘。直到去世前，他还告诉身边的人，不要忘了他的老部下洪超将军，他是长征路上牺牲的第一位师长，是一名优秀的战将。

★ 信丰古陂洪超烈士墓

★ 江西信丰古陂战斗遗址

★ 邓萍画像

2. 邓萍："三军征途哭奇男"

红三军团参谋长邓萍，是长征中牺牲的军衔最高的将领。

邓萍是四川富顺人。1927 年加入中国共产党，1928 年 7 月领导平江起义，1930 年后历任红三军团参谋长兼随营学校校长，红五军军长，红一方面军西路军参谋长，东方军参谋长，红军中央军事政治学校副政治委员兼教育长等职。

邓萍工作热情，英勇善战，是优秀的共产党员，彭德怀的得力助手。在遵义战斗中，邓萍带领营团干部在河岸的小土堆里观察地形，选择攻城突破口。突然，敌人向这里开枪，邓萍正与红十一团政委张爱萍交流敌情、谈论下一步打算，话未说完即不幸中弹，一头栽倒在张爱萍的右臂上，奔涌而出的热血染红了张爱萍的军装。牺牲时，年仅 27 岁。

邓萍的牺牲是红军特别是红三军团的一大损失。彭德怀获悉邓萍牺牲的噩耗后，当即下令："拿下遵义城，为参谋长邓萍报仇。"广大指战员化悲痛为力量，奋勇杀敌。踞守在遵义老城的黔军大部被歼。

张爱萍怀着十分沉痛的心情，写下挽诗：

长夜沉沉何时旦？
黄埔习武求经典。
北伐讨贼冒弹雨，
平江起义助烽焰。
"围剿"粉碎苦运筹，
长征转战肩重担。
遵义城下洒热血，
三军征途哭奇男。

★ 邓萍同志之墓

★ 展现当年邓萍中弹时倒在身边战友张爱萍怀里场景的雕像

3. 陈树湘：为苏维埃新中国流尽最后一滴血

陈树湘生于 1905 年，湖南长沙小吴门外人。在毛泽东等影响下投身革命，1926 年加入中国共产党。1927 年参加秋收起义，跟随毛泽东上井冈山，参加了创建井冈山革命根据地和中央根据地的斗争。1934 年 4 月担任红五军团三十四师师长。

1934 年 10 月开始长征后，陈树湘率部担任全军后卫，掩护主力和军委纵队接连突破第一、二、三道封锁线。11 月下旬，他指挥三十四师在湘江东岸阻击敌军，掩护全军冲破敌人第四道封锁线，渡过湘江。陈树湘师长率领的红三十四师 5000 多人陷入数十倍于己的敌人包围之中。红三十四师孤军奋战，奋勇拼杀，弹尽粮绝，最后没有一个人投降，大部分壮烈牺牲。陈树湘率领不足 200 人，拼力杀出一条血路，突出重围，转战于灌阳、道县一带。但是，

★ 时任红三十四师师长的陈树湘

在敌人的不断追杀下，全军覆没，陈树湘身负重伤，不幸被俘。

敌保安司令听说抓到红军师长，高兴得发了狂，命令部下将陈树湘抬着去向上级邀功领赏。陈树湘为了不使敌人的企图得逞，趁敌不备，用手从腹部伤口处绞断了肠子，壮烈牺牲，年仅29岁。他用生命实现了“为苏维埃新中国流尽最后一滴血”的誓言。

陈树湘的事迹震撼人心，习近平总书记先后在2014年10月全军政治工作会议、2019年全国两会、纪念五四运动100周年大会上，多次讲述陈树湘断肠明志的壮烈故事，强调要“把先辈们用鲜血和生命铸就的优良传统一代代传下去”。

★ 湖南省道县陈树湘烈士墓

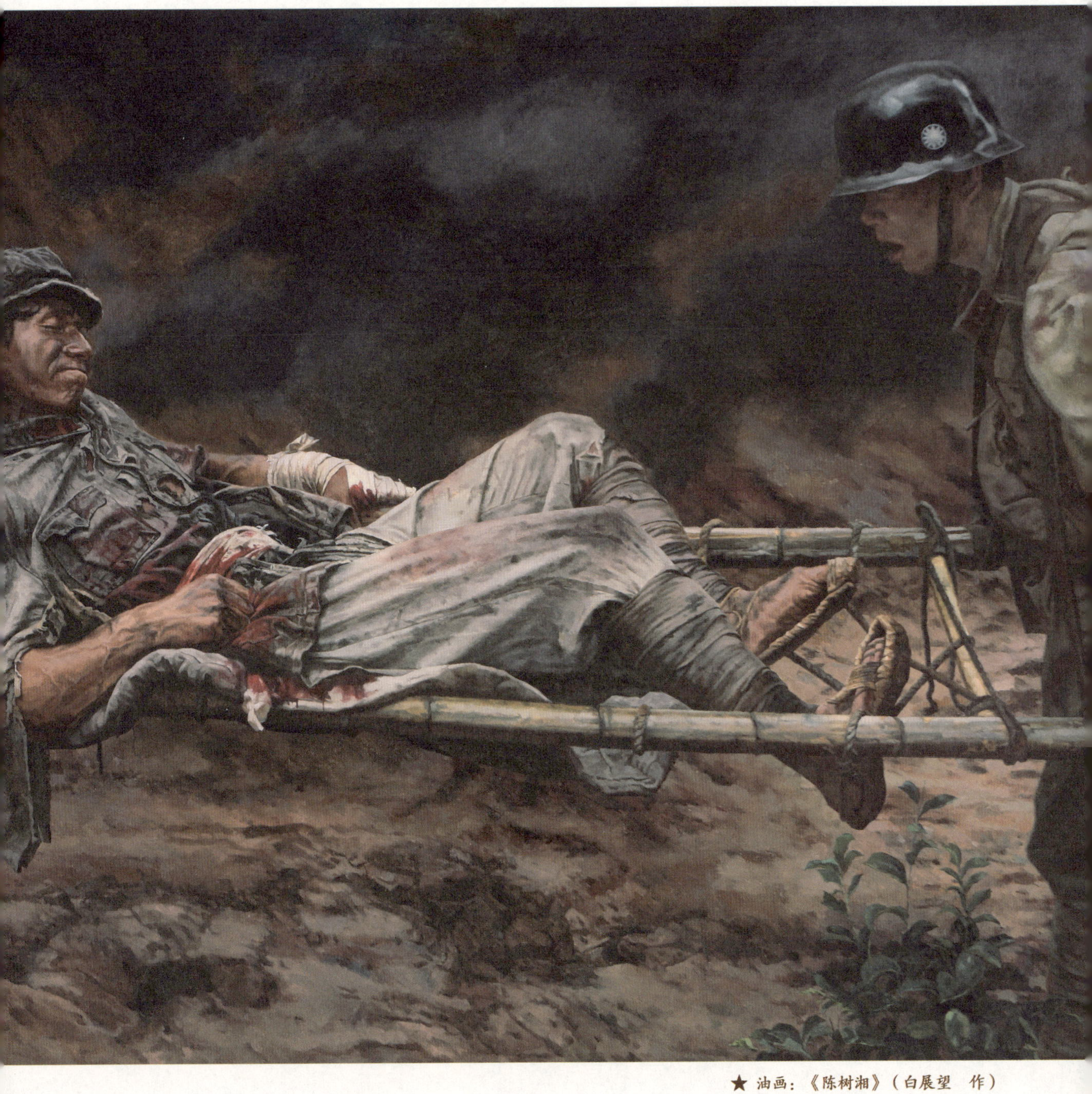

★ 油画：《陈树湘》（白展望　作）

★ 吴焕先

4. 吴焕先：红二十五军之魂

吴焕先，1907 年出生于湖北黄安县曹门村（今属河南省新县）。他是鄂豫皖苏区、鄂豫陕苏区创始人之一，中国工农红军杰出的青年将领。

吴焕先是大别山红军的军中“才子”。17 岁时就写下《咏天台山》：“四望众山抵，昂然独出奇，白云分左右，独与上天齐。”他曾被困深山中写下了这样一首歌谣：“深山密林是我房，沙滩石板是我床。不管敌人多凶残，坚决斗争不投降。”在红军中广为流传。

在红四方面军撤离鄂豫皖苏区之后，担任鄂东北游击总司令的吴焕先根据省委决定，主持重建红二十五军，坚持鄂豫皖根据地斗争。从 1934 年 11 月开始长征到 1935 年 8 月，吴焕先和红二十五军的将领率领指战员转战鄂豫皖，西征到陕甘，坚决抗敌，生死与共。他英勇善战，指挥有方，在多次恶战中使红二十五军转危为安。在开辟鄂豫陕新苏区时期，尤其是在省委书记徐宝珊病重，军长、副军长均负伤的情况下，他全面主持工作，独挑革命重任，展现了高度的军事智慧和领导才能。入陕之后，他果断决定红二十五军西进甘肃，北上与陕甘红军会师，有力配合了党中央和中央红军的北上，表现了卓越的战略远见，为中国的革命事业立下了不可磨灭的功绩。

1935 年 7 月，吴焕先率红二十五军主力西征甘肃，牵制陕甘之敌，策应党中央和主力红军北上。8 月 21 日，红二十五军在甘肃泾川四坡村附近，冒雨南渡汭河时遭国民党军突然袭击。不幸的是，当吴焕先率队冲上塬顶后，胸部中弹，被抬到掌曲村中一座土楼（今称为“红军楼”）里，伤重不治而壮烈牺牲。年仅 28 岁。

吴焕先的牺牲，给全军指战员带来了极大的震撼，是鄂豫陕省委和红二十五军的一个重大损失，全军将领和指战员悲痛万分，决心为实现他的遗志而英勇奋战！

★ 吴焕先生前使用过的罗盘和怀表

★ 吴焕先牺牲地——红军楼

★ 吴焕先烈士塑像

★ 寻淮洲

5. 寻淮洲：一生为革命利益奋斗到底

红七军团军团长寻淮洲，生于1912年。1927年参加秋收起义上井冈山，作战勇敢，屡建奇功。他19岁当师长，20岁当军长，不满22周岁就任军团长，是红军最年轻的将领。

1934年7月，寻淮洲奉命率领红七军团组成北上抗日先遣队。与红十军团会合后，寻淮洲任第十九师师长。12月，红十军团进入皖南，在谭家桥地区与敌遭遇。敌军占据谭家桥地区的制高点，控制了乌泥关一带的公路。为挽回不利局面，红军指战员奋勇抗击，但三次冲锋都未能成功。年轻骁勇的十九师师长寻淮洲身先士卒，冒着枪林弹雨率部夺回了乌泥关，但部队也遭受较大损失，300多名战士牺牲。敌人后续部队不断增援，红十军团被迫向北转移。

寻淮洲身负重伤，在转移途中牺牲，年仅22岁。敌人开始没有发现寻淮洲的尸首，补充第一旅旅长王耀武邀功心切，为了证明寻淮洲确实阵亡以宣传国军战绩，立即派兵去寻找。后通过一个参加埋葬寻淮洲的人，在茂林把寻淮洲的尸首挖了出来，形貌尚存，上身无衣。敌军拍照后上报，得到国民党南昌行营的嘉奖及5000元奖赏。

将星陨落，寻淮洲的忠魂永远留在了谭家桥深山中。

1938年，新四军第一支队司令员陈毅率部开辟敌后抗日根据地途经茂林时，专程为寻淮洲祭扫陵墓，连夜请来石匠，亲自选碑料，拟刻碑文。碑文指出："寻同志为红军青年将校，以游击战斗著称，一生为革命利益奋斗到底，足为抗日战士的楷模……"

★ 寻淮洲烈士塑像

6. 方志敏：“我的一切，直至我的生命都交给党去了”

★ 方志敏

方志敏，1899 年生于江西省弋阳县一个世代务农之家。是中国共产党农民运动著名领导人，长期战斗在闽浙赣边，曾任闽浙赣省苏维埃主席、省委书记等。1934 年 11 月任红十军团军政委员会主席。

谭家桥战斗失利后，红十军团在皖南已无法立足，不得不返回闽浙赣边。在向赣东北根据地撤退途中，一路遭到国民党军队的围追堵截。当时是 1935 年 1 月，正值寒冬，红军官兵仍穿着夹衣，粮食也早已吃完，指战员只能以草根、野果充饥。

1935 年 1 月 16 日，方志敏与粟裕等率军团 800 余人的先头部队到达程家湾。粟裕分析敌人很快会形成合围，建议部队连夜突破封锁线转移。方志敏非常赞同粟裕的分析，派人通知红十军团军团长刘畴西率主力当晚行动。但刘畴西考虑部队过于疲劳，且天降大雪，要求就地休息一夜。方志敏决定自己留下来随军团主力行动，粟裕等率先头部队当晚顺利突破敌人封锁线。就在当晚，国民党军 14 个团

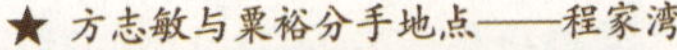

★ 方志敏与粟裕分手地点——程家湾

★ 方志敏就义前

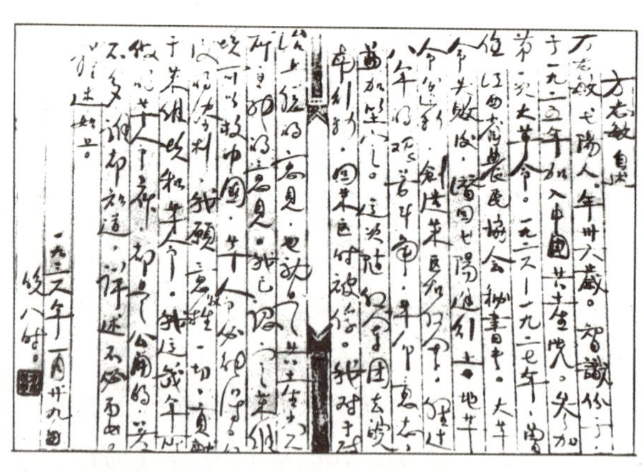

★ 方志敏自述手迹

完成对怀玉山地区的包围。一个星期后，北上抗日先遣队主力被国民党军围歼。红军指战员在极其艰苦的条件下与敌军血战，军团主要领导人刘畴西、方志敏先后不幸被捕。

方志敏被捕后，抱定为革命献身的决心。敌人利诱他投降，他写下自述，坚定表明自己“笃信共产，至死不渝”；敌人严刑拷打，他几次昏死过去也毫不屈服。在被关押的6个月里，方志敏以惊人的毅力和坚强的意志写下了《可爱的中国》《清贫》《狱中纪实》《我从事革命斗争的略述》等20多万字的文稿。他写道：“我能舍弃一切，但是不能舍弃党、舍弃阶级、舍弃革命事业。我有一天生命，我就应该为它们工作一天。”充分表现了一位共产党人无私无畏、顽强奋斗的革命精神。

★ 方志敏烈士墓（墓碑正中镌刻毛泽东题词）

敌人对方志敏的坚贞无计可施，蒋介石只好下令“秘密处死”。1935年8月6日，方志敏在南昌英勇就义，年仅36岁。方志敏入党之初曾说：“从此，我的一切，直至我的生命都交给党去了。”最终，他以自己的行动实践了最初的誓言。

★ 钟赤兵

7. 钟赤兵：三次截肢独腿走完长征

钟赤兵，1914 年生于湖南平江县，1929 年加入中国共产主义青年团，1930 年参加中国工农红军，同年转入中国共产党。曾参加两次攻打长沙和中央根据地历次反“围剿”作战，因作战英勇顽强，1934 年获得中央革命军事委员会颁发的三等红星奖章。

★ 一等红星奖章

★ 二等红星奖章

★ 三等红星奖章

1934 年 10 月开始长征后，钟赤兵先任红三军第五师政治委员，后改任第十二团政治委员。1935 年 2 月，在指挥十二团攻克娄山关的战斗时，钟赤兵右腿负伤，但他坚持战斗，延误了治疗时间，感染破伤风，伤势严重，只有锯掉伤腿才能保住生命。当时红军医院的手术条件极其简陋，

★ 1941 年，邓颖超（中）、蔡树潘（左）、钟赤兵（右）在重庆

没有医疗器械，也没有麻药，手术工具只有一把老百姓砍柴用的刀和一条断成半截子的木匠锯。手术中，钟赤兵忍着如万箭穿心的剧痛，几次昏死几次醒来，始终没哼一声。

然而，由于手术时没有条件消毒，没过几天伤口感染了，钟赤兵持续高烧不退，陷入昏迷之中，只能进行第二次截肢，把右腿膝盖以下剩余的部分全部截去。不料，消毒条件不好，伤口仍继续感染。医生狠了狠心，几天后又进行了第三次手术，把钟赤兵的整个右腿从股骨根部截去。半个月内，三次截肢，这是多么大的痛苦啊！可是，钟赤兵以钢铁般的意志扛了过来。

此后，钟赤兵更以超人的毅力战胜常人难以想象的痛苦坚持随军行动，爬雪山、过草地，独腿完成了长征。

★ 娄山关红军战斗遗址

8. 毛振华：带兵的模范，打仗的英雄

毛振华，1910 年生于湖南，曾担任贺龙的警卫员，参加过北伐战争、南昌起义，以及中央革命根据地的反“围剿”斗争。长征时先后任红一军团二师四团三连连长、一连连长。他屡立奇功，是强渡乌江、攻占腊子口的战斗英雄。

1935 年 1 月，强渡乌江战役中，毛振华主动请战承担突击任务。他率领 7 名水性好的战士，潜入寒冬冰冷刺骨的江水中，计划用绳索架桥。但绳索被国民党军炮轰炸断，没有成功。深夜，天降大雪，部队又组织了 18 位战士乘 3 个竹筏偷渡，但因水流太急，只有毛振华和其他 4 名战士乘坐的竹筏划到对岸，悄悄过了江。

3.　戰士　一九三五年九月廿日

向北進攻——勝利的開始

奪取拉子口的模範英雄

★ 1935 年 9 月 20 日，红一军团的《战士》报在《向北进攻——胜利的开始》和《夺取拉子口的模范英雄》两文中，报道了毛振华等战士在腊子口战役中的英勇事迹

★ 油画：《红军攻占了腊子口》（崔开玺　作）

★ 油画：《强渡乌江》（李如　作）

★ 腊子口

上岸后，毛振华和战士们潜伏在岩洞里，天亮后，对岸的红军发起强攻，毛振华等人突然冲入敌人的战壕，以迅雷不及掩耳之势压制了敌人的前方火力，保证了大部队顺利渡过乌江。1935年1月15日，《红星》报以《军委奖励乌江战斗中的英雄》为题，报道了他和战友们的英雄事迹。

1935年9月，红军途经腊子口，17日夜间，毛振华带领全连战士，松下绑腿拧成绳子，攀上了腊子口东南侧的悬崖，神兵天降般出现在敌人的背后，在攻克腊子口战斗中立了大功。

1935年10月14日，中央红军（陕甘支队）行至甘肃省环县洪德城。在消灭地主武装的战斗中，毛振华壮烈牺牲，年仅25岁。对此，杨成武说："毛振华连长，是我们的好连长！他渡乌江立了大功，得了奖。腊子口一仗他又立下了大功。他是带兵的模范，打仗的英雄。他的牺牲，是我们这支队伍的损失！我们失去了一个好战友，党失去了一个忠诚战士。"

9. 贺炳炎：红二、红六军团长征中的第一位独臂将军

★ 贺炳炎

贺炳炎，1913 年出生于湖北松滋县，1929 年参加中国工农红军，同年加入中国共产党。

贺炳炎英勇善战，1932 年在洪湖湘鄂西阻击敌军时，他毅然把枪让给战友，手握菜刀冲入敌阵，用夺来的枪支与战友一起将敌军击退。这次菜刀杀敌，颇有贺龙“两把菜刀闹革命”的风范，贺炳炎也由此得了个绰号叫“贺小龙”。

1935 年 11 月，红二、红六军团开始长征，年仅 22 岁的贺炳炎任红五师师长，率部踏上征途。挺进黔东时，红军为打开入黔通道，在瓦屋塘侧击陶广纵队第六十二师，但由于敌人占据有利地形，红二、红六军团伤亡 300 余人，仍未攻下。战斗中，红五师师长贺炳炎身受重伤，他的右臂被炸成肉泥，只留下一点皮连着，并且流血不止，无法包扎。经医生检查，决定立即截肢抢救，迟了有生命危险。

然而，当时医疗器械却已驮运转移了，医生从老乡那里找来一把锯木头的锯子准备动手锯臂，可将药箱翻遍了也找不到麻醉药，只能在没有麻醉的条件下锯掉残臂。贺炳炎剧痛难忍，塞在嘴里的毛巾都咬成了碎片。锯下臂后，又用钢锉锉平骨面。

从此，贺炳炎成为红二、红六军团长征中出现的第一位独臂将军。在 1955 年授衔的将军中，有 9 位独臂将军，其中贺炳炎和彭绍辉两位被授予上将。而贺炳炎是唯一一位失去右臂的将军。

★ 贺炳炎（左二）与廖汉生（右一）等战友在攻占的敌堡上留影

★ 1937年7月7日，陕西富平县庄里镇中国工农红军第二方面在军总指挥部，美国记者哈里森·福尔曼（右二）采访了总指挥贺龙（左二）、五师师长贺炳炎（左一）、教导团团长彭绍辉（右一）

★ 红二方面军部分人员合影：前排右四为贺炳炎，右一为贺龙

10. 蔡威：情报战线上的“无名英雄”

★ 蔡威

蔡威是红四方面军无线电通讯及技术侦破工作的创始人之一。1907 年出生于福建宁德，1924 年加入中国共产党。1931 年进入中共中央主办的特种无线电训练班学习。后与宋侃夫一同到鄂豫皖苏区筹建无线电台，任红四方面军第二电台台长。1933 年 2 月，他与宋侃夫、王子纲等联手解开四川军阀的密码——“通密”，为红四方面军在反“三路围攻”“六路围攻”等作出了历史性的重大贡献，获得红四方面军总部授予的特别奖。

1935 年初，中央红军长征到达贵州，受敌堵截、追击，处境危险。蔡威和宋侃夫破译了围堵中央红军的敌军密码，及时发报转告中央。毛泽东在延安时曾说：“红四方面军的电台有功劳，在我们得不到情报的时候，特别是在四渡赤水和云、贵、川、湘一带遇到困难时，他们及时提供了情报，使我们比较顺利地克服了困难。”

红四方面军开始长征后，蔡威克服途中机务上的种种困难，在发电机急缺汽油的情况下，巧用煤油代替，还成功地制作一台木质水轮机，利用水流发电以节省汽油等，

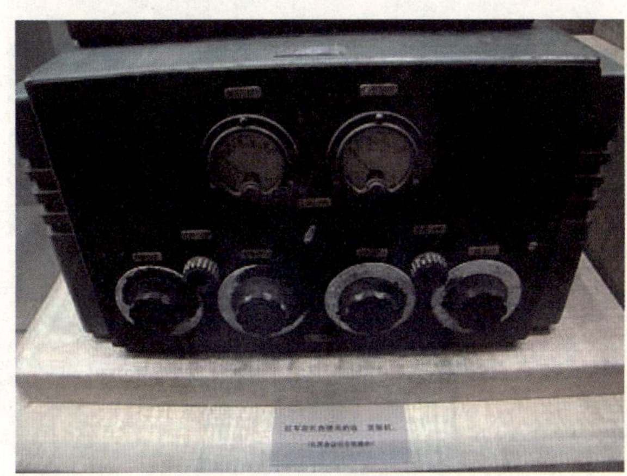
★ 红军使用过的收发报机

★ 油画：《长征途中的无线电通讯》（沈尧伊　作）

用自己的聪明才智保障了红四方面军的情报工作。红一、红四方面军会师后，蔡威把自己修复的一部充电机送给了中革军委二局，在工作上与中央红军电台工作人员密切配合。后被任命为红军总司令部二局局长，带领全局同志在极为困难的情况下，继续展开对敌军的侦察工作，成绩显著。红军长征中没中过一次埋伏，原因就在于国民党军队发出的电令大多被红军破译出来，徐向前元帅曾评价说，蔡威同志在破译工作方面是有独特建树的，牺牲前已经找到了破译多种国民党军电报的密钥。

然而，在红四方面军抵达陕北的前一个月，蔡威因患伤寒倒在了甘肃岷县一个叫卓坪的小村子，于 1936 年 9 月在岷县牺牲，年仅 29 岁。由于工作纪律的特殊性，蔡威牺牲时，战友们不知道他的真实姓名。徐向前元帅曾为其题词："无名英雄"。

★ 岷县旧影

★ 蔡威塑像

11. 罗南辉："英名将与华家岭共存"

★ 罗南辉塑像

罗南辉，1908年出生于四川省成都市西郊一个贫苦农民家庭。为了生计，10多岁时先后在四川几支军阀部队当兵，1927年在川军第二十八军第七混成旅秘密加入中国共产党，之后受党组织委派，在军阀部队做争取士兵起义的工作。1933年10月任红四方面军第三十三军副军长。

1935年5月，罗南辉随红四方面军踏上长征路。他英勇杀敌，屡建功勋。1936年1月，红三十三军与红五军团合编为红五军后，罗南辉任副军长。率全军在绥靖（今金川县）、丹巴和崇化（今金川南的安宁）等地，克服艰苦的生活环境，清剿反动武装，保卫红四方面军后方安全。

1936年10月，三大主力红军会师后，国民党第一军、第三军、第三十七军分别从东、南、西三个方向向静宁、通渭、会宁地区猛进。罗南辉奉命率部在地形险要的定西县华家岭阻击敌人。

他仔细侦察地形后，部署部队设下埋伏，等待敌军到来。10月22日，敌先头部队毫无戒备地钻进红军布下的口袋里，被打得落花流水。红军正要欢庆胜利时，十几架敌机飞来疯狂俯射、轰炸红军阵地，敌人的大炮也配合着步兵成群冲向红军。罗南辉遇险不惊，沉着果断地指挥部队打退了敌人一次次进攻。激战中，罗南辉不幸被炮弹炸伤，他忍着剧痛，坐在担架上坚持指挥部队战斗。23日，部队撤退到会宁南面的大墩梁时，突遭敌机轰炸，罗南辉壮烈牺牲，年仅28岁。

红四方面军总指挥徐向前闻讯悲恸不已，他流着热泪说：“南辉同志是红军中的一位优秀指挥员，他的牺牲是我军的一大损失。南辉同志为党献身的精神比华家岭高，南辉同志的英名将与华家岭共存”！

★ 通渭县西北部的华家岭

★ 罗南辉烈士墓

结语篇

JIEYUPIAN

长征精神永流传

长征是什么?

毛泽东曾形象地指出：“长征是历史纪录上的第一次，长征是宣言书，长征是宣传队，长征是播种机。”

★ 油画：《长征是一次唤醒民众的伟大远征》（沈尧伊　作）

长征宣告了国民党围追堵截红军的破产

历时两年的转战，天上每日几十架飞机侦察轰炸，地下几十万大军围追堵截，一路说不尽的山高路险，然而，红军将士毫不动摇地保持着革命必胜的信念，依靠两只铁脚板，以惊人的智慧和毅力，同敌人进行了600余次战役战斗，跨越近百条江河，攀越40余座高山险峰，冲破国民党军队的重兵追堵，克服雪山草地的艰险，经受饥寒伤病的折磨，战胜党内分裂的危机，用顽强意志征服了人类生存极限。红军将士上演了世界军事史上威武雄壮的战争活剧，创造了气吞山河的人间奇迹！正如斯诺在《红星照耀中国》一书中所写到的："在某种意义上来说，这次大规模的转移是历史上最盛大的武装巡回宣传。"长征的胜利充分证明：中国共产党及其所领导的中国工农红军具有战胜任何困难的无比顽强的生命力，是一支不可战胜的力量。

★ 油画：《红军不怕远征难》（董希文　作）

长征宣传了中国共产党和红军的主张

长征向 14 个省市区约 2 亿人民宣布了中国共产党和红军的存在，让他们亲眼看到红军英勇战斗，亲身体验到红军的基本宗旨、理念，尤其党和红军将解决生存危机和拯救民族危亡紧密联系在一起，吹响了全民族觉醒和奋起的号角，汇聚起团结抗日、一致对外的强大力量。“不因此一举，那么广大的民众怎会如此迅速地知道世界上还有红军这样一篇大道理呢？”

长征红军以实际行动宣布：只有红军的道路，才是解放他们的道路。和过去在各个根据地有限区域里的孤军奋战不同，长征在更广阔的天地里动摇了反动统治的社会基础，扩大了中国共产党的影响，使共产主义的“福音”，由苏区一隅传向了全中国。更进一步的，红军带来的不仅仅是革命的福音，更有思想的启蒙、先进文化的传播。长征所经过的地方，大部分是中国西南较为偏僻、落后的地区。这些地方的经济落后，交通封闭，思想文化水平普遍较低。党和红军所宣传的现代理念：平等、解放、民主等思想，对当地都是一种强烈的冲击。比起五四新文化运动，长征以标语、戏曲、舞蹈、话剧等更亲民的方式，在更基层更广泛的范围内，传播了新的声音。这种思想的启蒙与解放，从深层次动摇了封建反动势力的思想统治，对近现代中国广大乡村的发展进程产生深远的影响。

★ 油画：《红军到川北》（刘国枢　作）

长征播撒了革命的种子，鼓舞了广大的革命人民

红军长征所到之处，打击、推翻当地的旧有势力，惩处民愤极大的罪恶分子，在广大群众中埋下了革命的火种。长征中秘密发展了不少党员，帮助地方建立、完善了党组织；建立了百余支地方武装部队，在沿途各地成立了抗日游击队、抗日大同盟、抗日义勇军等抗日组织和武装。在有条件的地方，广大群众在党和红军的帮助下建立苏维埃政权、成立群众组织，在红军离开后继续领导、发动当地的群众斗争。长征中创建的许多革命队伍在长征后仍然继续存在，甚至一直持续到中华人民共和国建立。

80多年过去，回望长征，我们更能看到长征对于整个世界、整个时代的影响。

习近平总书记指出："红军长征是20世纪最能影响世界前途的重要事件之一，是充满理想和献身精神、用意志和勇气谱写的人类史诗。长征迸发出的激荡人心的强大力量，跨越时空，跨越民族，是人类为追求真理和光明而不懈努力的伟大史诗。"

2000年美国《时代》周刊编辑的《人类1000年》一书中，评选出的过去1000年"影响人类文明发展进程"的100件事，中国有3件事入选，其一就是长征。而长征这一人类历史上的伟大壮举，留给我们最宝贵的精神财富，就是中国共产党人和红军将士用生命和热血铸就的伟大长征精神。2006年长征胜利70周年时，中国青年报社会调查中心曾与新浪网新闻中心联合实施了一项网络调查，调查结果显示，74%的人认为"长征精神"是70年前红军长征给我们留下的最宝贵的财富。

习近平总书记在纪念红军长征胜利 80 周年大会上，总结概括长征精神的内涵，指出：伟大长征精神，就是把全国人民和中华民族的根本利益看得高于一切，坚定革命的理想和信念，坚信正义事业必然胜利的精神；就是为了救国救民，不怕任何艰难险阻，不惜付出一切牺牲的精神；就是坚持独立自主、实事求是，一切从实际出发的精神；就是顾全大局、严守纪律、紧密团结的精神；就是紧紧依靠人民群众，同人民群众生死相依、患难与共、艰苦奋斗的精神。

★ 油画：《红旗不倒》（张红年　作）

伟大的红军长征，铸就了中国共产党坚定革命的理想信念、坚信正义事业必然胜利的政治灵魂

中国共产党从成立之日起，就把共产主义确立为远大理想，始终团结带领中国人民朝着这个伟大理想前行。在长征极为艰险的条件下，党和红军坚持“革命理想高于天”，几经挫折而不断奋起，历尽苦难而淬火成钢。

翻开长征的历史画卷，我们看到的是红军将士各种美好的苦中作乐的画面，看到他们在逆境中仍奋力向前的勇气，看到他们在绝境中仍满怀希望的憧憬……这一切，都源于他们对马克思主义真理的追求，对革命前途必胜的信念。长征血染的征程，没有吓倒英勇的红军战士，他们接过战友的旗帜，继续前行。他们所追求的，就是一个理想，一个民族独立、人民解放的理想。毛泽东指出：“没有共产党，这样的长征是不可能设想的。中国共产党，它的领导机关，它的干部，它的党员，是不怕任何艰难困苦的。”

长征的胜利，向全中国、向全世界庄严宣告，用马克思主义武装的、以共产主义为崇高理想和坚定信念的中国共产党和人民军队，是坚不可摧、不可战胜的。

★ 油画：《革命理想高于天》（沈尧伊　作）

伟大的红军长征，谱写了一曲为了救国救民，不怕任何艰难险阻、不惜付出一切牺牲的革命英雄主义赞歌

长征是中国革命史上的奇迹，更是世界军事史上的壮举。英雄的红军，血战湘江，四渡赤水，巧渡金沙江，强

★ 国画：《翻越雪山》（王颖生　董卓　作）

渡大渡河，飞夺泸定桥，鏖战独树镇，勇克包座，转战乌蒙山，击退上百万穷凶极恶的追兵阻敌，征服空气稀薄的冰山雪岭，穿越渺无人烟的沼泽草地，纵横 14 省市区，长驱六万五千里。战士们在敌强我弱的困境中，以无畏的革命英雄主义精神，闯关夺隘，留下了感天动地的传奇故事，谱写了动人的革命乐章。

伟大的红军长征，翻开了独立自主、实事求是、一切从实际出发的新篇章

正是因为长征，一批影响中国近现代历史的党的重量级政治家，来到了中国偏远的西南、西北地区，通过群众工作，他们深入接触民众，看到了众多地区老百姓的需求及希望。有了这样深入的国情考察，他们进一步了解了更广大地区的人民群众的需求，将马克思主义这一外来主张深入地与中国实际结合起来，推动实现了马克思主义的中国化。正如索尔兹伯里所说："长征还有一个非常重要的历史作用，即使中国共产党真正了解到中国的问题在哪里。在长征以前，许多中共领导人都认为，莫斯科有解决中国问题的一切答案。但是长征到了中国最贫穷的地方，他们才真正认识中国的真貌，走上自己应该走的道路。"

长征途中，以毛泽东为主要代表的中国共产党人坚持把马克思列宁主义基本原理同中国革命具体实践相结合，独立、正确解决了关于党和红军前途命运的三个全局性问题：一是引领红军向哪里去的战略方向问题；二是如何使党和红军摆脱被动局面的军事指挥问题；三是结束"左"倾教条主义错误在中央的统治问题。从而保证了红军长征的胜利，也使得长征不仅是中国革命由挫折走向胜利的转折点，更是中国共产党独立自主运用马克思主义基本原理解决思想路线、方针政策问题的开端。

★ 国画：《行》（李振　作）

伟大的红军长征，培育了全党全军顾全大局、严守纪律、紧密团结的优良作风

长征中，各路红军虽然身处异地，但服从中央、协同作战、互相配合、互相支援。毛泽东、周恩来等党和红军领导人顾全大局，严守纪律，不仅依靠民主团结的力量解决了党内存在的军事路线、组织路线问题，而且依靠民主团结的力量克服了张国焘的分裂主义，为长征胜利提供了坚实的基础。红军各部队之间充分团结友爱，7 次会师，各部队从财务上无私地互相援助。红军战士之间，更是亲如一家，在生死考验面前，毫不犹豫地把生的希望留给战友。鲜明地展现了红军内部高度统一的集体意识。

★ 油画：《三大主力会师》（蔡亮　张自嶷　作）

伟大的红军长征，见证了党同人民群众生死相依、患难与共、艰苦奋斗的鱼水深情。

“红军打胜仗，人民是靠山。”长征中，党和红军从上到下严守群众纪律，不拿群众一针一线，对群众秋毫无犯，同时以巨大的耐心和高度的政治觉悟去引导、唤醒民众起来为自身解放而斗争。而广大群众在党和红军的感召下，

★ 油画：《十送红军》（吴宪生 作）

甘愿冒着国民党军阀的高压政策和反动地主的残酷报复，箪食壶浆迎接红军，参军作战，送粮草，捐衣被，救伤员，当向导，不惜毁家舍命，赴汤蹈火，帮助党和红军摆脱生存危机，顺利完成长征。党和红军依靠群众休戚与共的患难精神，是党和红军的政治底色，更揭示了党最终获得长征乃至革命成功的秘密所在。

历史不断向前。

今天，长征精神已经与井冈山精神、延安精神、西柏坡精神等精神一起，作为中国共产党人红色基因和精神谱系的重要组成部分，深深融入了中华民族的血脉和灵魂，成为社会主义核心价值观的丰富滋养，成为鼓舞和激励中国人民不断攻坚克难、从胜利走向胜利的强大精神动力，深刻地影响着一代又一代年轻人。

一切向前走，都不能忘记走过的路；走得再远、走到再光辉的未来，也不能忘记走过的过去，不能忘记为什么出发。长征是我们要光荣铭记的历史，也是我们要不断从中汲取精神财富的历史。只有铭记历史，才能深刻了解过去，全面把握现在，正确创造未来。

当前我们正在进行建设新时代中国特色社会主义现代化国家的新的伟大长征，与80多年前的红军长征相比，同改革开放以来我们已经走过的新长征之路相比，虽然具体情况存在差异，但都是具有开创性、艰巨性、复杂性的事业，这就需要我们继续大力弘扬长征精神，以永不过时的长征精神鼓舞我们披荆斩棘、奋勇向前！

长征永远在路上，长征精神永流传！

附录

FULU

红军长征基本概况一览表

部队名称	红一方面军	红二方面军	红四方面军	红二十五军	总　计
长征起止时间	1934 年 10 月 至 1935 年 10 月	1935 年 11 月 至 1936 年 10 月	1935 年 3 月 至 1936 年 10 月	1934 年 11 月 至 1935 年 9 月	1934 年 10 月 至 1936 年 10 月
长征出发地	江西于都等	湖南桑植刘家坪	四川苍溪	河南罗山何家冲	
长征经过省份[1]（包括出发和到达省份）	江西、福建、广东、湖南、广西、贵州、云南、四川、西康、甘肃、陕西	湖南、贵州、云南、西康、四川、青海、甘肃、陕西	四川、西康、青海、甘肃	河南、湖北、甘肃、陕西	江西、福建、广东、湖南、广西、贵州、云南、四川、西康、青海、河南、湖北、甘肃、陕西
长征结束地	陕西吴起镇	甘肃隆德将台堡（今属宁夏西吉）	甘肃会宁	陕西延川永坪镇	
长征行军里程累计	2.5 万里	2 万余里	1 万余里	近 1 万里	6.5 万余里
出发人数	8.6 万	1.7 万	10 万	0.3 万	20.6 万
到达陕北人数	约 0.7 万	1.3 万	1.2 万	0.34 万	约 3.5 万
扩红人数	1.38 万	1.6 万	1.62 万	0.2 万	4.8 万

[1]　按长征当时的行政区划统计。

红军长征重要会议一览表

会议名称	时间	地点	性质	主要决议
通道会议	1934 年 12 月 12 日	湖南 通道	中央负责人会议	放弃原定北出湘西与红二、红六军团会合的计划，改向贵州前进。
黎平会议	1934 年 12 月 18 日	贵州 黎平	中央政治局会议	决定放弃与红二、红六军团会合的原定计划，转到以遵义为中心的川黔边创建新的苏区。
猴场会议	1934 年 12 月 31 日 — 1935 年 1 月 1 日	贵州 瓮安猴场	中央政治局会议	重申黎平会议决议，决定强渡乌江，攻占遵义。
遵义会议	1935 年 1 月 15 日—17 日	贵州 遵义	中央政治局 扩大会议	肯定了毛泽东等关于红军作战的基本原则，否定了博古、李德等人在军事问题上的一系列错误主张。增选毛泽东为政治局常委。
扎西会议	1935 年 2 月 5 日—10 日	鸡鸣三省、云南 大河滩、扎西等	中央政治局 系列会议	完成政治局常委分工，决定张闻天在党内“负总责”，毛泽东是周恩来军事指挥上的帮助者。决定在川黔滇边境创造新的苏区根据地。正式通过《遵义会议决议》。
苟坝会议	1935 年 3 月 10 日—12 日	贵州 遵义苟坝	中央政治局 扩大会议	成立由毛泽东、周恩来、王稼祥组成的新“三人团”，进一步确立和巩固了毛泽东的领导地位。
会理会议	1935 年 5 月 12 日	四川 会理	中央政治局 扩大会议	统一红军认识，进一步确立毛泽东在党中央和军队的领导地位。

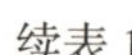
续表 1

会议名称	时间	地点	性质	主要决议
两河口会议	1935 年 6 月 26 日	四川懋功两河口	中央政治局扩大会议	决定红一、红四两个方面军共同北上，在川陕甘建立根据地。
芦花会议	1935 年 7 月 18 日	四川黑水芦花	中央政治局常委扩大会	讨论组织问题，决定张国焘代替周恩来任红军总政治委员等。
	1935 年 7 月 21 日—22 日	四川黑水芦花	中央政治局扩大会议	指出张国焘领导红四方面军工作中某些错误，同时肯定红四方面军是执行中央路线的。
沙窝会议	1935 年 8 月 4 日—6 日	四川松潘沙窝	中央政治局常委会议	重申北上的战略方针，强调创造川陕甘根据地是当前红一、红四方面军面临的历史任务。
毛儿盖会议	1935 年 8 月 20 日	四川松潘毛儿盖	中央政治局扩大会议	论证了北上方针的正确性，并进一步明确在陕甘地区建立根据地。
巴西会议（阿西牙弄紧急会议）	1935 年 9 月 9 日	四川若尔盖巴西	中央政治局常委会议	决定中共中央立即率领一、三军团、军委纵队一部及红军大学迅速北上。
俄界会议	1935 年 9 月 12 日	甘肃迭部俄界（今高吉）	中央政治局扩大会议	通过《中央关于张国焘同志的错误的决定》。决定经甘东北到靠近苏联的地方建立根据地，将北上红军改称陕甘支队。
哈达铺会议	1935 年 9 月 22 日	甘肃宕昌哈达铺	红军团以上干部会议	正式决定了中国工农红军陕甘支队的整编方案。第一次明确提出“到陕北去”。
榜罗镇会议	1935 年 9 月 27 日	甘肃通渭榜罗镇	中央政治局常委会议	确定将中共中央和红军的落脚点放在陕北。
吴起镇会议	1935 年 10 月 22 日	陕西吴起镇	中央政治局扩大会议	批准榜罗镇会议落脚陕北的战略决策，决定党和红军今后的战略任务是建立西北苏区，以领导全国革命，从而宣告中央红军长征的完结。

续表 2

会议名称	时间	地点	性质	主要决议
刘家坪会议	1935 年 11 月 4 日	湖南 桑植刘家坪	中共湘鄂川黔省委和军委分会联席会议	决定离开湘鄂川黔根据地，挺进湘中，再转移到湘黔边。
盘县会议	1936 年 3 月 30 日	贵州 六盘水盘县	中革军委湘鄂川黔分会会议	决定放弃在滇黔边创建根据地的方针，北上与红四方面军会合。
阿坝会议	1935 年 9 月 13 日	四川 阿坝格尔登寺	川康省委扩大会议	攻击红军北上方针，力主南下。
卓木碉会议	1935 年 10 月 5 日	四川 理番卓木碉 （今马尔康县卓木碉）	高级干部会议	张国焘另立“中央”。
岷州会议	1936 年 9 月 16 日—18 日	甘肃 岷县三十里铺	中共西北局会议	发布静宁、会宁战役纲领，部署红四方面军北上。
漳县会议	1936 年 9 月 23 日	甘肃 漳县盐井镇	中共西北局会议	否决北上意见，决定西进。
洮州会议	1936 年 9 月 27 日	甘肃 临潭县城隍庙	中共西北局会议	放弃西渡计划。
花山寨会议	1934 年 11 月 11 日	河南省 光山县花山寨	中共鄂豫皖省委第十四次常委会议	决定红二十五军实行战略转移，开始长征。
庾家河会议	1934 年 12 月 10 日	陕西省 雒南县庾家河	中共鄂豫皖省委第十八次常委会议	决定红二十五军在鄂豫陕边区创建根据地；鄂豫皖省委改为鄂豫陕省委。
沣峪口会议	1935 年 7 月 15 日	陕西省 长安县沣峪口	中共鄂豫陕省委紧急会议	决定红二十五军北上到陕甘苏区会合红二十六军。

红军长征重要战役战斗一览表

部队名称	战役战斗名称	战役战斗时间	意义
红一方面军	血战湘江	1934 年 11 月 27 日—12 月 1 日	长征中最壮烈的一战，宣告了“左”倾冒险主义军事指导的破产。
	抢渡乌江	1935 年 1 月 1 日—6 日	转变战略方向后的第一场硬仗，把国民党“追剿军”甩在乌江以东和以南地区。
	四渡赤水	1935 年 1 月中旬—3 月中旬	中央红军长征中以少胜多、变被动为主动的关键之战；毛泽东军事生涯中的“得意之笔”。
	巧渡金沙江	1935 年 5 月 3 日—9 日	跳出了数十万敌人围追堵截的圈子，取得了前进中的主动权。这是战略转移中具有决定意义的胜利。
	强渡大渡河	1935 年 5 月 25 日	打开中央红军北进的通道。
	飞夺泸定桥	1935 年 5 月 29 日	打开中央红军北上的道路。粉碎敌人妄图把红军变成“石达开第二”的美梦。
	突破腊子口	1935 年 9 月 17 日	为党中央和陕甘支队北上打开通道。
	吴起镇战斗	1935 年 10 月 21 日	一举斩断了尾随陕甘支队进入陕北根据地的“尾巴”。

续表 1

部队名称	战役战斗名称	战役战斗时间	意义
红一方面军	直罗镇战役	1935 年 11 月 21 日—24 日	打破国民党军对陕甘苏区的第三次“围剿”，巩固了陕甘根据地，为中共中央把全国革命大本营放在西北的任务，举行了一个“奠基礼”。
红二方面军	乌蒙山回旋战	1936 年 3 月 2 日—29 日	红二、红六军团长征中一次成功的战例。多次打破敌人妄图歼灭红军于滇黔边境的计划，终于突出重围，赢得新的希望和生机。
	普渡河与六甲战斗	1936 年 4 月 6 日—12 日	为北渡金沙江创造了有利条件。
	岷洮西固战役	1936 年 8 月 5 日—9 月 7 日	有力地打击了敌人阻止红二、红四方面军北进的计划，为红军立足甘南和三大主力红军会师创造了条件。
	甘南战役	1936 年 9 月 7 日—10 月 4 日	使成、徽、两、康地区成为中国共产党同国民党反动派斗争的新的战略区域，形成了与陕甘宁根据地和红一、红四方面军在西北地区互相呼应的有利局面。
红四方面军	嘉陵江战役	1935 年 3 月 28 日—4 月 21 日	红四方面军第一次大兵团强渡江河战役。为红四方面军实现向甘南发展，创造了有利条件。从强渡嘉陵江起，红四方面军实际开始了长征。

续表 2

部队名称	战役战斗名称	战役战斗时间	意义
红四方面军	土门战役	1935 年 5 月 1 日—7 月中旬	对保障方面军西进，实现红一、红四方面军会师，具有重要的战略意义。
	包座战役	1935 年 8 月 29 日—31 日	打开了红军北上甘南的门户，为实现中共中央北上战略方针创造了有利条件。
	百丈关战役	1935 年 11 月	南下红军由战略进攻转入战略防御的转折点，也是张国焘南下错误方针碰壁的主要标志。
红二十五军	血战独树镇	1934 年 11 月 26 日	红二十五军战略转移途中一次极为险恶的战斗。
	庾家河反击战	1934 年 12 月 10 日	为红二十五军打开陕南的革命局面，奠定了军事和政治基础。

红军长征会师情况一览表

<table>
<tr><th>会师名称</th><th>会师部队</th><th>时间</th><th>地点</th><th>意义</th></tr>
<tr><td>木黄会师</td><td>红六军团、
红三军（红二军团）</td><td>1934 年
10 月 24 日</td><td>贵州印江县木黄</td><td>为两个军团完成新的更大的政治、军事任务奠定了可靠的基础，实质上是红二方面军诞生的开端。</td></tr>
<tr><td>懋功会师</td><td>中央红军、
红四方面军</td><td>1935 年
6 月 18 日</td><td>四川省阿坝藏族羌族自治州懋功（今小金）</td><td>壮大了红军的力量，为日后统一在中共中央和中革军委的直接领导下，开创新的局面，创造了十分有利的条件。</td></tr>
<tr><td>永坪会师</td><td>红二十五军、
陕北红军</td><td>1935 年
9 月 16 日</td><td>陕西延川永坪镇</td><td>壮大了西北地区红军的力量，为迎接中共中央和红军陕甘支队的到来创造了条件。</td></tr>
<tr><td>甘泉会师</td><td>陕甘红军、
红十五军团</td><td>1935 年
11 月初</td><td>陕西省延安市甘泉县象鼻子湾</td><td>为彻底粉碎国民党的军事“围剿”奠定了基础，标志着中国革命新局面的开始。</td></tr>
<tr><td>甘孜会师</td><td>红二、红六军团与
红四方面军</td><td>1936 年
7 月</td><td>四川甘孜</td><td>维护了全党全军的团结统一，对实现三大主力红军大会师发挥了重要作用。</td></tr>
<tr><td>会宁会师</td><td>红一方面军、
红四方面军</td><td>1936 年
10 月 9 日</td><td>甘肃会宁</td><td rowspan="2">以红军三大主力在会宁、将台堡会师为标志，红军历时两年的万里长征，宣告胜利结束。这为迎接全面抗战的爆发和中国革命新高潮的到来提供了根本的思想指引与组织保证。</td></tr>
<tr><td>将台堡会师</td><td>红一方面军、
红二方面军</td><td>1936 年
10 月 22 日</td><td>甘肃隆德将台堡（今属宁夏西吉）</td></tr>
</table>

红军长征大事记

一九三四年

7月上旬

在中央革命根据地第五次反“围剿”陷入困境时，为了调动和牵制敌人，减轻敌人对中央革命根据地的压力，同时为宣传和推动抗日，中共中央、中革军委决定以红七军团组成中国工农红军北上抗日先遣队，向闽浙赣边进军。7月6日，北上抗日先遣队3个师共6000余人，由江西瑞金出发北上。

8月7日

1934年7月下旬，中共中央和中革军委命令红六军团撤出湘赣根据地西征。此举带有为中央红军战略转移探路的性质。8月7日，红六军团9700多人从湘赣根据地开始西征。

10月10日

中央红军开始实行战略转移。中共中央、中革军委率领第一、第二野战纵队，分别由江西瑞金县的田心、梅坑地区出发，向集结地域开进。10月16日，各部队在于都河以北地区集结完毕。从17日开始，中央红军主力五个军团（红一军团、红三军团、红五军团、红八军团、红九军团）及中央、军委机关和直属部队共8.6万余人，踏上战略转移征途，开始长征。

中央红军主力开始长征时，中共中央决定成立苏区中央分局和中央军区。同时成立中华苏维埃共和国中央政府办事处。留在根据地的部队有红二十四师、独立团和地方游击部队共1.6万余人，加上党政机关工作人员和红军伤病员，共三万余人，在中央革命根据地继续坚持斗争。

10 月 24 日

红六军团经过两个多月的转战，抵达贵州印江县的木黄，与贺龙、关向应领导的红三军胜利会师。

11 月 4 日

红七军团（北上抗日先遣队）和方志敏领导的红十军在江西葛源、德兴之间的重溪胜利会师后，根据中革军委命令合编为红十军团。稍后又组成了以方志敏为主席的军政委员会，人数 10000 余人，继续担负抗日先遣队的任务。

11 月 11 日

中共鄂豫皖省委第十四次常委会在光山花山寨召开，决定红二十五军以中国工农红军北上抗日第二先遣队的名义，实行战略转移。

11 月 16 日

红二十五军由罗山县何家冲出发，开始长征。

11 月 27 日—12 月 1 日

中央红军突破敌人第三道封锁线后，敌人 16 个师进行“追剿”，以五个师在前堵截。11 月 27 日，中央红军的先头部队突破敌人第四道封锁线，渡过湘江。中共中央、中革军委及直属机关和红军主力于 12 月 1 日渡过湘江。但红军也遭到惨重损失。从长征出发开始至湘江战役后，部队损失过半，减至 3 万余人。

12 月 10 日

鄂豫皖省委在南县庾家河召开第十八次常委会议，主要讨论在鄂豫陕边界创建新的根据地问题。会议分析了鄂豫陕边地区的基本情况。通过了《中共鄂豫皖省委关于创造新苏区新的革命根据地的决议草案》，决定在以陕南为中心的鄂豫陕边区创造新的革命根据地。

会议期间，敌六十师突然来袭。红二十五军与敌军恶战半日，经过 20 多次反复冲杀，毙伤敌人 300 余名，将敌人打垮。红军自身亦伤亡 100 余名，军长程子华、副军长徐海东负重伤。

12 月 12 日

中共中央负责人紧急会议在湖南通道召开。毛泽东建议放弃原定计划，立即转兵向西，到敌军力量比较薄弱的贵州开辟根据地。多数参会同志赞成和支持毛泽东的主张。但李德等人拒不接受。

12月18日

中共中央政治局在黎平召开会议。会议肯定了毛泽东同志进军贵州、放弃同红二、红六军团会合的正确主张，否定了“左”倾领导者坚持去湘西的错误意见。

12月31日晚—1935年1月1日凌晨

中共中央政治局在贵州瓮安猴场举行会议，决定中央红军北渡乌江，建立以遵义为中心的新苏区。

★一九三五年

1月1日—6日

中央红军突破乌江天险。

1月7日

中央红军占领贵州遵义城。

1月15日—17日

中共中央在遵义召开政治局扩大会议。会议总结了第五次反“围剿”失败的经验教训，纠正了“左”倾教条主义在军事上的错误，重新肯定了毛泽东的正确战略战术。

会议增选毛泽东为政治局常委，取消博古、李德的军事指挥权，由最高军事首长朱德、周恩来为军事指挥者。其后不久，成立了由周恩来、毛泽东、王稼祥组成的三人军事指挥小组，负责指挥红军的行动。

1月29日

中央红军从猿猴场、土城等渡口西渡赤水，向川南古蔺、叙永地区前进。

1月底

红十军团失败，军政委员会主席方志敏、军团长刘畴西等相继被俘，后被国民党残忍杀害。

2月18日—21日

中央红军分别从太平渡、二郎滩等地二渡赤水河，重入贵州。

2 月 24 日—28 日

中央红军主力占领贵州桐梓，奇袭娄山关，再占遵义，歼灭和击溃敌军 2 个师又 8 个团，取得长征以来最大的一次胜利。

3 月 16 日—17 日

中央红军由茅台及其附近地区三渡赤水河。

3 月 21 日—22 日

中央红军由二郎滩、太平渡等地四渡赤水河。

3 月 28 日—4 月 2 日

中央红军主力由贵州遵义鸭溪、白腊坎之间突破敌人封锁线南下，进入乌江北岸的沙土、安底等地。红九军团暂留黔北活动，伪装红军主力，迷惑和牵制敌军。中央红军主力又调头南向，在敌军的间隙中穿插急进。31 日南渡乌江。4 月 2 日逼近贵阳。

3 月 28 日—4 月 21 日

为向四川、甘肃边界发展，配合中央红军在云、贵、川边的作战，红四方面军开始强渡嘉陵江战役。战役历时 24 天，红四方面军在这次战役中歼敌一万余人，攻克九座县城，控制了东起嘉陵江、西到北川、南起梓潼、北到川甘边界的广大地区。

从强渡嘉陵江起，红四方面军实际开始了长征。

5 月 3 日—9 日

中央红军主力从皎平渡、洪门渡、鲁车渡等渡过金沙江，期间，红九军团由树节、盐井坪等地渡过金沙江。至此跳出国民党几十万大军的围追堵截，取得了战略转移中的具有决定意义的胜利。

5 月 12 日

中共中央政治局在四川会理城附近的铁厂举行扩大会议，讨论军事行动问题。会议决定中央红军继续北上，并对林彪等怀疑毛泽东的领导、不同意机动作战的主张进行了批评。

5 月 22 日

中央红军经过大凉山彝族聚居区时，红军总参谋长刘伯承同彝族果基部首领小叶丹歃血为盟，红军顺利通过这个地区。彝海结盟是红军长征途中执行民族政策的典范。

5月25日

中央红军先遣队第一军团一师一团在四川石棉安顺场开始强渡大渡河。营长孙继先率领由17名勇士组成的渡河奋勇队，在当地船工帮助下，冒着枪林弹雨渡河成功，在大渡河防线上打开一个缺口。

5月29日

中央红军第一军团二师四团发起夺取泸定桥战斗。二连22名共产党员和积极分子组成的突击队，不畏枪林弹雨，控制了泸定桥，随后，中央红军从泸定桥通过大渡河。

6月12日—18日

中央红军、红四方面军懋功会师。6月12日，中央红军先头部队翻越大雪山夹金山，与红四方面军一部在懋功达维镇会师。17日，毛泽东、朱德、周恩来、张闻天等到达懋功达维镇。18日，中共中央与中央红军主力到达懋功。懋功会师大大增强了红军的力量，使集结在这个地区的红军兵力达十多万人，为开创新局面创造了有利条件。

6月26日

中共中央政治局在懋功北部两河口召开扩大会议，讨论红一、红四方面军会师后发展的战略方针问题。会议由张闻天主持，一致同意毛泽东、周恩来等多数人北上建立川陕甘根据地的意见。

6月29日

中革军委根据两河口会议所确定的战略方针，制定《松潘战役计划》，准备趁国民党胡宗南部尚未完全集结、部署就绪的时机，消灭胡宗南部，控制松潘地区，打开北上陕甘通道。随后，两个方面军组成左、中、右三路军北上。

7月15日

中共鄂豫陕省委在长安沣峪口召开紧急会议。在与中共中央失去联系的情况下，会议决定立即率红二十五军西征北上，到陕甘苏区会合红二十六军，争取陕甘苏区的巩固，直接配合主力红军行动。7月16日，红二十五军离开新开辟的鄂豫皖苏区，从沣峪口地区出发，再次踏上长征路。

7月18日

中共中央在四川黑水芦花镇（今黑水县城）召开政治局常委会议。两河口会议后，张国焘拒不执行中革军委计划，反对北上，坚持南下四川、西康。并借口所谓“统一指挥”和“组织问题”，延宕红军北上。为了贯彻落实中央北上方针，团结张国焘和红四方面军，会议决定张国焘代替周恩来任红军总政治委员，徐向前、陈昌浩为前敌总指挥部总指挥和政治委员，博古为总政治部主任，并增补陈昌浩为中革军委常委。

7月21日

中革军委发出《关于一、四方面军组织番号及干部任免的决定》，决定组织前敌总指挥部，以徐向前兼任总指挥，陈昌浩兼任政委，叶剑英任参谋长。中央红军第一、第三、第五、第九军团依次改为第一、第三、第五、第三十二军。红四方面军第四、第九、第三十、第三十一、第三十三军番号不变。

7月21日—22日

中共中央政治局在芦花召开扩大会议，集中讨论红四方面军的工作。会议在批评张国焘错误的同时，也肯定红四方面军英勇奋斗的成绩。会后，张国焘率红四方面军向毛儿盖集中。

8月3日

由于张国焘的拖延，原定松潘战役计划因敌情变化无法实现，红军不得不改道经自然条件极为恶劣的草地北上。中革军委制定《夏（河）洮（河）战役计划》，并把红一、红四方面军混编为右路军和左路军北上。毛泽东、张闻天、周恩来等率中共中央机关和前敌指挥部随右路军行动。朱德、张国焘、刘伯承率红军总司令部随左路军行动。

8月4日—6日

中共中央政治局在四川松潘毛儿盖附近的沙窝召开会议，重申北上战略方针，强调创造川陕甘根据地是当前红一、红四方面军面临的历史任务。

8月20日

中共中央政治局在毛儿盖召开扩大会议。毛泽东在会上论证了北上方针的正确性，要求张国焘率领的左路军迅速向右路军靠拢，共同北上。

8月下旬

中共中央率右路军胜利通过草地，到达四川的班佑、巴西、阿西地区。期间一再劝告、催促左路军北上。张国焘不听中央劝告，坚持南下。

8月29日—31日

按中共中央指示，右路军第三十军和第四军越过草地后，向川西北松潘包座地区的国民党第四十九师发动进攻。经过三天激战，歼灭敌军4800余人，缴获枪1500多支。包座战役是红一、红四方面军会师后，在党中央直接领导下取得的一个大胜利，打开了红军北上甘南的门户，为实现中共中央北上战略方针创造了有利条件。

9月9日

中央希望左路军立即北上，张国焘无视中央劝告，本日致电中革军委，坚持“趁势南下”的主张。并电令红军前敌指挥部政治委员陈昌浩，“南下，彻底开展党内斗争”。中共中央被迫率红一、红三军和军委纵队先行北上。而红军左路军先头部队第五军和第九、第三十一军各一部，右路军之第四、第三十军等在张国焘强行命令下，被迫从阿坝、包座南下。

9月12日

中共中央政治局在俄界召开紧急扩大会议。会议通过《中央关于张国焘同志的错误的决定》。并决定将北上红军改称陕甘支队。

9月13日

张国焘在阿坝格尔登寺召开川康省委及红军中党的活动分子会议。攻击中央北上方针是“逃跑”，并反对在左路军中坚决拥护中央决定的朱德和刘伯承。

9月15日

红二十五军历时10个月，转战近万里，到达陕西省延川县永坪镇，成为红军长征中先期到达陕北的第一支队伍。

9月16日

刘志丹率领陕北红军到达永坪镇，与红二十五军胜利会师。会师后，红二十五军与红

二十六、二十七军合编为红十五军团。

9月17日

红一方面军第一军第四团攻占天险腊子口，打开北上通路。

9月18日

中共中央率领红一、红三军和军委纵队到达甘肃岷县以南的哈达铺。从当地找到的报纸上，获悉陕甘红军和根据地仍然存在。毛泽东提出到陕北去。北上部队在这里正式改编为中国工农红军陕甘支队，彭德怀任司令员，毛泽东任政治委员。

9月下旬

原左路军和右路军的一部分在张国焘的指挥下重过草地，计划到粮食较多的宝兴、芦山、天全一带。

9月27日

红军陕甘支队占领甘肃通渭榜罗镇。中共中央政治局常委召开会议，正式决定前往陕北，保卫和扩大根据地。

10月5日

张国焘在四川马尔康县东南的卓木碉（现大金县东北）另立“中央”，打出了分裂主义的旗帜。

10月19日

红军陕甘支队胜利到达陕北吴起镇（今吴起县城）。至此，红一方面军主力的长征胜利结束。

10月24日—11月下旬

红四方面军南下取得初步胜利后，决定趁势南攻，打击川敌。10月24日至11月12日，连克宝兴、天全、芦山等县，毙伤俘敌一万余人。这时敌军调集80多个团兵力，阻止红四方面军向成都平原发展。11月16日，红四方面军占领名山和邛崃间通道上的百丈关。19日，国民党军队向百丈关反扑。红四方面军与敌激战七昼夜，毙伤敌1.5万人，自身也伤亡近万人，被迫于11月下旬撤出百丈。这次战役，是红四方面军南下作战转入防御的转折点。此后红四方面军处境日益困难。

11 月 3 日

中共中央决定组成新的西北军事委员会，毛泽东任主席，周恩来、彭德怀任副主席。恢复红一方面军番号。陕甘支队改为红一军团，红十五军团编入红一方面军建制。

11 月 19 日

红二、红六军团共 17000 余人告别湘鄂川黔革命根据地，从湖南桑植刘家坪等地出发，开始战略转移。

11 月 21 日—24 日

毛泽东、周恩来、彭德怀指挥红一方面军进行了直罗镇战役，歼敌一个师又一个团，俘敌 5300 余人。这一胜利粉碎了敌人对陕甘根据地的第三次“围剿”，为中共中央把全国革命大本营放在西北的任务举行了一个奠基礼。

★ 一九三六年

2 月

红四方面军在前有强敌，后无巩固根据地，部队得不到补充的情况下，被迫于 2 月 11 日至 23 日陆续撤离天全、芦山、宝兴地区，经过懋功向西康东北部转移，张国焘南下方针遂告失败。

3 月 2 日—29 日

红二、红六军团在乌蒙山区展开回旋战。红军声东击西，在运动战中调动和疲惫敌人，给围追堵截之敌以沉重打击。最终突出重围，进占黔西南盘县、亦资孔地区。乌蒙山回旋战是红二、红六军团长征中的经典战役。

3 月 30 日

红二、红六军团在收到红军总司令朱德、总政委张国焘的电报之后，当即在盘县召开紧急会议进行研究。决定放弃原定在滇黔边建立根据地的计划，立即北上与红四方面军会合。这一决定对红军三大主力会师起到了重要的促进作用。

4 月 6 日—12 日

红二、红六军团进行普渡河与六甲战斗，为北渡金沙江创造有利条件。

4 月 25 日—30 日

红二、红六军团从 25 日开始，经过两昼夜，渡过天险金沙江。随后，翻越玉龙大雪山，30 日到达中甸，进入藏民区。

7 月 1 日

红二、红六军团集齐甘孜，与红四方面军会师。甘孜会师后，在中共中央再三督促下，并经朱德、刘伯承、任弼时、贺龙、关向应等力争，红二、红四方面军决定共同北上，同中共中央会合。

7 月 5 日

中革军委指令红二、红六军团合编为红二方面军。贺龙为总指挥，萧克为副总指挥，任弼时为政治委员，关向应为副政治委员。由原红一方面军第九军团改成的红四方面军第三十二军，正式划归红二方面军序列。全军 16000 余人。

7 月 27 日

经中共中央正式批准，成立中共中央西北局，张国焘任书记，任弼时任副书记，朱德、贺龙、关向应、徐向前、王震、陈昌浩等为委员，统一领导红二、红四方面军北上。

7 月 30 日—8 月初

红二方面军穿越渺无人烟、气候恶劣的松潘草地，随后到达包座。

8 月 5 日

中共中央西北局在求吉寺召开会议，根据走出草地后的敌我形势和中共中央关于速出甘南、抢占腊子口、攻占岷县的指示，决定红二、红四方面军共同组织岷（州）洮（州）西（固）战役。

8 月 5 日—9 月 7 日

红二、红四方面军共同进行岷（州）洮（州）西（固）战役。战役历时 34 天，红军先后攻占漳县、临潭、渭源、通渭四座县城及岷县、陇西、临洮等县等广大地区，歼敌 7000 余人，为立足甘南和三大主力红军会师创造了条件。

9 月 7 日

根据中共中央部署，红二方面军制定了夺取甘南的成（县）徽（县）两（当）康（县）等地的战役计划，配合红一、红四方面军作战，并迟滞胡宗南部对西北的进攻，以实现红军三大主力会师。从 9 月 11 日至 20 日，胜利攻占成县、徽县、两当、康县四座县城，并占领陕西略阳、凤县的部分地区，圆满完成战役计划。

9 月 16 日—18 日

中共中央西北局会议在岷县三十里铺召开，讨论红四方面军的行动问题。会议否决了张国焘西进甘西的主张，决定立即北上静、会地区，与红一方面军会合。9 月 18 日，西北局以朱德、张国焘、陈昌浩的名义发布了静宁、会宁战役纲领。

9 月 23 日

中共西北局在漳县盐井镇召开会议，在张国焘的顽固坚持下，否决了北上的意见，决定西进。

9 月 27 日

中共西北局在洮州召开会议，讨论行动计划。由于党中央命令禁止红四方面军西进，朱德、刘伯承、徐向前等表示坚决执行中央指示，再加上先头调查行军路线的徐向前得知黄河对岸已进入大雪封山的季节，气候寒冷，道路难行，渡河计划难以实现。在这种形势下，张国焘被迫放弃西进主张，同意北上。

10 月 9 日

朱德、张国焘、徐向前、陈昌浩等率领红军总部和红四方面军直属队进入甘肃会宁城，与红一方面军会师。

10 月 22 日

红二方面军总指挥部到达甘肃隆德将台堡（今属宁夏西吉），与红一方面军会师，结束长征。

红一、红二、红四方面军在会宁和将台堡地区的“三军大会师”，标志着国民党军队的围追堵截被彻底粉碎，中国工农红军长征胜利结束。

参考书目

1. 中共中央党史研究室著：《中国共产党的一百年》，中共党史出版社 2022 年版

2. 中共中央党史研究室著：《中国共产党历史》第一卷上册，中共党史出版社 2002 年版

3. 中共中央文献研究室编著：《毛泽东传》（1893—1949）上，中央文献出版社 1996 年版

4. 中共中央文献研究室编著：《毛泽东年谱》（1893—1949）上卷，人民出版社、中央文献出版社 1993 年版

5. 中共中央党史研究室第一研究部编著：《红军长征史》，中共党史出版社 2006 年版

6. 中国工农红军第二十五军战史编审委员会：《中国工农红军第二十五军战史》，解放军出版社 1989 年版

7. 中国工农红军第二方面军战史编辑委员会编：《中国工农红军第二方面军战史》，解放军出版社 1992 年版

8. 中国工农红军第四方面军战史编辑委员会编：《中国工农红军第四方面军战史》，解放军出版社 1989 年版

9. 中国人民解放军历史资料丛书编审委员会：《红军长征·综述·大事记·表册》，解放军出版社 1990 年版

10. 中国人民解放军历史资料丛书编审委员会编：《红军长征·图片》，解放军出版社 1993 年版

11. 中国人民解放军历史资料丛书编审委员会编：《红军长征·文献》，解放军出版社 1995 年版

12. 王新生著：《穿越历史时空看长征》，中共党史出版社 2016 年 8 月版

13. 中央档案馆编：《红军长征档案史料选编》，学习出版社 1996 年版

14. 黄镇绘：《长征画集》，中国人民解放军出版社 2006 年版

15.《图说长征》6 卷册，中共党史出版社 2019 年版

16.《今日长征路图集》，中共党史出版社 2006 年版

17. 姜廷玉、卜延军著：《红军长征图志》，文心出版社 2018 年版

18. 中央党史研究室第一研究部编撰：《长征图鉴》，湖南人民出版社 2006 年版

19. 于利祥著：《长征追踪——纪念红军长征胜利 70 周年大型摄影画册》，军事科学出版社 2006 年版

20. 吕章申主编：《信念·精神·传承纪念红军长征胜利 80 周年馆藏文物图集》，北京时代华文书局 2016 年版

21. 丁玲主编：《红军长征记》，解放军文艺出版社 2006 年版

22. 中共中央党史研究室编：《红军长征纪实丛书》，中共党史出版社 2016 年版

23. 中国人民解放军历史资料丛书编审委员会编：《红军长征回忆史料（1）》，解放军出版社 1990 年版

24. 中国人民解放军历史资料丛书编审委员会编：《红军长征回忆史料（2）》，解放军出版社 1992 年版

25. 吴吉清著：《在毛主席身边的日子里》，江西人民出版社 1983 年版

26. 甘肃省军区党史资料征集办公室编：《三军大会师》，甘肃人民出版社 1987 年版

27. 中共甘孜州委党史研究室编：《红军长征在甘孜藏区》，成都科技大学出版社 1993 年版

28. 朱成源主编，《长征在雪山草地》编写组执笔：《长征在雪山草地》，四川民族出版社 1986 年版

29. [美] 哈尔里 · 索尔兹伯里著，过家鼎译：《长征——前所未闻的故事》，解放军出版社 1986 年版

30. [美] 斯诺著、董乐山译：《西行漫记》，解放军文艺出版社 2002 年版

31. [瑞士] 薄复礼著、张国琦译：《一个外国传教士眼中的长征》，昆仑出版社 2006 年版